金融深化、房产价格与经常账户余额的动态关联性研究

董 凯◎著

Wuhan University Press
武汉大学出版社

图书在版编目（CIP）数据

金融深化、房产价格与经常账户余额的动态关联性研究/董凯著. —武汉：武汉大学出版社，2023.2

ISBN 978-7-307-23483-3

Ⅰ. 金…　Ⅱ. 董…　Ⅲ. ①金融—研究—中国　②房价—研究—中国　Ⅳ. ①F832　②F299.233.5

中国版本图书馆CIP数据核字（2022）第237721号

责任编辑：周媛媛　冯红彩　　责任校对：牟　丹　　版式设计：文豪设计

出版发行：武汉大学出版社　（430072　武昌　珞珈山）

（电子邮箱：cbs22@whu.edu.cn 网址：www.wdp.com.cn）

印刷：三河市京兰印务有限公司

开本：710×1000　1/16　　印张：14　　字数：225千字

版次：2023年2月第1版　　2023年2月第1次印刷

ISBN 978-7-307-23483-3　　定价：58.00元

前 言

本书借鉴当前国际上主流的宏观经济学研究方法，较为全面系统地深入研究了我国金融深化、房产价格和经常账户余额三者之间的动态关系。本书的研究有助于深入探讨体制转轨过程中金融因素对房产价格和经常账户波动的动态影响，丰富金融发展理论的相关研究。此外，进一步的货币政策反应函数分析也有助于丰富货币政策领域的经济理论，对发展和完善我国货币政策理论做出贡献，有助于货币当局确切把握货币政策工具的总体状况，为保障我国金融深化改革的稳步推进、确保货币政策能够有效调控经济运行、促进社会经济的健康和谐发展提出有针对性的政策建议，还可以帮助金融机构、企业等社会经济主体把握金融发展和货币政策脉搏，对金融深化进程和货币政策变动做出正确反应和决策。因此，本书的研究具有重要的理论价值和实际意义。

在我国，金融市场仍处于迅速发展的阶段，其制度、政策、技术与市场环境，在过去、现在并可预见在将来较长一段时间内一直处于不断变革的状态。与西方发达国家相比，我国的经济系统和金融环境更加复杂。目前国内关于金融深化、房产价格和经常账户余额动态相关性的研究和探索较少，而在实践中，金融深化程度的日益提高、房产价格的迅速飙升和经常账户余额的大幅波动都使针对相关问题的研究显得尤为重要和迫切。此外，由于缺乏对相关理论的成熟研究及经验支撑，在进行金融深化改革过程中的实施力度、方向和范围的把握方面存在困难。因此，本书试图对金融深化、房产价格和经常账户余额的动态关系进行较深入的探讨，同时结合货币政策反应函数的研究，为我国货币政策的有效施行提供一定的基础理论与经验支撑。

本书首先总结回顾已有的相关理论和研究文献成果，对国内外关于金融深化、房产价格、经常账户余额和货币政策的相关研究的缘起和沿革进行梳理，进而综述已有的研究成果，描摹出本书研究主题的前沿边界，为本书的研究提供参考坐标，并针对研究框架、研究方法、研究结论等角度的欠缺之处提出本书的改进与创新，以期丰富并完善金融发展理论、资产价格理论和货币政策理论等领域的相关成果，并为我国的现实经济实践活动提供合适的操作范式和经验参考。

在理论框架和研究假设部分，首先界定本书研究的相关概念，并对重要基础理论进行梳理，在此基础上，针对金融深化、房产价格和经常账户余额三者之间的动态关系的产生和作用机制进行深入探讨。具体而言，就是通过构建开放宏观经济学动态随机一般均衡模型并结合参数校准和贝叶斯估计确定相关参数值，通过脉冲响应分析、方差分解分析、乘数效应分析和社会福利损失分析等方法模拟刻画出由金融深化对房产价格和经常账户余额等主要宏观经济变量的动态影响。研究结果表明：由金融深化引致的直接投资冲击、风险溢价冲击、抵押率冲击和金融杠杆冲击一方面推高了房产价格，另一方面则恶化了经常账户余额，充分解释了目前我国房产价格高企和经常账户余额增速大幅放缓并存的现象；方差分解分析进一步发现金融深化引致的冲击可以解释房产价格和经常账户余额 20% 以上的波动，是影响我国房产价格和经常账户余额的重要因素；最后，社会福利损失分析表明在由金融深化引致的四项冲击中，直接投资冲击引致的社会福利损失最小，而金融杠杆冲击引致的社会福利损失最大。

在计量实证分析部分，主要从如下几方面进行了研究：

第一，利用马尔可夫区制转换向量自回归模型（MS-VAR）对金融深化、房产价格和经常账户余额三者之间的动态相关性进行实证分析。研究结果表明：①无论是在金融深化阻滞期还是在金融深化加速期，金融深化程度的加深会显著促使房产价格上涨，抑制经常账户余额的积累，进而有利于缓解经常账户失衡的现实状况。金融深化对房产价格和经常账户余额的这种影响非常稳定，不会因金融深化指标不同而改变，也不会因处于不同时间、不同区制条件而改变。②前期经常账户顺差增加会引起国内房产价格上涨，而国内房产价格的持续快速上涨既可以引起经常账户余额的增长、也可以抑制经常账户余额的积累。③在不同的经济状态下，变量间的动态关系并不相同。具体而言，在经济系统金融深化相对滞缓的状态下，房产价格上涨会抑制金融深化程度的进一步加深，而在经济系统金融深化加速的状态下，则会促进金融深化程度的进一步加深；两区制下，经常账户盈余的增加会导致房产价格的持续上涨。

第二，利用包含随机波动率的时变参数向量自回归模型（Time Varying Parameter Stochastic Volatility Vector Auto Regression，TVP-SV-VAR）对我国1998年1月至2017年9月的数据检验了金融深化、房产价格和经常账户余额之间动态关系的时变特征。所得结论如下：①金融深化、房产价格和经常账户余额三者之间均呈现出较强的时变特征，即三者之间的联动关系随时间变化而变化，这充分表明金融深化、房产价格和经常账户余额之间的互动关系是时变而复杂的。②金融深化对房产价格和经常账户余额的影响是显著且稳定的，即金融深化可以显著推动房产价格的上涨，这种影响在当期就达到最大值，随后随时间的推移而逐渐缩小；金融深化会抑制经常账户顺差的积累，有利于缓解现阶段我国经常账户失衡的状况。由于现阶段我国的金融深化进程在不断推进，如利率市场化、放松资本账户管制、扩大汇率弹性空间等，这些有利于金融深化程度进一步发展的措施无疑是影响我国房产价格快速上涨、抑制外部失衡加剧的重要因素。③在不同时点、不同滞后（提前）期下，房产价格冲击对金融深化、经常账户的影响，以及经常账户冲击对金融深化、房产价格的动态影响是不确定的。

第三，利用贝叶斯动态相关多变量广义自回归条件异方差模型（Dynamic Conditional Correlation Generalized Auto Regressive Conditional Heteroskedasticity，DCC-GARCH）进一步分析了金融深化程度、房产价格和经常账户余额三者之间的动态关联性。所得结论如下：①回归结果表明采用DCC-GARCH模型分析金融深化、房产价格和经常账户余额之间的动态相关性是合理的。根据DCC-GARCH参数估计结果可以看出，金融深化、房产价格和经常账户余额的波动具有非对称性特征。②金融深化、经常账户余额的波动风险相对较小，而房产价格的波动风险相对较大。金融深化与房产价格、金融深化与经常账户余额，以及房产价格与经常账户余额的关联系数图说明，金融深化、房产价格和经常账户余额三者之间具有较强的相关性，但其相关程度并不是单一稳定的，而是随时间变化而变化的。③在金融深化与房产价格、金融深化与经常账户余额和房产价格与经常账户余额的关联程度中，金融深化与房产价格之间的关联程度最高，金融深化与经常账户余额的关联程度次之，而房产价格与经常账户余额的关联程度最低。此外，金融深化与房产价格之间除了“次贷危机”期间呈负向相关关系外，其余大多数呈正向相关关系，而金融深化与经常账户余额之间大多数呈负向相关关系，房产价格与经常账户余额之间则呈微弱的正向相关关系。

第四，在考虑信贷约束、价格黏性和工资黏性的基础上，构建一个新开放经济宏观经济学—动态随机一般均衡（New Open Economy

Macroeconomics-Dynamic Stochastic General Equilibrium, NOEM-DSGE）模型以考察抵押率冲击、货币政策冲击，以及二者的联合冲击对名义利率、房产价格和经常账户余额等主要宏观经济变量的动态影响。数值模拟分析的结果表明：正向的抵押率冲击一方面推动了名义利率和房产价格上升，另一方面抑制了经常账户余额增加。宽松的货币政策冲击一方面促进了房产价格上涨和经常账户余额积累，另一方面则使利率水平下降，而二者的联合冲击能够较为充分地解释我国现阶段名义利率偏低、房产价格高企和经常账户余额增速放缓并存的现象。

第五，利用TVP-SV-VAR、贝叶斯DCC-GARCH和溢出指数模型（Spillover Index Model, SIM）分析了金融杠杆、房产价格与消费支出的动态关联程度和溢出效应。研究结果表明：金融杠杆的增加可以显著推高房产价格，减少消费支出；房产价格的上涨会抑制金融杠杆，削弱消费支出；消费支出的增加则会提高金融杠杆水平，刺激房产价格上涨。三者之间，房产价格与消费支出之间的关联程度最高，金融杠杆与消费支出的关联程度次之，金融杠杆与房产价格的关联程度最低。此外，金融杠杆对其他变量的溢出效应要强于其他变量对金融杠杆自身的溢出效应，而房产价格则截然相反，消费支出的对外溢出效应和其他变量对自身溢出效应大体相当。因此，本书认为为了控制快速上涨的房产价格和改善消费支出增速放缓的状况，应更加审慎地对待金融杠杆这一关键变量。

第六，在以上研究的基础上构建广义前瞻性货币政策反应函数，并利用我国宏观经济数据对其进行估计，以期探寻更契合我国国情实际的货币政策规则。研究结果发现：①通过对比我们可以发现，显然包含房产价格和经常账户余额因素的货币政策反应函数模型在对通胀的反应程度上相比于没有纳入房产价格和经常账户余额因素的模型更加积极且拟合程度更高。此外，通过实证结果我们发现管制利率规则和信贷规模规则的产出缺口系数始终与预期一致，这表明我国的货币政策规则在很大程度上是注重产出缺口波动的。②在考察的所有工具变量中，市场利率规则表现最为全面。市场利率侧重对通货膨胀的控制，虽然该规则对通胀的反应仅是“适应性的”，但这种反应在引入房产价格和经常账户余额因素的货币政策反应函数模型中更加明显。③四个货币政策工具的综合使用，表明了中央银行试图运用不同的货币政策以完成对不同目标的调控。基于以上分析结果，我们认为纳入房产价格和经常账户余额因素的货币政策反应函数模型不但能够更好地模拟我国的实际情况，而且对于通胀的反应更加积极。此外，目前我国存在多种货币政策工具和多种调控目标并存的局面。因此，货币当局不仅需要多种货币政策工具相互配合使用，而且需要其他宏观调控政策的协调配合，由此才可以为经济平稳协调发展提供支持。

目 录

第一章　引　　言

第一节　研究背景与研究意义

一、研究背景

近些年来，金融危机的频繁爆发不仅彰显了金融部门的重要作用，也使人们对金融部门与实体经济之间内在联系的认知逐步增加，在影响宏观经济波动的众多因素中，源于金融市场的各种冲击和摩擦已经成为不可忽视的重要组成部分。其中，资产价格的大幅度波动在金融冲击对宏观经济波动的影响机制中常常扮演着重要角色。现实中，在金融深化不断推进、金融创新突飞猛进的大背景下，互联网金融平台风生水起，国内“影子银行”体系迅速膨胀，经济金融化程度不断提高，金融在经济中的重要作用日益凸显，金融市场发展与宏观经济运行、金融深化程度与资产价格波动之间的相关程度更加紧密。但是，现有文献鲜有在开放经济条件下研究由金融深化所引致的冲击对房产价格、经常账户余额及其他主要宏观经济变量的影响。本书首先通过构建一个合理的分析框架来讨论金融深化等因素驱动中国经济波动的动态效应及其作用机制，然后综合利用马尔可夫区制转换向量自回归模型（MS-VAR）、包含随机波动率的时变参数向量自回归模型（TVP-SV-VAR）和贝叶斯动态相关多变量广义自回归条件异方差模型（DCC-GARCH）进一步探究金融深化、房产价格以及经常账户余额三者之间的动态相关性特征和程度，最后利用广义矩估计（generalized method of moments，GMM）回归验证我国货币政策反应函数是否应对房产价格及经常账户的波动做出反应。

众所周知，资产价格波动会产生两种具有代表性的“渠道”：一是通过价格波动带来的财富效应和挤出效应影响家庭在消费、储蓄和购买金融产品（服务）之间的配置；二是主要通过“抵押渠道”改变厂商生产资本结构和银行净资产的价值，进而间接影响全社会的投入和产出结构。自1998年我国实行城镇住房制度改革以来，房产产业在我国得以迅速发展，急剧膨胀，其不但逐渐成为推动我国经济持续、快速增长的关键动力，而且逐渐成为影响财政金融体系的重要因素。这主要体现在以下两方面：第一，在地方政府的主要收入来源中，以土地出让金为代表的与房产息息相关的税费所占比重大幅增大，已成为地方政府收入中不可或缺的重要组成部分。第二，在金融市场上，房产的金融资产属性伴随着房产开发、购房和抵押贷款的快速增长日益突出。但是，进入21世纪以来，尤其是最近几年，房产价格持续快速上涨的负面效应日益凸显——一方面，居民的生活负担不断加重，抑制居民消费能力，还导致全社会的资源严重错配，制约着产业升级和发展方式的转变，对经济的长远健康发展带来消极影响；另一方面，我国长期是出口导向型经济模式，2005年7月进行了汇率制度改革，实施有管理的浮动汇率制度，此后“国际热钱”大量涌入，加快了国内房产价格上涨的速度，与此同时，我国的贸易顺差持续增长，经常账户保持巨额盈余。进入2014年，在人民币汇率贬值预期加强、资本外流加剧及经济增长放缓的现实背景下，我国一线、二线重点城市出现了房价突飞猛进的现象，而贸易余额增速则大幅放缓。总之，在经济增速不断减慢的背景下，我国经济现阶段似乎陷入了一个多方利益进行复杂博弈与内外矛盾相互交织并存的局面当中，这些博弈和矛盾集中体现在近几年房产价格的持续飙升和经常账户余额的大幅波动。那么，如何避免出现房产价格与经常账户余额大幅波动的现象？更加值得深思的是，如何实现由短期权宜之策向长效政策制度建设进行转换？如何更好地实现房产价格的稳定和减轻经常账户失衡，进而促进经济平稳均衡发展？以上问题需要我们更加深入地思考金融深化与房产价格和经常账户之间的内在联系。

众所周知，金融抑制引致的利率扭曲和汇率扭曲共存的局面会造成资本市场和商品市场出现价格扭曲，而资本市场和商品市场的价格扭曲会进一步引起更大范围的各类扭曲和失衡，最终导致整体经济增长潜力和能力发生趋势下移。因而，金融抑制不但短期内可以形成和放大经济波动，长期也会对经济增长产生负面效应。金融深化，是指一国的金融市场或金融体系可以摆脱政府或监管部门的过度干预。例如，一国政府放松对利率、汇率等重要金融体系价格指标的过度管制，使利率和汇率能够成为充分反映资金和外汇在金融交易市场上的供求信号，从而有利于减少扭曲和失衡，增加储蓄和投资，进而减少经济波动，促进经济增长。与西方国家较为成熟、稳定的金融市场不同，处于转型期的中国金融体系存在明显的金融抑制现象，如“利率双轨制”、资本账户管制、有管理的浮动汇率制度及频繁的汇率干预等。但是现阶段，我国的金融体系市场化改革进程仍在不断推进，金融深化程度在不断加深（Huang & Wang，2011）。由此可见，我国的金融体系及相关的制度、政策、技术与市场环境在现在和可预见的未来较长一段时间内会一直处于不断变革的状态，而金融市场状态的演变必然会对经济的发展产生影响。然而，目前国内关于金融深化对房产价格和经常账户余额动态影响的研究和探索较少。而在实践中，由于缺乏对相关理论的成熟研究及经验支撑，在进行金融深化改革过程中的实施力度、方向和范围的把握方面存在困难，因此，针对此问题开展相关的深入研究就显得尤为迫切和重要。那么，我国的金融深化进程与房产价格和经常账户余额之间存在着怎样的关系？金融深化是否有助于改善我国现存的房价高企和经常账户余额失衡的状况？金融深化、房产价格和经常账户余额三者之间的相关程度到底有多紧密？作为经济发展内部和外部的重要指标，房产价格与经常账户余额的波动，我国的货币政策是否要对此进行反应？针对以上问题，本书试图对金融深化、房产价格与经常账户余额三者之间的关系进行较深入的探讨，尝试在 NOEM-DSGE 分析框架下，从理论模型和实证分析角度研究其内在的联系，同时为我国货币政策的有效实施提供一定的理论与经验支撑，这也是本书研究的重要出发点与落脚点。

二、研究意义

金融深化、房产价格与经常账户余额波动无疑是当前宏观经济研究领域的热点话题，但是国内外对三者在同一框架下的相关研究文献仍然较少。在此情况下，本书在 NOEM-DSGE 模型框架下结合我国的现实特点对三者的内在联系进行系统介绍，而后本书建立时变参数模型进行验证和量化，测算三者之间的相关程度，并尝试将研究结论应用于现实经济政策实践，对现阶段我国的经济运行和金融发展提出意见与建议，主要研究意义体现在以下几方面：

第一，在 NOEM-DSGE 模型框架下研究金融深化、房产价格与经常账户余额之间的关系是新凯恩斯理论的有益拓展。利用 NOEM-DSGE 模型，并结合脉冲响应、方差分解等方法分析金融深化、房产价格与经常账户余额三者之间的内在关系，探究金融深化是否有利于平稳房产价格、缓解外部失衡，进而减少经济波动，促进经济增长，在此基础上分析金融深化对社会福利损失的影响，为金融深化、房产价格与经常账户余额的研究提供坚实的理论分析基础。

第二，综合利用 MS-VAR、TVP-SV-VAR 和贝叶斯 DCC-GARCH 并结合我国的相关数据实证分析金融深化程度、房产价格和经常账户余额之间的相关关系，刻画其时变特征，测算三者之间的相关程度，为进一步推进金融深化、保持宏观经济的平稳均衡发展提供具有参考价值的意见和建议。

第三，将研究结论应用于货币政策实践，提高货币政策制定和执行的精确性和有效性。构建纳入房产价格、经常账户余额等因素的货币政策前瞻性反应函数，检验其是否更加契合中国现实经济状况，为中国人民银行的操作提供一定的理论依据，同时提高货币政策的透明度与可信度，减少政策时间的不一致性。

第二节　主要内容与结构安排

一、研究目标

在对已有文献进行回顾的基础上，本书对金融深化、房产价格与经常账户余额的内在联系进行系统的理论分析和实证检验，并尝试弥补以上提出的现有研究所存在的不足。本书的主要研究目标包括以下三点：

（1）构建符合我国经济现实运行特点的 NOEM-DSGE 模型，并通过校准和贝叶斯估计方法确定相关参数，利用此理论框架分析金融深化、房产价格与经常账户余额三者之间的动态关系，并在此基础上探究金融深化程度对社会福利的影响。

（2）基于我国实际数据，利用相关计量模型检验不同状态下金融深化程度、房产价格与经常账户余额之间的动态关系。

（3）在以上理论与实证分析的基础上进一步运用具有时变特征的计量模型测算金融深化程度、房产价格与经常账户余额之间的相关程度，并在此基础上对我国金融深化进程和宏观经济的平稳运行提出意见和建议。

二、研究假说

基于上述的分析框架和研究目的，本书提出如下基本假说：

假说 1：在我国，金融深化可以推高房产价格并且使经常账户余额逐渐减少，进而缓解我国外部失衡的状况。对我国而言，利率市场化、资本管制变化、技术变迁、金融创新，以及国外货币政策冲击等是导致金融市场形势发生改变的主要因素，这些因素会使金融深化对房产价格、经常账户余额的影响及货币政策效果处于动态演变的过程中。因此，我们进一步提出假说2。

假说2：在金融发展的不同阶段，金融深化对房产价格与经常账户余额影响呈现出显著的非对称性。随着金融市场发展，微观经济主体对外部融资溢价的反应更加灵敏，房产价格和经常账户余额的波动越发敏感。基于以上分析，我们提出假说3和假说4。

假说3：金融深化、房产价格与经常账户余额之间存在时变效应特征。

假说4：货币政策反应函数应对房产价格和经常账户余额的波动做出反应。

本书尝试将货币政策时变效应理论与实证结论应用于货币政策实践中。众所周知，货币政策反应函数（又称货币政策规则），是指货币政策对经济系统中某些特定的变量所做出系统性的、有规律的反应，这样做一方面保留了中央银行的操作空间，另一方面提高了中央银行的可信度、透明度和可预测性。国内对于货币政策反应函数进行了大量研究，大部分文献集中于货币政策规则在我国的实证检验。泰勒规则是当代主要的货币政策规则之一，也是当今最为普遍的货币政策规则形式，其公式如下：

$$R_t = \Delta p_t^{\alpha} + 0.5(\Delta p_t^{\alpha} - \pi^*) + 0.5\tilde{y}_t + \bar{r} \qquad (1-1)$$

其中，Δp_t^{α}是指过去四季度的平均通胀率，其在表达式中作为预期通胀的代理变量；π 为目标通货膨胀率；$\tilde{y}_t$是真实产出缺口；$\bar{r}$是平均真实利率。

泰勒规则的政策含义在于，若需经济处于稳定持续增长的理想状态，只有让社会实际利率（名义利率 – 通货膨胀率）等于均衡利率，实际产出等于潜在产出。国内一部分学者认为泰勒规则可以作为我国制定和执行相关货币政策的重要依据或主要参照尺度；另一部分学者持有与之截然不同的观点，他们认为泰勒规则自身存在不稳定性。但总体来看，国内学者大多是检验国外学者所构建的货币政策理论模型是否适用于我国的货币政策实践，难以从深层次分析和解释我国货币政策的调控效果，这导致其研究结论的准确性与适用性大幅度降低。中国经济和金融市场处于转型和快速发展期，环境的变化势必导致货币政策存在显著的时变趋势。

三、主要内容

为实现上述研究目标，本书在 NOEM-DSGE 模型框架下结合相关计量模型系统研究了金融深化、房产价格与经常账户余额三者之间的内在关系，主要研究内容如下：

第一章为引言。本章系统地阐述了本书研究的背景、目的、意义，研究方法、主要创新、不足和框架。

第二章为文献综述。首先对本书中涉及的基本概念进行界定，然后对金融深化、房产价格和经常账户余额（失衡）相关理论沿革进行回顾，最后总结和评述国内外已有的相关研究成果。

第三章为构建 NOEM-DSGE 模型的理论分析框架，并在此模型基础上通过校准和贝叶斯估计等方法确定相关参数，综合运用脉冲响应、方差分解和社会福利损失分析金融深化程度对房产价格和经常账户余额的动态影响，从理论框架上分析金融深化、房产价格和经常账户余额之间的内在关系。

第四章为金融深化、房产价格与经常账户余额三者之间在不同区制条件下的实证分析。总结和回顾相关研究理论和文献，对 MS-VAR 模型进行简要介绍，之后利用我国相关经济数据实证分析在不同时期、不同发展阶段三者之间的动态关系，进一步验证金融深化是否有助于稳定房产价格、缓解经常账户失衡的现实状况，进而减少宏观经济波动，促进经济增长。需要注意的是，关于金融深化程度的代理变量学术界并未达成一致，参考国内外学者的研究，本书选用总贷款余额占国内生产总值的比率以及（M2+股票市值）/ 国内生产总值来构建金融深化指标。此外，我们利用国家统计局公布的商品房销售额与商品房销售面积计算出商品房价格，以此作为房产价格（HP）的代理变量。选取贸易差额作为经常账户余额的代理变量。

第五章为金融深化、房产价格与经常账户余额三者之间的时变效应实证分析。总结和回顾时变效应的相关理论和文献，对 TVP-SV-VAR 和空间状态模型做简要介绍，之后通过结合我国的相关经济数据实证检验三者之间动态关系的时变效应，然后利用此实证结果与前文分析的理论结果相对比，进一步说明金融深化对房产价格与经常账户余额的动态影响。

第六章在以上研究的基础上，利用贝叶斯 DCC-GARCH 模型分别测算金融深化、房产价格和经常账户的波动特征、风险程度，以及金融深化与房产价格、金融深化与经常账户余额及房产价格与经常账户余额的关联系数。

第七章在考虑信贷约束、价格黏性和工资黏性的基础上，构建一个 NOEM-DSGE 模型以考察抵押率冲击、货币政策冲击，以及二者的联合冲击对名义利率、房产价格和经常账户余额等主要宏观经济变量的动态影响，以解释我国现阶段名义利率偏低、房产价格高企和经常账户余额增速放缓并存的现象。

第八章利用 TVP-SV-VAR 模型、贝叶斯 DCC-GARCH 模型和溢出指数模型分析了金融杠杆、房产价格与消费支出的动态关联程度和溢出效应。为了控制快速上涨的房产价格和改善消费支出增速放缓的状况，应更加审慎地对待金融杠杆这一关键变量。

第九章构建了包含房产价格和经常账户余额因素的货币政策反应函数，验证货币政策反应函数是否应对房产价格和经常账户余额的波动做出反应。具体而言，就是利用 GMM 回归对纳入房产价格和经常账户的广义货币政策反应函数与传统的货币政策反应函数的拟合度进行对比，以此研判货币政策的制定和执行是否需要考虑房产价格等因素。

第十章为结论和建议，对全书进行总结、展望并给出相关建议。

第三节　拟解决的关键问题、可能存在的创新之处和不足

一、拟解决的关键问题

本书拟解决的关键问题主要包括以下几方面。

（1）确定主要研究对象的内涵，明确相关概念范畴及关键研究视角。众所周知，金融深化、经常账户余额等经济学理论中常用的定义和概念，包括较为广泛的范畴，这就需要通过系统梳理大量文献，并结合我国经济特征及本书的研究目的对定义和概念进行明确界定。

（2）如何科学构建符合我国经济运行特征的 NOEM-DSGE 模型，并运用此分析框架研究金融深化、房产价格与经常账户余额三者之间的动态关系，从理论模型上进行探索。

（3）在上述理论模型分析的基础上，运用 MS-VAR 和 TVP-SV-VAR 模型并结合我国的相关数据实证分析金融深化、房产价格和经常账户余额三者之间的相关关系。之所以运用以上两个实证模型，是因为我国处于经济转型期，时变特征非常明显。因此，该部分涉及研究假设提出、数据收集处理，以及大量的实证工作和稳健性检验。

（4）进一步运用贝叶斯 DCC-GARCH 模型测算金融深化程度、房产价格和经常账户余额三者之间的相关。

（5）利用 GMM 回归对纳入房产价格和经常账户余额的广义货币政策反应函数与传统的货币政策反应函数的拟合度进行对比，以此研判货币政策的制定和执行是否需要考虑房产价格等因素。

（6）在理论和实证分析的基础上厘清金融深化对宏观经济波动的影响机制和具体作用渠道，该部分涉及相关对实证结果的合理解释和分析运用，并依据本书的研究结论形成具有针对性的政策启示。

二、可能存在的创新之处

（1）本书是利用 NOEM–DSGE 模型分析框架分析金融深化对房产价格与经常账户余额动态影响的一次有益尝试。自 20 世纪 90 年代以来，动态随机一般均衡（dynamic stochastic general equilibrium，DSGE）模型逐渐发展成为当代宏观经济学的重要理论分析框架，它为研究经济增长和经济波动提供了统一的分析框架，并且被广泛地用于货币政策效果分析。自“次贷危机”后，越来越多的学者，如 Calza 等（2013）、Filipa 和 Wieladek（2015）、Hirano 和 Yanagawa（2017）等，利用此模型分析金融因素与资产价格、经济波动之间的动态关系，但国内相关的研究较少。本书结合我国的具体情况进行系统性的理论分析，是在新凯恩斯理论分析框架下的有益尝试，使理论更贴近现实，以更有效地指导金融发展的实践，这也是本书在理论分析层面上的创新。

（2）本书在进行系统性的分析基础上，构建纳入房产价格和经常账户余额的广义前瞻性货币政策反应函数模型，以更有效地指导货币政策实践，这也是本书在理论层面的创新。

（3）本书首先利用经典的理论分析框架，从理论模型角度出发，分析金融深化、房产价格与经常账户余额三者之间的关系，而后结合我国的实际数据并运用相关计量方法从实证角度分析三者之间的内在联系，使最终结论不仅符合主流宏观经济学分析框架，而且具备坚实的微观基础。与此同时，理论分析和实证分析相互响应，因此，在研究视角上有创新之处。

（4）将时变参数模型引入金融深化、房产价格与经常账户余额关系及对货币政策进行实证分析。MS–VAR、TVP–SV–VAR 和贝叶斯 DCC–GARCH 等在最近几年开始被经济学家应用于宏观经济学理论和实证分析中，将此类模型引入金融深化、房产价格及经常账户余额相关问题分析的国内文献仍然较少，因此，在方法上也有创新之处。

三、可能存在的问题与不足

本书可能存在如下问题与不足：

（1）实证层面针对长期变化趋势的探讨存在不足。同时期内影响金融深化的因素错综复杂，包括政策体制、金融创新、技术变迁等方面的冲击。由于缺乏有效量化的手段，本书在实证分析中没有对这些影响因素进行进一步的细分和讨论，而是利用金融深化这一概念进行整体概括，因此，针对长期变化趋势的探讨在实证层面可能存在不足。

（2）数据样本选取存在不足。由于数据可得性限制，实证分析使用的数据以 1998 年作为样本起始点，无法说明在此之前金融深化、房产价格与经常账户余额之间的关系，这导致描述我国金融深化的过程并不完全。此外，描述金融深化的指标多种多样，并没有一个全面的最具说服力的代理变量，这可能会对最终结果的科学性产生一定的负面影响。

（3）未考虑贸易余额之外的其他衡量外部失衡指标。本书主要研究了经常账户余额的变化，并未考虑其他外部失衡指标及相互之间的影响，可能使结果存在一定的偏误。

第二章　文献综述

在此部分，我们首先对本书涉及的金融深化、DSGE模型、经常账户余额失衡等核心概念进行界定，然后回顾相关的理论沿革，对相关理论的演进与发展进行阐述，最后对相关研究的国内外已有文献进行梳理和综述，以厘清相关理论和文献的发展脉络及所要研究的目标和主题。

第一节　概念与范畴

一、金融深化

20世纪六七十年代兴起的“金融发展论”（Goldsmith，1969）以及在此基础上衍生出的“金融抑制论”（McKinnon，1973）、“金融深化论”（Shaw，1973）、“金融约束论”（Hellman et al.，1997）、“金融结构论”（Allen & Gale，2002；Demirgü-Kunt & Levine，2004）和2008年全球金融危机之后发展出的“金融过度论”（Arcand et al.，2012；Cecchetti & Kharroubi，2012）都一直聚焦于金融体系与经济增长二者之间的相关

关系研究，较为充分地阐述了金融体系、金融结构与金融发展等金融因素在支持经济增长的过程中扮演的重要角色。金融深化理论认为，金融抑制会导致储蓄和投资不足，进而造成资源配置效率低下，阻碍经济增长；而金融深化则会有效改善金融抑制状态，优化金融资源配置，进而促进经济增长。同时，该理论还指出，相较于外国资金，国内储蓄对发展中国家的经济增长更加重要，更应引起注意，而金融抑制显然并不利于货币积累。因此，若想通过促进全社会的储蓄、投资增加来促进经济的长期增长，只有放松金融管制，推进金融深化进程，提高实际利率水平。金融深化的核心内容主要包括以下四个方面：①摆脱“利率扭曲”，提高实际利率水平。考虑到大多数发展中国家存在理论扭曲的现象——人为“低利率”，即存在较高的通货膨胀率使实际利率为负值，因此，需要提高银行存款的名义利率，使之能够覆盖通货膨胀水平，进而保证实际利率水平为正，这样才能增加公众持有货币形式储蓄的收益，从而增加对实际货币的需求。②实施财政税收体制改革，科学有效地规划政府部门的财政税收，积极鼓励居民进行储蓄，抑制过分的、不合理的和不必要的财政支出。③放松汇率管制，进行汇率体制改革，果断废弃有管理的汇率制度和固定汇率制度，实行以市场为导向的完全自由的浮动汇率制度，让市场供求力量自发决定本币的实际汇率水平，这样做有益于充分释放本国的生产潜力，改善国际收支状况和提高本国在国际贸易市场中的地位。④其他配套改革措施，包括大力发展多层次金融市场，提倡金融创新，发展多元金融工具，放松对金融业务、金融机构和金融体系发展的限制。

二、房产价格

20 世纪 90 年代末，我国进行了全面住房制度改革，废止了住房分配制度，实行住房货币化改革，首次提出建立和完善以经济适用住房为主的多层次城镇住房供应体系，这标志着我国住房制度的深刻变革。随着我国改革开放的深入推进、经济的快速增长，房产行业的特殊属性逐渐凸显——在我国，房产兼具居住属性和投资属性。自 21 世纪以来，房产产业经过

20 年的快速发展，其在国民经济中发挥的重要作用日益凸显。

学术界和实务界普遍认为，房产行业的发展不仅与经济增长之间存在着密切的联系，而且在政府财政、社会民生等领域均扮演着至关重要的角色，除此之外，房产价格的波动也与金融稳定息息相关。与欧美等相对成熟的经济体相比，我国房产市场与宏观经济运行的关系更加复杂。一部分学者认为，不仅房产产业自身的强劲增长有利于推动经济增长，而且房产产业投资对带动国民经济中的其他产业发挥着重要的作用，从而更加有利于推动经济增长（戴国强和张建华，2009）。与此同时，房产行业逐渐成为地方财政收入的重要来源（Ambrose et al.，2015）。这也导致在以国内生产总值增速为主要参考指标的官员考核机制下，地方政府对做大做强本地区的房产业存在较强的内在驱动力。另一部分学者认为，由于我国存在特殊的“储蓄习惯”，这种习惯深深地影响居民消费和企业投资决策的行为方式。房产市场繁荣导致居民和企业为买房而进行储蓄，这种行为使房产行业的快速发展对实体经济的长期增长不利，意味着房产价格上涨带来的财富效应弱化及投机需求强化（盛松成和张次兰，2010；Deng et al.，2011；吴海民，2012）。因此，结合我国的实际情况，深入分析我国房产市场与宏观经济之间相互影响的内在逻辑具有较强的理论和现实意义。

三、经常账户失衡

众所周知，经常账户主要包括货物、服务、收入和经常转移四个项目。经常账户是国际收支平衡表中最基本、最重要的部分，其不仅可以反映一国与他国之间的实际资产流动，还与该国的国民收入账户存在密切的联系。近些年来，我国存在巨额贸易顺差的现象一直受到外界的质疑和批评，国际舆论普遍认为我国通过操纵人民币汇率，抑制人民币升值，从而在国际贸易中获得不平等优势，以保持我国贸易余额的长期增长。而自 2005 年 7 月人民币汇率机制改革以来至 2016 年，人民币对美元升值幅度累计已达 30% 以上，对欧元累计升值已超过 20% ，但国际上仍然有很多声音要求对人民币汇率进行重估或要求我国政府扩大人民币汇率的浮动区间。

在研究外部失衡的主流文献中，以经常账户余额度量的外部失衡等于储蓄减去投资。其中，储蓄和投资被视为私人部门的跨期优化决策行为，经常账户余额也因此被视为私人部门的行为结果。我国的外部失衡主要体现在经常账户和资本账户的巨额双顺差，以及外汇储备的快速累积上。从国内环境看，由于近些年来我国经常账户持续顺差及外汇储备迅速增长，加之“结汇”政策的影响，我国货币量的被动投放急剧增加，这给我国货币政策的制定和执行造成了巨大的压力，大幅削弱了中国人民银行在制定货币政策时的主动性。从国际环境看，国际贸易保护主义近几年来有所抬头，尤其是在全球性金融危机之后，我国长期持有巨额贸易顺差和外汇储备的状况受到越来越多的非议和指责。

四、开放经济动态随机一般均衡模型

动态随机一般均衡（DSGE）模型最早源自 Kydland 和 Prescott（1982）提出的真实经济周期（real business cycle，RBC）模型。该模型具有如下特点：①考虑跨期最优选择与一般均衡；②理性预期原则；③假设完全竞争市场，不具有价格黏性，价格可以完全自由调整。随后，在此基础上衍生出了新凯恩斯 DSGE 模型（new Keynesian DSGE model），即在 RBC 模型的基础上引入黏性价格、垄断竞争市场、信息不对称、有限理性预期、劳动力市场摩擦、金融市场摩擦、跨境资本流动、国际贸易等因素，极大地提高了模型刻画现实经济运行的精确程度。

DSGE 模型，就是指该模型具有以下三大特征：“动态”是指经济个体考虑的是跨期最优选择，因此，模型得以探讨经济体系中各变量如何随时间变化而变化的动态性质；“随机”是指经济体系受到多种外生随机冲击的影响；“一般均衡”是指在宏观经济体系中，消费者、厂商、政府与中央银行等每一个市场参与者，根据其偏好及对未来的预期所做出最优选择的总和。自 Kydland 和 Prescott 创立真实经济周期理论以来，DSGE 模型已逐步发展成为研究宏观经济学领域相关问题的一种全新方法。经过 40 年的不断修正和改进，DSGE 模型不仅符合 Mankiw 提出的合意经济模型所拥有的条件，同时具有内在一致性和外在一致性，并有效规避了“卢卡斯批判”（Lucas critique），而且已经发展成为宏观经济研究的主流分析框架之一。Obstfeld 和 Rogoff（1995）在封闭经济 DSGE 模型的基础上把商品的名义价格黏性分析纳入 20 世纪 80 年代经常账户的跨时均衡分析中，建立了著名的 Redux 模型，开创了 NOEM-DSGE 模型的分析框架。此后，Clarida 等（2002）、Gali 和 Monacelli（2005）及 Lubik 和 Schorfheide（2007）等越来越多的学者运用此模型研究开放宏观经济学中的相关问题。

Kydland 和 Prescott（1982）在文中开创性地提出了一种崭新的数量化研究方法——模型校准（calibration），该方法的理论前提是根据模型所得到的理论特征要与实际数据的实证特征相契合。具体做法是：当模型理论特征与实证特征不一致时，研究者就对模型参数进行调校，使研究者构建的理论模型逐渐接近于实际经济的运行特征。也就是说，通过模型校准寻找复制经济波动的 DSGE 模型。

在 Kydland 和 Prescott（1982）提出校准方法之后，Christiano 和 Eichenbaum（1992）利用 GMM 方法估计模型参数，首开估计 DSGE 模型之先河，而后，极大似然法（Ireland，2004）和贝叶斯估计（de Jong et al.，2000；Otrok，2001）相继出现，到 Smets 和 Wouters（2003，2005，2007）在 DSGE 模型预测上有跨越里程碑的进步。由于宏观经济的时间序列样本通常较短，在对小样本数据进行估计时，在贝叶斯估计、极大似然估计和广义矩估计三者之中，贝叶斯估计表现最优。相较于 GMM 估计只考虑一阶条件与货币政策法则，贝叶斯估计是以系统性的方式（system-based）求解及估计 DSGE 模型中的相关参数。具体步骤如下：

第一步，假设关于结构参数的先验分布的密度函数为 $p(\Theta)$，动态随机一般均衡模型，则有

$$\begin{cases} x_t=\boldsymbol{A}x_{t-1}+\boldsymbol{B}\varepsilon_t \\ Yt=\boldsymbol{C}x_t \end{cases} \tag{2-1}$$

其中，x_t（t 为样本数量）是由模型中内生变量和外生状态变量组成的向量；Yt 是观测变量组成的向量；ε_t 是结构冲击向量；系数矩阵 $\boldsymbol{A}$、$\boldsymbol{B}$ 和 $\boldsymbol{C}$ 是模型中结构参数的函数。

第二步，利用卡尔曼滤波算法计算状态空间解的似然值。我们把这个似然函数记为 $L(Y_T \mid \Theta, M_i)$，这里 $Y_T=[Y_1,L,Y_T]'$ 表示参数估计所用的样本数据。似然函数允许我们更新结构参数的先验分布。

第三步，给定具体的先验密度分布函数 $p(\Theta)$，结构参数的后验密度函数为

$$p(\Theta|Y_T,M_i)=\frac{L(Y_T|\Theta,M_i)p(\Theta)}{\int L(Y_T|\Theta,M_i)p(\Theta)\mathrm{d}\Theta}\propto L(Y_T|\Theta,M_i)p(\Theta) \tag{2-2}$$

五、相关计量模型

随着计量经济学中变参数理论的发展和成熟，利用时变参数模型可以克服常参数不变假设这一弱点，使经济学相关实证研究向现实再迈进一步，也为本书研究提供了重要的工具和技术支撑。

（一）MS-VAR 模型

本书尝试构建 MS-VAR 模型进行实证检验，自从 Sims（1980）提出简化 VAR 模型之后，这一方法在宏观经济学中得到了广泛的应用，并成为宏观经济建模的基本计量工具。根据相关理论及国内外经验研究成果可以发现，金融深化、房产价格和经常账户余额三者之间的动态关系存在非对称性特征，即在时间序列上服从区制转换，由此可知，利用传统的 VAR 模型进行估计的结果极有可能是不可信、不稳健的。因此，参考 Hamilton（1989）、Clements 和 Krolzig（1998）——构建 MS-VAR 模型实证可以分析金融深化、房产价格与经常账户余额之间在不同时期的状态特征及周期转换时点。

MS-VAR 模型可以用来估计具有区制转换特征的 VAR 模型。该类模型的一般观点是，基于可观测的时间序列向量 $\boldsymbol{y}_t$ 数据生成的过程参数取决于难以观测的区制变量 s_t。在一个不可观测区制变量 s_t（s_t 表示在时间 t 的区制）中，VAR 过程处于不随时间变化的状态，但当 s_t 发生变化时，相应地，VAR 参数也随之发生改变。

（二）TVP-SV-VAR 模型

20 世纪 90 年代后期，一些学者开始在向量自回归（VAR）模型中加

入时变成分。例如，Cogley 等（2002）使用具有时变参数的 VAR 模型进行了显著性分析，他们估计了一个三变量的向量自回归模型，分析了美国战后的通货膨胀与失业率之间的时变关系。Primiceri（2005）提出了随机波动下的时变参数向量自回归模型（TVP-SV-VAR），这一模型随后在宏观经济研究中得到了广泛应用。在 TVP-SV-VAR 模型内，Primiceri（2005）假设所有的参数都是随着时间变动的。

（三）贝叶斯 DCC-GARCH 模型

Engle（1982）首先提出了回归条件异方差（auto regressive conditional heteroskedasticity，ARCH）模型以分析时间序列的波动特征，后经 Bollerslev 等（1988）的扩展开始向多元（generalized auto regressive conditional heteroskedasticity，GARCH）模型发展。多元 GARCH 模型涵盖种类较多，包括 Bollerslev 等（1988）提出的向量误差修正（vector error correction，VEC）模型和 Engle 等（1995）提出的多变量波动（baba engle kraft kroner，BEKK）模型。此后，Bollerslev（1990）提出了固定条件（constant conditional correlation，CCC）模型，Engle（2002）、Christodoulakis 和 Satchell（2002）及 Tse 和 Tsui（2002）对该模型进行了一般化处理，提出了动态条件关联（dynamic conditional correlation，DCC）模型，具体推导参考 Fioruci 等（2014）的研究。一般情况下，模型的误差分布往往被假定为服从标准多元正态分布，但这与实际存在差异，如序列往往呈现出尖峰或厚尾的状况，在此情况下，采用多元学生分布进行分析更有效。本研究借鉴 Bauwens 和 Laurents（2005）提出的多元偏度分布，采用贝叶斯方法，以估计误差具有偏度和厚尾分布的 DCC 模型。根据贝叶斯理论，估计模型前需要对参数的先验分布进行设定，模型的联合后验密度函数可通过后验密度函数及其似然方程得出，具体可参考 Ardia（2008）的研究。模型估计可采用蒙特卡洛（Markov Chain & Monte Cario，MCMC）方法，借助其抽样方法从联合后验分布中抽取样本。因为条件后验分布并不是已知的，Metropolis 提供了简单的黑箱抽样方法以获得后验分布。

第二节　相关理论沿革

一、金融深化理论沿革综述

金融深化的现实实践也只有40多年的时间，关于金融深化的理论研究和发展无疑是当今经济理论界比较新颖和前沿的话题，而关于金融体系和实体经济之间关系的研究早就已经开始了。早在18世纪，Smith（1776）就曾指出，苏格兰数量众多的商业银行对于促进其工业经济的快速发展起着至关重要的作用。有关金融发展与经济增长之间联系的论述可以追溯至Schumpeter（1911）。Schumpeter说明了功能良好、健康运转的银行为那些最有机会在产品创新和生产过程中取得成功的企业家提供融资服务进而促进了社会生产技术的进步，这可以看作金融体系对经济增长发挥作用的重要渠道。Schumpeter（1934）进一步指出银行系统创造的信用有益于帮助企业家现有的生产关系中加入新的要素，进行新的创新活动来促进经济的长期增长。几乎与此同时，Fisher（1933）提出的“债务紧缩理论”分析了金融体系中的融资总量对宏观经济波动的影响，强调过度的债务融资在资产价格泡沫破灭后会对经济运行产生巨大的负面影响。此后，Gerschenkron（1962）、Tilly（1967）、Gerschenkron（1968）及Levhari和Srinivasan（1969）从不同角度扩展了金融发展理论的研究。Hicks（1969）认为英格兰的金融体系为巨大工程筹集资本在工业革命过程中起了关键性作用。Goldsmith在《金融结构与金融发展》一书中对金融结构与经济增长的关系进行了跨国比较分析，进而指出一个国家的金融结构不是一成不变的，其往往随着经济发展和市场深化而不断地发生变化。同时，他认为世界各国的金融发展都是通过金融结构由简单向复杂、由低级向高级方向的变化表现出来的。

金融抑制与金融深化理论被Mckinnon（1973）和Shaw（1973）创造性地提出，他们认为若要实现金融和经济的良性循环，以及经济的持续长期发展，就必须全力消除金融压制，摆脱金融扭曲造成的人为“低利率”现象，大力倡导并推行金融自由化或金融深化政策。具体内容：政府需要放弃对金融市场、金融体系的过度干预，尤其是需要放松对利率和汇率的严格管制，使利率和汇率能够成为反映资金供求和外汇供求关系变化的信号。此外，他们同时指出国内储蓄相较于外国资金对发展中国家的长期经济增长更加重要。

进入 20 世纪 90 年代，在 Mckinnon 和 Shaw 的研究基础上，Hellman（1996）、Hellman 等（1997）认为实施金融自由化战略需要满足非常严格的先决条件，而且金融深化理论重要的假定前提为瓦尔拉斯均衡的市场条件，而这些条件是广大发展中国家所不具备的。因此，发展中国家和转型期国家不具备完全快速实现金融自由化的先决条件，由此衍生出“金融约束理论”。该理论主要是指通过对存款、贷款利率加以控制，对进入和来自资本市场的竞争加以限制的政策，从而为金融部门和生产部门制造租金机会，也为这些部门提供必要的激励，使它们在追逐租金机会的过程中把私人信息并入配置决策中，从而缓解那些有碍于完全竞争的有关问题。该理论为发展中国家金融自由化过程中如何实施政府干预提供了理论依据和政策框架，是发展中国家从金融抑制状态走向金融自由化过程中的一个过渡性政策。

而自“次贷危机”之后，Orhangazi（2008）、Arcand 等（2015）、Cecchetti 和 Kharroubi（2012）等学者又发展出了“金融过度理论”。该理论认为过度的金融发展会引致“挤出效应”，即如果企业从金融投资渠道获得的收益高于企业实业投资生产获得的收益，则企业管理层就有动机改变实业投资在经营中的优先顺序，这样就会造成金融渠道获利占比进一步提高，降低实业投资率，挤出“实业投资”，进而影响社会总产出。

二、资产价格理论沿革综述

17 世纪末，Petty 首次提出了级差地租的概念，初步阐述了级差地租、土地价格等相关问题，在此后的 100 多年里，Smith、Ricardo 和 Marks 等人分别对土地经济问题、住房问题等进行了不同程度的研究，为以后房产（资产）市场研究提供了理论基础。而关于资产价格与宏观经济波动的研究，Fisher（1911）在《货币的购买力》（*The Purchasing Power of Money*）中提出货币当局不应该仅仅关注实体经济中的物价指数，也应该关注资产价格指数的物价稳定。Fisher（1933）在《大萧条的债务：通货紧缩理论》（*The Debt-Deflation Theory of Great Depressions*）中突出强调了资产价格对经济运行的重要性。Fisher 认为，在萧条中，债务和通货紧缩是两个最主要的变量。其他相对次要的变量，如资产净值、利润、利率、货币流通等，只有和过度负债及通货紧缩这两个变量或其中一个结合起来的时候，才会产生显著的影响。他认为，债务清偿引致资产廉价出售，并且引致存款货币的收缩和货币流通速度的下降。存款货币的收缩和货币流通速度的下降，引起价格水平的下降，也就是货币的购买力上升进而必然有企业资产净值的更大下降，这加速了利润的下降和企业的破产，减少产出、交易和雇佣劳动。企业的亏损、破产和工人的失业，引发悲观情绪和信心丧失，这些反过来又导致货币的窖藏行为和存款货币流通速度的更进一步下降。过度负债和通货紧缩是互相作用的。一方面，过度负债会引起通货紧缩；另一方面，由负债引起的通货紧缩又会反作用于债务。在通货紧缩的情况下，尚未偿付的债务价值更高了。如果初始的债务规模足够大，债务清偿引起的价格下降速度远大于所减少的名义债务时，虽然部分名义债务得以清偿，但是由于价格下降，尚未偿还债务的真实规模会上升。这样，个人减少其债务负担的努力反而加重了债务的压力。由此出现一种悖论，即“债务人还得越多，他们欠的就越多”。这正是大萧条发生的根本原因。此后，Minsky（1982）、Gertler（1988）和 Wolfson（1996）等人在不同程度上拓展了 Fisher 的上述思想。

Tobin（1969）提出了著名的“托宾 Q”理论。该理论将金融体系与真实经济体系联系起来，形成“资产价格渠道”这一重要途径。“托宾 Q”被定义为资本的市场价值与资本重置成本之比，它是增量投资的主要决定因素。“托宾效应”的传导过程可简单表述：当货币供给增加时，货币的价格将下降，此时资本的相对价格就会上升，利率结构将发生变化，同时“托宾Q”也将变大，从而使人们对资本的需求上升，而对货币的需求下降。于是，真实经济中的投资增加，最终导致产量和收入增加。在上述过程中，强调的是货币供给变化的利率效应（利率结构的变化），即货币供给变化将通过改变利率的结构而影响货币和真实资产的相对价格，从而影响真实资产投资，最终导致产量的变化。

Friedman根据财富效应理论给出资产价值对宏观经济的重要性，他认为货币供给的最初变化效应表现在对现有财富（包括债券、股票、非人力实物商品和人力资本）价格的影响上。具体而言，如果货币供给增加，这一变化将仅仅使人们手中的现金持有量增加，从而超过原有货币供给量下的意愿现金持有量。于是，人们将通过购买货币资产以外的各种资产来减少自己手中的、超过自己意愿持有的现金余额，这将导致资产价格上升和利率的下降（注意：在上述的以现金购买资产的过程中，就整个经济体而言，现金总量并没有减少），同时引起资产结构的调整。资产价格的上升又将刺激投资增加（以便增加资产的供给）和消费增长（如通过选择教育消费以提高人力资本），最终导致收入的增加。这里Friedman强调的是货币供给变化的价格效应，即货币供给的变化将通过支出的变化影响资产价格和利率的变化，最终导致收入的变化。货币数量的增加会通过货币和多种资产价格的变化引起名义收入的增加。Friedman认为，货币供给增加可以提高产量、减少失业的情况只在较短时期内存在。因此，扩大货币供应量就会使价格高于预期水平，导致实际工资下降，利润增加，这样企业就会增加工人，提高产量。但是，一旦人们预期到价格会上升，就会按照预期价格调整工资和价格，使实际工资和利润恢复到原先水平。于是，货币供应增加和物价上涨对生产的刺激作用完全消失，经济重新回到自然失业率状态。货币供给增加只会导致物价上升而不影响产量。为此，Friedman反对凯恩斯主义用财政政策干预经济的政策主张，强调货币政策的极端重要性。

三、经常账户失衡理论沿革综述

在理论上，最早涉及经常账户失衡问题的是重商主义。由于重商主义者错误地将货币等同于财富，因而重商主义者认为获取货币财富的真正源泉是发展对外贸易，求得贸易顺差，从而增进一国的货币财富，这就是货币差额论，主张尽量将货币保留在国内而不使之外流。这一观点受到大卫·休谟（David Hume）的反驳，他以古典货币数量论为基础提出了影响深远的“价格—铸币调节机制”来说明一国不可能长期获得贸易顺差。休谟认为，一国贸易收支如果处于不平衡的状态，那么货币黄金将会流入或者流出这个国家，影响该国的物价水平，从而改变该国商品的国际竞争力，最终使该国的贸易收支不平衡自动消失。直到第二次世界大战时期，休谟的观点一直主导着国际金融领域。

第二次世界大战后各国竞相实行汇率贬值，以期改善本国的贸易收支状况。贸易收支的弹性分析法从局部均衡的角度得出了汇率贬值与贸易收支的关系，即马歇尔－勒纳条件（Marshall-Lerner condition）。虽然后来的一些经济学家不断地对其进行修正和扩展，结论也越来越复杂，但马歇尔－勒纳条件仍然是实际分析中的重要工具。此后，针对国际资本流动的日益发展，罗伯特·蒙代尔（Robert Mundell）在他的模型中赋予国际资本流动在内外部均衡调节中以重要地位。在凯恩斯主义 IS-LM 模型的基础上，蒙代尔将其扩展到包括国际收支平衡的开放经济条件下，提出了蒙代尔－弗莱明模型（Mundell-Fleming Model）。该模型是一个一般均衡模型，既是分析开放经济条件下国内宏观经济政策效力的重要工具，也为解决内外均衡冲突提供了重要的理论基础。

Obstfeld 通过一个非常简单的经常账户跨期分析模型表明短期内经常账户逆差并不是坏事。与封闭经济体相比，一个处于经常账户逆差的国家的经济运行甚至更好，因为跨时贸易使消费在不同时期“平滑”成为可能，这会使消费者能达到更高效用的无差异曲线。在一个较粗略的定义中，Obstfeld 认为外部均衡是维持与经济预期的时际预算约束相一致的、能稳定最高消费水平的国际收支经常项目。

20 世纪 70 年代末以来，由于货币危机的频繁爆发，货币危机理论迅速成为理论界关注的焦点之一，有关货币危机的文献急剧增加。学术界常将这一时期出现的货币危机理论大致划分为四个阶段，也就是“四代货币危机理论”。以 Krugman（1979）及 Flood 和 Garber（1984）为代表的第一代货币危机理论认为一国的经济基本面决定了货币对外价值稳定与否，决定了货币危机是否会爆发、何时爆发。当一国的外汇储备不足以支撑其固定汇率长期稳定时，该国储备是可以被耗尽的，政府在内部均衡与外部均衡发生冲突时，政府为维持内部均衡而干预外汇市场的必然结果是外汇影子汇率与目标汇率发生持续的偏差。以 Obstfeld（1994）为代表的第二代货币危机理论注重危机的“自我实现”性质，认为仅仅依靠稳健的国内经济政策是不足以抵御货币危机的，固定汇率制的先天不足使其易受投机冲击，选择固定汇率制，必须配之以资本管制或限制资本市场交易。东南亚货币危机之后，以 Corsetti 等（1998）、Chang 和 Velasco（1998）及 Krugman（1999）为代表的第三代货币危机理论出现，该理论认为货币危机可能由与自己关联并不大的外部经济中发生的货币危机所带来的公众信心问题而诱发。东南亚经济经常账户逆转的原因主要在于危机中货币大幅度贬值和严重的经济衰退所带来的进口大量减少，因此，存在一个转移问题，这是以往的货币危机理论所忽略的。以 Aghion 等（2004）为代表的第四代货币危机理论认为经济体的外部失衡与金融因素密切相关，本国企业部门的外债水平越高，资产负债表效应越大，经济出现危机的可能性就越大。

第三节 文献述评

近年来，随着金融深化改革进程的稳步推进，以及金融深化程度的逐步提高，我国的金融市场处于不断的变革之中，而金融市场的演变和发展无疑会对资产价格和经济均衡产生重要的影响（Huang 和 Wang，2011；Verona 等，2017）。与此同时，我国房产价格高企和经常账户失衡的问题受到越来越多的关注，自实行住房制度改革以来，房产价格大幅上涨，1998—2017 年累计上涨超过 220%，同时房产占中国城市居民家庭资产的比重超过 70%，而我国经常账户余额的增速则迅速放缓，甚至出现了负增长。那么，我们不禁要问，在我国，金融深化、房产价格和经常账户余额三者之间存在着怎样的关系？金融深化对房产价格和经常账户余额有何影响？对以上问题的研究对处于金融深化改革进程中的中国经济无疑具有重要的现实意义。

Ferrucci 和 Miralles（2007）认为，金融市场的发展、金融深化程度的提高会促使国民储蓄率下降，进而导致经常账户赤字上升。Caballero 等（2008）、Mendoza 等（2009）发现金融深化会增加国际资本净流入，带动消费和投资增加，进而推高房产价格，减少经常账户余额。Fratzscher 等（2010）认为，资产价格上涨（股票价格和房产价格）是导致美国贸易赤字的主要原因。资产价格的提高增加了预期的家庭收入，进而增加了消费，也使企业投资的机会增多，最终导致贸易状况恶化。Liang（2012）表明，由金融一体化所引发的金融不稳定性是造成全球性贸易失衡的重要原因。在国内，王叙果（2006）、祝丹涛（2008）指出，我国金融系统的低效率造成储蓄转换投资的能力不足，导致投资和储蓄失衡，进而引起经常账户失衡。雷达和赵勇（2009）以中国和美国为例，发现一国金融深化程度与其经常账户余额之间存在显著的负相关关系。茅锐等（2012）基于金融业和制造业比较优势的国际分工发现，制造业较强的国家易产生经常账户盈余，而金融业较强的国家往往产生经常账户赤字。顾国达和麻晔（2015）

指出，金融市场约束是我国对外贸易失衡的重要原因之一，因此，推动我国金融市场发展、提高金融市场运行效率，增强金融市场将过剩储蓄转化为有效投资的能力，可以有效缓解我国经常账户失衡的现象。曹强和虞文美（2016）结合相关理论模型和跨国面板数据也发现，金融深化程度对各国的出口结构和经常账户失衡具有重要的影响。

可以发现，金融深化、房产价格和经常账户余额之间存在紧密的联系，而目前国内鲜有文献将三者在统一框架下进行分析。在实践中，对相关问题的深入研究不仅有助于我们改进对房产市场的调控，也有助于解决经常账户失衡的问题，最终有利于实现经济的均衡稳定发展。因此，笔者对金融深化、房产价格和经常账户余额三者之间的关系进行了深入研究，着重考察金融深化对房产价格和经常账户余额的动态影响。

一、金融深化与房产价格相关研究评述

金融深化对经济增长有着重要的影响，从 Schumpeter 开始，经济学家们就开始认识到金融体系的发展和扩张会大大有利于促进企业家精神的释放和经济的发展。Banerjee 和 Duflo（2003）指出，当代的发展经济学证实了信贷约束的存在对经济发展有着巨大的负面影响，因此，缓解信贷约束就成了促进经济持续健康发展的重要途径。除此之外，金融深化还会通过更好的风险分担来全面提高生产效率，降低经济波动的幅度，促进经济的平稳健康发展。但上述文献均没有详细探讨或明确指出以下两个重要问题：第一，什么样的金融体系能促进实体经济的发展，而不是助推资产泡沫的产生？第二，什么样的金融体系能减少经济波动的产生，避免经济周期性地被金融危机困扰？由此，对金融深化与资产价格之间关系的研究逐渐兴起。

Bernanke 和 Gertler（1989）通过在实际经济周期中引入融资合约中的代理问题来论证“资产价格渠道”——金融市场通过影响资产价格进而加剧宏观经济的波动。Bertrand（1995）指出，随着金融深化程度的不断

加深，金融自由化程度不断提高，在金融管制放松的大背景下，银行等金融机构的信贷宽松行为将导致房产价格的大幅震荡。Mishkin（1997）指出，之所以在经济体系中存在资产价格泡沫的现象，是因为在金融机构与借款人之间存在信息不对称的现实状况。Krugman（1999）指出，从银行融资是造成房产泡沫形成的最主要、最根本的原因。Allen 和 Gale（1998，2000）基于信息不对称理论，提出了一个信贷扩张条件下金融机构与实体部门之间相互影响的模型，认为金融机构的代理问题与资产价格密切相关。Bernanke 等（1996，1999）构建了金融加速器模型，分别从抵押资产和外部融资溢价角度论证了资产价格在金融加速器理论中的重要作用，他们指出负向冲击会使资产价格下降，利率上升，进而导致投资和产出的下降，最终会扩大经济波动的负面影响。通过对泰国、韩国、新加坡和我国香港房产市场的考察研究，最终得出以下结论：银行信贷增长和住房价格上涨具有明显的同步效应。Fostel 和 Geanakoplos（2008）、Geanakoplos 和 Zame（2014）进一步在内生金融合约理论的基础上发展出一个动态的杠杆周期理论来阐述杠杆率和资产价格周期性波动之间的相关关系。Calza 等（2013）、Punzi（2013）及 Gete 和 Reher（2016）通过构建纳入房产部门的 DSGE 模型发现在房产金融市场相对发达的国家，家户可以通过抵押房产获得更多的资金用以消费，而当房产价格出现波动时，房产市场对宏观经济波动的溢出效用也更加明显。Verona 等（2017）进一步指出，金融市场的演变和发展无疑会对资产价格和经济均衡产生重要的影响。我国学者也对金融深化与房产市场之间的内在联系进行了研究。丰雷等（2002）通过构建一个两部门局部均衡模型——房产企业和商业银行，分析了房产价格和信贷数量之间的相关关系。研究结论表明，在众多影响房产价格的因素当中，货币供给是非常重要的。若货币供给的环境相对宽松，实际利率水平下行，则购房的融资条件会相对比较优厚；反之，则购房的融资条件比较严苛。袁志刚和樊潇彦（2003）、周京奎（2006）的研究结果指出，金融支持是推动房产价格大幅上涨的主要因素，也是造成我国房产价格持续快速增长的主要原因。肖本华（2008）认为信贷扩张为住房价格膨胀提供了资金支撑，而导致信贷扩张的原因主要是货币供给增长过快、实际利率较低和高存贷利差。梁云芳和高铁梅（2007）将全国分为东、中、西三部分，分别考察了信贷规模在三地区中支持房产价格所扮演的角色。研究结果表明：相较于中部地区而言，无论是就房产价格的长期趋势还是短期波动而言，银行信贷规模对东、西部地区的影响较大，对中部地区的影响较小；而实际利率对各区域影响差异不大，且影响较小。

洪涛等（2007）指出，各个城市房产市场均存在不同程度的泡沫，而且各城市间房产泡沫的演化过程相互影响。魏巍贤和原鹏飞（2009）通过建立向量误差修正模型，借助脉冲响应分析和方差分解等计量方法，分析金融因素对房产价格上涨的影响。研究结果表明：金融发展引致的低利率大幅降低了房产业的融资成本，从而刺激了房产市场的蓬勃发展，进而推动了房产价格的持续上涨。余壮雄和林建浩（2010）首先在局部均衡框架下探讨了住房基本价格的决定机制与房产泡沫的形成机制。理论模型显示：消费者的预期收入、行业建筑成本、住房消费和房产开发商的市场势力等因素决定了房产的基本价格；过度乐观和投机行为影响了房产泡沫的形成，而金融支持则会加剧泡沫的形成和持续。进一步利用我国1996—2007年省级面板数据的经验分析表明，金融支持可以解释房产价格上涨的近60%。马永坤和杨继瑞（2011）的研究结论表明，资产价格和金融市场稳定性之间存在很强的相关性。信用水平包括未来信用水平的不确定性，在考虑资产价格波动对金融稳定的传导过程中也是很重要的。

李勇刚和李祥（2012）通过构建包含消费者和开发商两部门的房产市场均衡模型结合1999—2009年35个大中城市的面板数据，分析了金融支持与房价的相互作用机制。实证结果显示：①金融支持对房价具有显著的正向影响，表明金融对住房的支持是导致房价大幅波动的重要因素；②房价波动同样对金融支持具有显著的正向影响，表明房价的上涨将导致金融对房产的支持力度提升。谭政勋和陈铭（2012）采用PMG估计法来分析房价波动的影响因素。研究结果表明：从长期来看，推动房产价格上涨的最重要因素是人均国内生产总值；而在短期内，银行贷款是推动房产价格上涨最主要的动力。赵胜民和罗琦（2013）通过构建纳入金融摩擦的新凯恩斯动态随机一般均衡（new keynesianism-dynamic stochastic general equilibrium，NK-DSGE）模型，研究了在不同强度的金融摩擦和房产税率下，各种冲击对房产价格的影响程度。研究发现：在金融摩擦环境下，企业信贷配给的微小变动就会引起房产价格的大幅度剧烈波动，这不仅表明企业信贷配给额度冲击是影响房价波动的主要因素，而且说明金融支持对房产行业至关重要。研究还发现，房产税、紧缩房产开发商贷款和个人购房贷款三者的政策组合与调高利率的货币政策对降低房价的作用相当，但与调高利率的货币政策相比，房产税与信贷政策的组合对产出波动的影响较小。

王拉娣等（2014）的实证研究结果表明：银行信贷规模与房产价格之间存在单向引导关系，即银行信贷规模的扩张可以大幅度推动房产价格的上涨，而房产价格的上涨不能促进银行信贷的扩张，却很容易引发银行贷款资产恶化率的提高，最终加剧银行信贷风险积累。邢有为（2015）利用面板门槛模型和35个大中城市2003—2013年的相关数据，验证了金融发展对房价上涨的影响。研究结果指出：金融发展总体上推动了房产价格的上涨，金融发展与房产价格上涨之间存在非线性关系，具有显著的门槛效应；随着金融发展水平的提高，其对于房产价格上涨的弹性系数逐步下降。刘晓星和姚登宝（2016）在考虑金融摩擦和价格黏性的基础上，构建了一个多部门NK-DSGE模型，并引入流动性冲击和金融脱媒冲击，结合贝叶斯方法估计模型的结构参数，以探究其对实际经济变量和金融变量的动态影响及其作用机制。研究结果表明，金融脱媒是导致资产价格波动，进而引致经济周期波动的重要因素。陈利锋（2016）将抵押率冲击当作金融冲击，通过不同政策机制下的脉冲响应函数发现，宏观审慎政策可以缓和金融冲击，实现物价和金融系统的稳定。刘晓欣和雷霖（2017）运用结构向量自回归（structural vector auto regressive，SVAR）模型，结合我国2000年1月—

2016年12月的相关数据，探讨了金融杠杆、房产价格与金融稳定性之间的相互关系。实证结论表明，金融杠杆与房产价格之间存在相互促进的关系，而金融杠杆与房产价格的快速上升不利于保持金融体系的稳定运行。何怡瑶（2017）利用理论模型模拟分析发现，经济进入新常态后，宽松的货币政策导致增加的货币流向了房产行业，大量货币沉淀于房产行业，不仅推高了房产价格，而且造成了资源的严重错配，进而导致投资和产出长期低迷。

此外，还有一些学者研究了开放经济条件下金融深化对房产价格的影响。例如，刘莉亚（2008）通过构建包含“热钱”和国内资产价格之间内生关系的理论模型，实证分析了自2002年以来境外流入的资本与国内股票市场、房产市场之间的相关关系。研究结果发现：境外“热钱”的涌入确实显著推动了房产价格（特别是高端住宅价格的上升），并且境外“热钱”发生的异动可以解释房产价格指数变化率20%左右的原因，但对股票指数的影响并不显著。邓永亮（2010）指出，近年来从国际金融市场上涌入我国境内的“热钱”主要流入了房产市场，而不是股票市场，这显著推动了房产价格的上涨，而房产价格的上涨会进一步吸引“热钱”的涌入，这就形成了“热钱涌入——房产价格上涨”二者之间的相互推动、螺旋递进的关系。赵文胜等（2011）的研究结果表明，房产价格上涨和热钱流入相互作用。具体而言，房产价格的上涨趋势会引起热钱流入，而热钱流入的趋势则会引起房产价格的上涨。杨冬和张月红（2014）基于非线性视角，采用TVP-SV-VAR模型对“汇改”以来人民币实际汇率、短期国际资本与资产价格之间的互动关系进行了实证分析。实证结果表明：短期国际资本的流入对国内资产价格均有明显的正向冲击，而且此冲击的持续时间较长。王申和陶士贵（2015）运用非线性的MS-VAR模型和脉冲响应分析等研究方法，分析了不同经济状态下汇率、短期国际资本流动、股票价格和房产价格之间的动态关系。研究结果表明：不同区制下，变量间的动态关系不尽相同。汇率升值会导致大量国际资本的流入，短期国际资本的流入会推动股票价格和房产价格上涨，而股票价格和房产价格上涨会造成国际资本的流入。袁东等（2015）利用45个国家的面板数据，研究了实际有效汇率对房价的影响。研究发现，实际有效汇率的上升会导致房价上升。此外，研究进一步表明，实际有效汇率的上升能解释2005—2014年中国房价上涨13%～25%的原因。

尽管这些研究对我国金融深化与房产价格波动的分析提供了许多有益启示，但仍存在以下不足：第一，上述文献大多缺乏坚实的微观基础，缺乏统一的理论分析框架，仅仅利用计量方法的改进并不足以说明金融深化与房产价格理论上的内在逻辑关系。第二，在计量方法上，已有文献采用的计量模型大多难以识别金融深化、房产价格的不同状态及状态之间的转换，由于状态周期为不可观测变量，已有文献通常使用经济周期或货币政策周期来替代状态周期，就造成了一定的误差；第三，对于周期拐点的选择存在主观性，因此，需要对状态变换的时点有更精确的认识。

二、金融深化与经常账户余额相关研究评述

Feldstein（1980）认为，金融自由化程度越高，越能增加潜在的收益，带来的多样化的国际资产组合会影响储蓄和投资的决定，并通过提高资本跨境流动的配置效率，进而影响经常账户余额。Bailliu（2000）的研究发现金融深化和金融开放之间呈显著正相关关系，金融开放能够通过推动金融和经济发展来改善经常账户余额。Dooley等（2004）发现，普遍实施金融自由化政策的东亚国家，由于缺乏发达的国内和地区金融体系，国内过多的储蓄无法被有效吸纳，大量的过多储蓄涌入发达国家金融市场。Willen（2004）在一个理论模型中证明，一国金融市场的“不完全”程度越高，该国的储蓄率也越高，从而导致经济失衡的产生。Bernanke（2005）提出，为了解决全球性储蓄过剩问题，金融深化是一个重要手段，通过降低亚洲新兴市场国家的储蓄率，将在长期逐步实现全球经济再平衡。Bernanke（2007）认为，亚洲国家和自然资源富有国家形成的净储蓄必然

会成为其他国家的投资，所以前者经常账户显示盈余，后者经常账户显示赤字。Chinn 和 Ito（2007）在探讨金融深化对经常项目决定的研究中，发现工业化国家和新兴市场国家的金融市场越发达，越会导致经常账户余额减少。Caballero 等（2008）认为，不同国家提供金融产品能力的不同导致了全球经济失衡。Mendoza 等（2009）表明，发展中国家金融市场不完善，导致居民和企业倾向于将金融财富转移至发达国家；但是，发展中国家的高资本回报，使国际资本以外商直接投资的形式回流至发展中国家。Song 等（2011）以中国为例，认为外部失衡源自金融摩擦，生产效率更高的私营企业受到融资约束，而不受融资约束的国有企业由于效率较低缺乏投资机会，随着行业内私营企业逐步取代国有企业，外汇储备增加。Johansson 和 Wang（2012）指出，中国的金融抑制政策严重阻碍了金融深化进程，这样做一方面推动了制造业的发展，另一方面也限制了服务业的发展。

在国内，李扬等（2007）认为，中国经济失衡来自国内投资未能有效吸收国内储蓄，而以银行间接融资为主导的金融体系则是造成投资率长期低于储蓄率的主要原因。祝丹涛（2008）认为，造成全球经济失衡的结构性原因是金融体系效率存在国别差异，金融体系效率高的国家向金融体系效率低的国家输出金融中介功能，帮助其完成储蓄向投资的转化，结果就是前者储蓄小于投资，形成经常账户赤字；后者储蓄大于投资，形成经常账户盈余。蔡德容等（2008）运用 Eviews 协整分析方法，验证了两缺口模型在我国宏观经济中的适用性，并分析了我国储蓄投资失衡、经常项目失衡的现状。得出以下结论：我国宏观经济的外部失衡由内部失衡引起和决定，外部失衡是内部失衡的外在表现。针对我国目前内、外部失衡现状，我们应该提高消费水平，完善资本市场机制，同时应保证投资需求增长，优化投资结构。王晓杰和赵俊燕（2009）认为，从我国长期存在的国际收支“双顺差”来看，外商直接投资占了很大比重，而对外直接投资很少，这说明我国的金融市场不健全。加快金融体制改革，完善资本市场的融资渠道，不仅可以减少资本流入，而且能够提高储蓄投资转化率，提高国内资金的使用效率，促进金融市场的高效运转，从而避免生产过剩，有利于加快经济结构调整和经济增长方式转变。

雷达和赵勇（2009）发现，随着金融深化程度的加深，出现经常账户逆差的概率大大提高。徐建炜和姚洋（2010）通过构造一个金融—制造业比较优势指标，发现金融—制造业比较优势能够解释全球经济失衡问题，即拥有制造业比较优势的国家会输出制造业产品，从而形成经常账户盈余，而拥有金融优势的国家会输出金融产品，从而形成经常账户赤字。杨珍增和陆建明（2011）的研究表明，金融深化通过作用于国际分工模式的形成过程，导致国与国之间的相对价格出现差异，从而对全球贸易失衡产生影响。付争（2012）发现，国际资本更倾向于流入那些金融深化程度较高的国家，各国金融市场之间存在的差异通过资本配置影响居民或企业的投资和消费行为，进而影响各国的经常账户余额。翟晓英和刘维奇（2012）发现，一国的金融深化程度与消费率之间呈负相关关系，而消费率不足常常会导致贸易差额增加。茅锐等（2012）认为，金融深化程度不足导致外部失衡的重要前提假设是金融摩擦因素的存在导致国内资本缺乏投资机会，难以获得满意的回报率，因此只能以贸易顺差的形式外流。随着中国金融效率的提高，巨额经常账户余额会逐渐消减。王博和刘澜飚（2013）指出，虽然贸易渠道一直是经济体外部失衡调整的主要渠道，但随着金融全球化进程的加快，金融渠道对外部失衡调整的重要性日益突出，受到越来越多的重视。张甜迪（2013）发现，金融深化程度的差异一方面通过影响国际资本流动的规模和方向造成了金融失衡，另一方面则通过影响一国对储蓄的依赖导致了经常账户失衡。

徐朝阳（2014）利用动态一般均衡模型，从供给抑制政策的视角出发解释了我国的产能过剩现象。毛健（2015）通过构建一个包含投资限制与金融摩擦因素的基于层次本体模型（hierarchical ontology model，HOM），实证分析了投资限制、金融摩擦对外部失衡的影响。分析结果表明，投资限制导致民间资本难以进入供给不足的受控产品部门，只能集中于竞争性的一般产品部门，进而形成产能过剩，造成出口竞争性产品输出过剩资本的格局。而金融摩擦的存在，会缓解一般产品部门投资与供应过剩的局面，从而降低外部失衡。为了解决经济外部失衡的困境，应逐步放松管制，鼓励民间投资进入垄断性行业，推进金融市场化改革。陈斌开和陆铭（2016）表明，“利率抑制”是导致我国多重失衡的重要原因，当前的核心任务是加快金融市场改革，矫正利率扭曲。刘威等（2017）首先构造了包括经常项目和资本项目差额的短期外部失衡指标，然后运用 Hansen 面板门限回归模型，检验了金融渠道调节外部失衡的非线性影响。研究指出，我国应采取调整金融体系结构、减少对以银行为媒介的间接融资依赖、提升对外投资效率、适当减少官方外汇储备等措施，从而提升金融渠道调节外部失衡效用。钟正生和张璐（2017）认为，在处理外部失衡的过程中，金融开放应更为审慎、稳妥，资本管制的适时收紧有时是一种“以退为进”的策略，可以为宏观经济的平稳运行保驾护航。

以上研究大多通过计量模型，选择相关代理变量对金融深化与经常账户失衡的相关趋势进行分析，但至少存在以下两点不足：第一，没有将金融深化与经常账户失衡纳入统一理论分析框架进行系统性的探讨；第二，已有文献主要从宏观角度分析，缺少微观角度理论与经验数据的支撑。

三、房产价格与宏观经济波动相关研究评述

Alchian 和 Klein（1973）认为，资产价格可以很好地反映未来物价变化的趋势，他们通过传统测量的通货膨胀与资产通货膨胀的加权平均值提出了综合通货膨胀的概念。Shiratsuka（1999）、Goodhart 和 Hofmann（2006）及 Cecchetti 等（2006）指出，房产价格对宏观经济的运行会产生重要的影响。Chirinko 等（2008）对 13 个国家的研究显示房产价格比股票价格对实体经济的影响更大，房价上涨 1.5%，将促进国内生产总值增长 0.4%。Castelnuovo 和 Nisticò（2010）的研究也表明，在拉动经济增长、刺激消费需求和影响宏观经济的运行等领域，房产价格上涨带来的影响不容忽视。

Chaney 等（2012）发现，房产价格的快速上涨不仅可以引起企业的商业信贷扩张，带动企业投资，还可以有效带动居民消费的增长。但在另一方面，Diamond（1965）、Tirole（1985）及 Mills（1987）则认为当经济系统中的某一部门的资本回报率较高且准入门槛较低时，该部门十分容易滋生“泡沫”，而泡沫会发挥重要的“杠杆效应”，挤出实体经济的投资。Miao 和 Wang（2014）通过构建两部门内生增长模型的研究发现，房价上涨使房产业具有相对较高的收益，因而会吸引更多的资金投入，使资金在经济部门之间发生错配，进而挤出非房产行业的投资，抑制经济长期增长。

国内有关房产价格与宏观经济关系的研究结论也并不一致。一种观点认为，房产价格上升可以有效刺激经济增长。严金海（2009）运用 IS-LM 和总供求模型并结合我国的数据分析房产价格对产出和通货膨胀率的影响。研究结果表明：房产价格可以显著影响产出缺口；房产价格的过快上涨会导致投资主导型的经济过热，加剧经济结构失衡。宏观经济政策应关注房产价格波动，并采取适当措施来稳定住房价格，降低房价波动对宏观经济的冲击。孔煜（2009）运用联立方程模型、面板分析技术和省际面板数据研究发现，在我国，房产价格、银行信贷与经济增长之间存在密切的相关关系。进一步分区域的实证研究结果显示：各地区房价的上涨与金融支持有关，尤其是东部和中部地区，过度的金融支持使这些地区的房价偏离了价值的基本面；房价的上涨与银行信贷的扩张共同拉动了各区域的经济增长。崔光灿（2009）指出，房产价格明显影响到宏观经济稳定。具体而言，房产价格的上升会显著增加社会总投资和总消费，房产投资的“财富效应”非常明显，对社会总消费、总投资的影响十分显著。原鹏飞和魏巍贤（2010）通过构建可计算一般均衡（computable general equilibrium，CGE）模型分析了房产价格波动对我国宏观经济的影响。主要发现如下：房产价格上涨不仅会引致各行业产出增加，而且使居民和政府的收入增加；总体来看，房产价格上涨具备对经济增长的带动效应。李颖和胡日东（2011）运用面板向量自回归（Panel-VAR，PVAR）模型并结合我国1999—2008年31个省区市的面板数据，实证分析了房产价格和宏观经济之间的关系。结果表明：在我国，房产价格和国内生产总值之间存在双向互动关系，既相互拉动，又相互牵制。徐晶（2013）认为，城市的经济增长与房产价格之间存在一些同向关联，甚至是相互驱动的关系，但城市经济增长与房价上涨的关联或驱动关系并不是静态不变的，而是存在周期性的增强或减弱，甚至消失的过程。

原鹏飞和冯蕾（2014）通过构建纳入存量住房资产的DCGE模型，考察了房产价格上涨的经济增长效应和收入分配效应。结果表明：房产价格的上涨一方面刺激了房产行业的膨胀，带动与之紧密相关的建筑业、重工业等行业快速发展，能够显著提高经济增长率；另一方面却挤占了农业、轻工业和公共服务业等行业的发展空间。此外，房产价格的快速上涨会加剧分化城镇居民家庭间的收入分配，已逐渐成为拉大社会贫富差距的重要原因。何青等（2015）通过构建一个带有名义黏性和信贷约束的封闭经济DSGE模型，模拟分析了过去20年间房产市场和宏观经济波动之间的联系。研究结论表明，我国房产价格波动会显著影响社会总投资和总消费。吕江林等（2015）基于2005—2012年中国31个省区市的相关数据，采用面板门限模型，对房产价格与经济增长之间的相关关系进行估计与检验。研究结果表明：房价上涨对经济增长的影响存在显著的单门限效应。房价上涨对经济增长的促进作用在信贷约束偏松的区间明显大于信贷约束偏紧的区间。钟腾（2017）发现，我国存在“抵押品效应”，即房产抵押品价值的上升（下降）会显著引起社会总投资的增加（减少）。此外，融资约束越大的公司，其抵押品效应越明显。陈小亮（2017）认为，在短期内，房产价格的上涨不仅能够刺激本身及其相关行业的投资，还能为地方政府筹集资金，可以较为显著地拉动经济增长。

另一些研究却表明，我国房产价格波动对总需求的影响不大，甚至存在一定的抑制作用。例如，周晖和王擎（2009）的研究发现房价波动对经济增长没有显著影响。杨雪锋和陈惠雄（2010）指出，信贷扩张不仅导致财富向少数群体集中并营造出一种虚假繁荣，还间接导致实体经济的基础被掏空，使得经济长期增长缺乏动力。信贷支持下的房产过热不仅会使房价虚高，还会扭曲资源配置和社会总需求，并且酿成地方政府财政危机，最终抑制经济增长。赵杨等（2011）基于 bootstrap 方法进行实证分析，发现由房价上涨带来的房产市场的财富效应对消费和经济增长的促进作用都不显著。郑忠华和邸俊鹏（2012）认为，虽然房产需求对推高房价有一定的作用，但是会导致消费低迷、产出下降等不良后果。吴晓瑜等（2014）、王文春和荣昭（2014）的研究明确指出，在应对当前我国经济面临的就业、升级、转型等巨大挑战中，创业扮演着无可替代的关键角色。具体而言，创业不仅可以有效地推动经济增长，成为重要的动力引擎，还可以解决就业问题，成为舒缓社会就业压力的重要渠道。而高房价可能通过抑制创业、创新给长期的经济增长带来负面效应。陈斌开等（2015）、罗知和张川川（2015）、闫先东和朱迪星（2016）发现，房价的持续上涨、房产业的过度投资会导致资源配置效率下降并且产生"低技术锁定"效应，进而损害经济增长。龙少波等（2016）则认为我国房产市场虽然存在财富效应，但该效应非常微弱，因此，房产价格的大幅波动对国内消费和产出的影响十分有限。余静文等（2017）指出高房价对行业全要素生产率产生了负面影响，说明高房价并没有通过流动性效应改善资源配置效率，反而导致要素配置扭曲程度加大；另外，高房价拉高了房产投资收益进而挤出了企业研发部门的资源投入，抑制了企业全要素生产率的改善，制约了长期经济的潜在增长。许桂华等（2017）通过构建一个包含房价波动与金融支持实体经济效率的基准模型，采用 Dea-Malmquist 指数方法测度了我国金融支持实体经济的效率，研究发现，房价上涨显著降低了我国金融支持实体经济效率。余泳泽和张少辉（2017）的研究结果表明：无论是企业个体还是整个地区，城市房产价格的快速上涨会显著抑制其技术创新活动及产出，在考虑房产价格蔓延的空间效应时，房产价格上涨的蔓延会对周边城市技术创新活动产生负面效应。此外，周端明等（2016）及黄志刚和许伟（2017）运用 DSGE 模型的模拟分析证明，当房产价格上涨过快时，房产业的迅猛发展会对我国非房产业的投资产生挤出作用。陈彦斌和刘哲希（2017）基于含有市场预期内生变化的一般均衡框架实证研究发现，一方面，在资产价格上涨过程中，市场受乐观预期的驱动会显著扩大资产的购买规模，并减少对实体经济的投资，导致更多资金“脱实向虚”。另一方面，一旦资产价格泡沫破裂进而回归到其内在基础价值时，将会带来更大的产出损失。

此外，实现共同富裕的目标离不开对房产居住属性和投资属性的准确把握、理解和发挥。众所周知，住房对于绝大多数个人或家庭而言不仅仅是稳定存在的物质要素，还可以通过市场交易变现，极具财富意义。伴随经济社会发展和城镇化进程，房产往往并没有因为持续消费而贬值，反而呈现出鲜明的保值增值特征，进一步刺激更多居民财富投资于房产市场。由此可见，房产在居民财富中占有重要地位并对共同富裕目标的实现产生重要影响。房产本质上兼具居住与投资双重属性。其中，居住属性，是指房产作为耐用消费品主要满足居民衣食住行中的居住需求；投资属性，是指房产作为金融投资品主要满足居民保值增值的投资需求，在居民财富构成中占有重要地位，两种属性往往是一体两面、密不可分的。需要强调的是，房产的居住属性和投资属性并不是并列关系，而是主次和从属关系。因为居住属性是房产的根本和基础，其他属性均是在居住属性基础上派生出来的，所以居住属性是房产的基础属性，投资属性是以居住属性为基本前提和必要条件的派生属性。居民对保障和改善住房条件的需求凸显了房产的居住属性，而投资投机活动则凸显了房产的投资属性，当住房需求强劲且房产价格持续快速上涨，房产投资相对其他投资渠道而言具有较高的收益和较低的风险时，才会彰显房产的投资价值。所以仅从时间概念上来说，在经济发展早期，房产的居住属性远大于投资属性，而随着社会经济发展和人民生活水平的不断提高，房产往往会由耐用消费品向生产要素或投资工具转变，其投资属性逐渐超过居住属性。

居住属性不仅是房产的基本属性，还是房价上涨的原动力。在城镇化进程引致的新增住房需求和居民已有住房的改善需求双重动力推动下，房产市场不断膨胀，房产价格持续上涨。此外，房价上涨预期也伴随着房产旺盛的需求而产生，二者相互促进，形成螺旋式上升的趋势。因此，在目前国内金融市场不发达、投资渠道相对狭窄的情况下，房产成为大多数高收入居民投资的首选工具，其投资属性日益增强。不难发现，居住属性和投资属性对房产财富效应的影响截然不同：一方面，出于居住需求动机时，房价上涨通常意味着购房成本上升，居民不得不增加预防性储蓄，提高储蓄率，减少消费支出，抑制了房产财富效应；另一方面，出于投资需求动机时，房价上涨通常标志着房产是财富保值增值的可靠工具，带来收入预期和财产价值的增加，有助于促进消费需求，放大了房产财富效应。但房产市场的发展实践表明，如果一味强调房产的投资属性，以投机炒作为主导，那么充满投机资金的房产市场最终会演变成无源之水、无本之木，很难保持长期稳定发展。由于经济政策制定的功利性和短期性、市场行为的驱动性和同质性以及房产行业的广泛关联性，房产极易被定位为拉动经济增长的支柱产业和攫取超额利润、获得丰厚收益的投资工具。例如，土地财政既是地方财政收入不可或缺的来源，又是推动房产价格持续上涨的重要推力；企业偏离或忽视自身主营业务，争先恐后涉足房产市场，试图在房价上涨中获取利润；房地产商运用制造恐慌、捂盘惜售、虚假宣传等手段极力抬升房价；银行等金融机构利用所谓的“金融创新工具”最大限度地规避监管，引导大量资金汇聚房产市场，对房价飙升起了推波助澜的作用。因此，不难发现，过度突出房产的投资投机属性会推升债务杠杆、积累金融风险以及扭曲经济结构，最终给宏观经济的长期持续发展带来负面影响。此外，偏离居住属性不仅会造成居民生活成本大幅度提升和生活质量难以提高，也会导致居民之间收入差距拉大，引发两极分化。房产作为当今居民资产的重要构成部分，房价波动势必会对房产价值和家庭财富存量产生不可忽视的影响，进而影响收入分配。对于持有房产数量较多的高收入群体而言，由于保有成本较低、税收政策不完善等因素，往往会获得较为可观的投资回报；而对于在社会中占绝大多数仅持有一套住房或无房的中低收入群体而言，房价上涨要么仅仅是增加了所持有自住住房的抵押价值，且难以通过出售、出租等手段获得收益，要么带动租金提高，进而降低无房群体的福利水平。可见，推进房产市场平稳健康发展必须兼顾其居住属性和投资属性。其中，居住属性是基本属性，是房产市场发展的基础，只有在满足居民基本的住房需求之后，才更有利于发挥房产的投资属性。

在涉及房产市场机制、政策演变及房产属性的研究中，主流学术观点认为随着我国房产市场的快速发展，房产的投资属性逐渐凸显并对居住属性形成日益严峻的挤压。目前，房产市场的投资属性远大于居住属性。房价高企、房屋租售比严重失衡、租房市场不规范以及居民“安土重迁”“重买轻租”“买涨不买跌”的观念都与住房居住属性和房产市场调控要求明显相违背。此外，由房产投资属性驱动的房价上涨无疑会使拥有多套房产的富裕群体获得更多的财产性收入，积累更多的财富，但会增加仅有一套住房或无住房的中低收入群体的生活成本，从而使富裕群体与中低收入群体的收入差距进一步拉大。在国内投资渠道比较狭窄的现实情况下，房产价格的高速增长诱使富裕家庭将更多资金投入房产市场，刺激投资投机性购房需求，进一步推动房价上涨，增加购房成本和难度，从而使得中低收入家庭为了购房不得不提高储蓄率，加剧了城镇家庭住房不平等程度。高房价往往会扭曲居民的消费、储蓄及投融资行为，使居民的生活福利水平普遍下降，而中低收入阶层的福利水平下降程度最为明显（陈彦斌和刘哲圣，2011），对房产投资属性长此以往而不加有效的调控和制约，极易引发一系列社会问题。我国是人民民主专政的社会主义国家，人民是国家的主人，党和政府必须始终坚持以人民为中心的发展思想，切实保障广大人民群众的根本利益，更应该突出房产的居住属性。自党的十九大以来，坚守“房住不炒”定位，发挥住房保障的兜底功能，引导公众树立正确的住房消费观念，都表明了房产居住属性受到越来越多的重视。政府和相关部门一方面通过综合运用财政政策、土地政策和金融政策等措施广角度、宽领域、全方位地严控炒房行为；另一方面则大力推动租售同权，切实保障租房者的合法权益，增加对各类保障性住房的建设投入，加快建立多主体供给、多渠道保障、租购并举的住房制度，积极引导房产回归居住属性。综上所述，城镇化水平的快速发展和居民价值观念的转变都影响房产属性。自 1998 年房产市场化改革以来，房产的投资属性日益凸显，并对居住属性形成了严重挤压。党的十九大报告明确指出，“房子是用来住的，不是用来炒的”，重新对房产的居住属性进行了定位，在推进经济发展过程中坚持不将房产作为短期刺激经济的手段，更不能影响人民对居住权的最基本需求，充分彰显了党和政府坚持以人民为中心的发展思想。

以上综述可知，关于房产价格与经济波动及货币政策的研究较为丰富，特别是在“次贷危机”之后，利用DSGE模型分析房产价格的文献逐渐增多，但是大多数研究至少存在以下两点不足：第一，缺乏在开放经济条件下对房产价格与经济波动、货币政策系统性的理论探讨；第二，实证部分未能较为充分地考虑相关变量的时变特征和随机冲击等因素的影响。

第三章　金融深化、房产价格与经常账户余额——基于NOEM-DSGE模型的分析

通过第二章的相关文献梳理我们可以发现，关于金融深化、房产价格和经常账户余额三者之间的联系，绝大多数文献仅研究了其中的两两关系——金融深化与房产价格、金融深化与经常账户余额、房产价格与经常账户余额，利用统一的理论分析框架同时研究三者之间的动态关系的文章稀少。近年来，随着金融深化改革进程的稳步推进，我国的金融市场将长期处于不断的变革之中，而金融市场的演变和发展无疑会对资产价格和经济均衡产生重要的影响（Huang & Wang，2011；Verona et al.，2017）。与此同时，我国房产价格高企和经常账户失衡的问题受到越来越多的关注，如图 3-1 和图 3-2 所示，自实行住房制度改革以来，房产价格大幅上涨，1998—2015 年累计上涨超过 200%，同时房产占中国城市居民家庭资产的比重超过 70%[1]，而另一方面，我国经常账户余额的增速则迅速放缓，近期甚至出现了负增长。那么，我们不禁要问，在我国，金融深化、房产价格和经常账户余额之间存在着怎样的关系？金融深化对房产价格和经常账

[1]　数据来源于中国家庭金融调查 (CHFS)。

户余额有何影响？对以上问题的研究对处于金融深化改革进程中的中国经济无疑具有重要的现实意义。

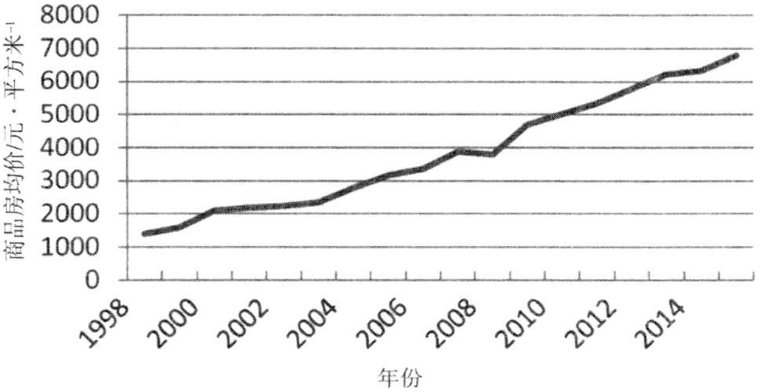

图 3-1 商品房均价

（资料来源：数据来源于 Wind 经济数据库和国家统计局官方网站）

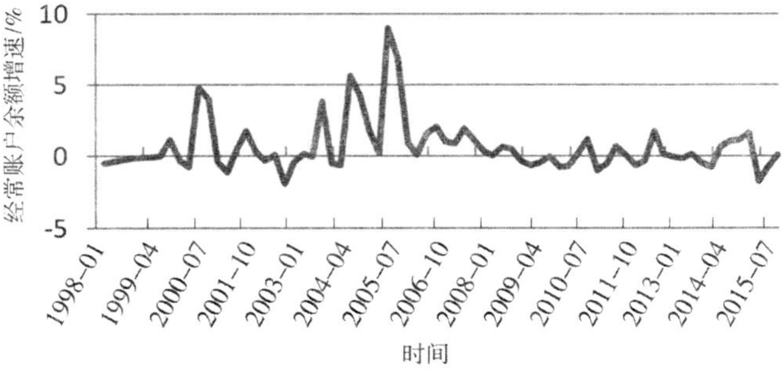

图 3-2 经常账户余额增速

（资料来源：数据来源于 Wind 经济数据库和国家统计局官方网站）

Beck 等（2005）指出，各国之间存在的金融发展差异是造成全球贸易失衡的重要原因。Ferrucci 和 Miralles（2007）认为，金融市场的发展、金融深化程度的提高会促使国民储蓄率下降，进而导致经常账户赤字上升。Caballero 等（2008）发现，金融发展会增加国际资本净流入，带动消费和投资增加，进而推高房产价格，减少经常账户余额。Fratzscher 等（2010）认为，资产价格上涨（股票价格和房产价格）是导致美国贸易赤字的主要原因。资产价格的提高增加了预期的家庭收入，进而增加了消费，同时使企业投资的机会增多，最终导致贸易状况恶化。Liang（2012）指出，由金融一体化所引发的金融不稳定性是造成全球性贸易失衡的重要原因。Punzi（2013）和 Ferrero（2015）运用 NOEM-DSGE 模型模拟分析证明，金融深化一方面推高了房产价格，另一方面则加剧了经常账户赤字的形成。在国内，王叙果（2006）指出，我国金融系统的低效率造成储蓄转换投资能力的不足，导致投资和储蓄失衡，进而引起经常账户失衡。茅锐等（2012）基于金融业和制造业比较优势的国际分工发现，制造业较强的国家易产生对外贸易顺差，而金融业较强的国家往往产生贸易逆差。顾国达和麻晔（2015）指出，金融市场约束是我国对外贸易失衡的重要原因之一，因此，推动我国金融市场发展、提高金融市场运行效率、增强金融市场将过剩储蓄转化为有效投资的能力，可以有效缓解我国经常账户失衡的现象。曹强和虞文美（2016）结合相关理论模型和跨国面板数据也发现，金融深化对各国的出口结构和经常账户失衡具有重要影响。

可以发现，金融深化、房产价格和经常账户余额三者之间存在紧密的联系，而目前国内鲜有文献将三者放在统一框架下进行分析。在实践中，对相关问题的深入研究不仅有助于我们改进对房产市场的调控，也有助于解决经常账户失衡的问题，最终有利于实现经济的均衡稳定发展。因此，笔者对金融深化、房产价格和经常账户余额三者之间的关系进行了深入研究，着重考察金融深化对房产价格和经常账户余额的动态影响。本章主要内容：运用当前主流宏观经济学的重要研究工具——DSGE 模型，科学构建符合我国现阶段经济运行特征的理论分析框架，然后综合利用校准和贝叶斯估计方法确定模型当中主要的结构参数，并进行数值模拟分析。从动态视角深刻剖析金融深化程度、房产价格与经常账户余额的相关关系，以期平息社会各界喋喋不休的争论，更希望能够从金融深化的视角出发，为保持房产市场平稳发展、缓解经常账户失衡提供一定的意见与建议。

第一节 开放经济动态随机一般均衡模型

本节在参考 Iacoviello（2005）、Iacoviello 和 Pavan（2013）、Ferrero（2015）及 Funke 等（2017）文献的基础上拓展了一个包含耐心家庭、非耐心家庭、企业、零售商、金融中介和中央银行的多部门 NOEM-DSGE 模型。在模型中，耐心家庭向金融中介提供存款或对企业进行直接投资；金融中介负责吸收耐心家庭部门的存款，并向非耐心家庭和企业提供贷款；非耐心家庭和企业则利用房产作为抵押物向金融中介作抵押以获取贷款。此外，家庭部门向企业提供劳动以获取工资收入，享受消费品、闲暇、房产和货币余额带来的效用；企业部门运用劳动力、资本和生产性房产（如工厂、车间等）作为生产要素进行生产，并将产品出售给零售商；零售商将产品加工为最终消费品出售给消费者；中央银行负责制定和执行相关货币政策以调控宏观经济运行。具体模型构建如下：

（一）耐心家庭

耐心家庭的效用函数由消费品 $C_{1,t}$、房产 $h_{1,t}$、劳动 $L_{1,t}$ 和实际货币余额$\frac{C_{1,t}}{p_t}$构成，耐心家庭在消费品、房产、劳动和实际货币余额之间进行配置以实现效用最大化，其效用函数形式设定为

$$E_0\sum_{t=0}^{\infty}\beta_1^t[\ln(c_{1,t}-\varepsilon c_{1,t-1})+j_t\ln h_{1,t}-\frac{(L_{1,t})^{\eta}}{\eta}+x\ln\frac{M_{1,t}}{P_t}] \tag{3-1}$$

其中，E_0 为期望算子；β_1 为耐心家庭的贴现因子；ε 为家庭的消费惯性系数；j_t 为房产偏好冲击；η 为提供劳动的负效用参数；x 为实际货币余额在家庭效用函数中所占的比重。

考虑到我国资本账户开放的现实状况，虽然国内居民投资海外市场，选择配置国外资产受到诸多限制，但国内居民仍然可以持有部分海外资

产[1]。因此，不妨假定耐心家庭持有本国债券和外国债券，向金融中介提供存款或直接投资厂商，则耐心家庭的预算约束设定为

$$c_{1,t}+q_{h,t}\,[h_{1,t}-(1-\delta_h)\,h_{1,t-1}]+b_{1,t}+s_t\,b_t^*+\xi_t\,I_t+T_t=w_{1,t}\,L_{1,t}+\Omega_t-\frac{M_{1,t}-M_{1,t-1}}{P_t}+\frac{R_{t-1}\,b_{1,t-1}}{\pi_t}+s_t\left(\frac{R_{t-1}^*\,b_{t-1}^*}{\pi_t^*}\right)+\frac{R_{t-1}^k\,K_t}{P_t} \tag{3-2}$$

其中，$w_{1,t}$ 为实际工资；$q_{h,t}$ 是房产的实际价格；δ_h 是房产折旧率；T_t 为政府税收；Ω_t 为企业转移给耐心家庭的利润；$b_{1,t}$ 为耐心家庭持有的本国债券量；b_t^* 为耐心家庭持有的外国债券量；R_t 为本国债券名义利率；R_t^* 为外国债券名义利率；R_t^k 是资本收益率；s_t 为实际汇率；$\pi_t=\frac{P_t}{P_{t-1}}$ 为本国通胀水平；$\pi_t^*=\frac{P^*_t}{P_{t-1}^*}$ 为外国通胀水平；ξ_t 为直接投资冲击。假设耐心家庭拥有原始资本并进行资本积累，δ_k 是资本折旧率，则其资本积累方程为 $K_{t+1}=(1-\delta_k)\,K_t+I_t$。

耐心家庭部门在满足约束条件式（3-2）的前提下最大化效用函数式（3-1），则其相对应的关于劳动供给、消费、房产、实际货币余额、国外债券和资本投资的一阶条件分别为

$$(L_{1,t})^{\eta-1}=w_{1,t}\left(\frac{1}{c_{1,t}-\varepsilon c_{1,t-1}}-\beta_1 E_t\frac{\varepsilon}{c_{1,t+1}-\varepsilon c_t}\right) \tag{3-3}$$

$$\frac{1}{c_{1,t}-\varepsilon c_{1,t-1}}-\beta_1 E_t\frac{\varepsilon}{c_{1,t+1}-\varepsilon c_{1,t}}=\beta_1 E_t\frac{R_t}{\pi_{t+1}}\left(\frac{1}{c_{1,t+1}-\varepsilon c_{1,t}}-\frac{\varepsilon\beta_1}{c_{1,t+2}-\varepsilon c_{1,t+1}}\right) \tag{3-4}$$

$$\frac{j_t}{h_{1,t}}=q_{h,t}\left(\frac{1}{c_{1,t}-\varepsilon c_{1,t-1}}-\beta_1 E_t\frac{\varepsilon}{c_{1,t+1}-\varepsilon c_{1,t}}\right)-\beta_1(1-\delta_h)\mathrm{E}_t\,q_{h,t+1}\left(\frac{1}{c_{1,t+1}-\varepsilon c_{1,t}}-\frac{\varepsilon\beta_1}{c_{1,t+2}-\varepsilon c_{1,t+1}}\right) \tag{3-5}$$

$$\frac{M_{1,t}}{P_t}=x/\left[\left(\frac{1}{c_{1,t}-\varepsilon c_{1,t-1}}-\beta_1 E_t\frac{\varepsilon}{c_{1,t+1}-\varepsilon c_{1,t}}\right)-E_t\frac{\beta_1}{\pi_{t+1}}\left(\frac{1}{c_{1,t+1}-\varepsilon c_{1,t}}-\frac{\varepsilon\beta_1}{c_{1,t+2}-\varepsilon c_{1,t+1}}\right)\right] \tag{3-6}$$

[1] 参见梅冬州和赵晓军（2015）、黄志刚和郭桂霞（2016）、傅广敏（2017）、何国华和李洁（2017）等文献。

$$s_t(\frac{1}{c_{1,t}-\varepsilon c_{1,t-1}}-\beta_1 E_t\frac{\varepsilon}{c_{1,t+1}-\varepsilon c_{1,t}})=\beta_1 E_t\frac{s_{t+1}R_t^*}{\pi_{t+1}}(\frac{1}{c_{1,t+1}-\varepsilon c_{1,t}}-\frac{\varepsilon\beta_1}{c_{1,t+2}-\varepsilon c_{1,t+1}}) \tag{3-7}$$

$$E_t[\frac{1/(c_{1,t+1}-\varepsilon c_{1,t})-\varepsilon\beta_1/(c_{1,t+2}-\varepsilon c_{1,t+1})}{1/(c_{1,t}-\varepsilon c_{1,t-1})-\varepsilon\beta_1/(c_{1,t+1}-\varepsilon c_{1,t})}]=\beta_1 E_t[\frac{\xi_{t+1}(1-\delta_k)}{\xi_t}+\frac{R_{t+1}^k}{\xi_t P_{t+1}}] \tag{3-8}$$

即耐心家庭部门在既定预算约束下实现效用最大化，在选择劳动供给、购买消费品数量、持有房产、实际货币余额、国外债券和资本投资方面需满足式（3–3）至式（3–8）的条件。其中，式（3–3）为耐心家庭部门最优劳动力供给条件，即最优的劳动力供给应该满足实际工资等于消费与就业的边际替代率；式（3–4）为耐心家庭部门消费的欧拉方程；式（3–5）为耐心家庭的最优房产持有条件，其意味着最优房产持有应该满足 t 时期房产的影子价格等于本期房产持有带来的边际效用与其未来影子价格之和。式（3–6）至式（3–8）分别为耐心家庭部门的最优货币余额方程、最优国外债券持有量方程和最优直接投资方程。

假定名义汇率$\Gamma_t=\frac{s_tP_t}{P_t^*}$，$\hat{\Gamma}_t$为名义汇率 Γ_t 偏离其稳态值 Γ_t 的程度，国际金融市场存在的风险溢价冲击为 ς_t，则在资本管制条件下的非抛补利率平价（UIP）条件可对数线性化为

$$R_t=R_t^*+\hat{\Gamma}_{t+1}-\hat{\Gamma}_t+\varsigma_t \tag{3-9}$$

（二）非耐心家庭

由于非耐心家庭的未来效用现值小于耐心家庭，因此，需满足先决条件：$\beta_2<\beta_1$。类似于耐心家庭，非耐心家庭选择消费品 $c_{2,t}$、房产 $h_{2,t}$、劳动 $L_{2,t}$ 和实际货币余额$\frac{M_{2,t}}{P_t}$以最大化，以下为效用函数

$$E_0\sum_{t=0}^{\infty}\beta_2^t[\ln(c_{2,t}-\varepsilon c_{2,t-1})+j_t\ln h_{2,t}-\frac{(L_{2,t})^\eta}{\eta}+x\ln\frac{M_{2,t}}{P_t}] \tag{3-10}$$

与耐心家庭部门不同，非耐心家庭部门没有储蓄，无法进行投资，且需要通过借贷来满足自身的消费需求。假定房产是非耐心家庭部门的唯一抵押品，且仅通过金融中介获取抵押贷款，则非耐心家庭部门所面对的预算约束和借贷约束[1]分别为

$$c_{2,t}+q_{h,t}[h_{2,t}-(1-\delta_h)h_{2,t-1}]+\frac{R_{t-1}b_{2,t-1}}{\pi_t} = w_{2,t}L_{2,t}+b_{2,t}-\frac{M_{2,t}-M_{2,t-1}}{P_t} \tag{3-11}$$

$$b_{2,t}\,R_t \leqslant mE_t\,z_t\,q_{h,t+1}\,\pi_{t+1}\,h_{2,t} \tag{3-12}$$

其中，z_t 为贷款价值比（loan-to-value），参考 Jermann 和 Quadrini（2012）、Brzoza-Brzezima 等（2015），定义 z_t 为抵押率冲击；$b_{2,t}$ 为非耐心家庭部门可获得的抵押贷款；R_t 为实际贷款利率。假设非耐心家庭借贷约束的拉格朗日乘子是 λ_t，则非耐心家庭效用最大化关于劳动供给、消费、房产和实际货币余额的一阶条件分别为

$$(L_{2,t})^{\eta-1}=w_{2,t}\left(\frac{1}{c_{2,t}-\varepsilon c_{2,t-1}}-\beta_2 E_t\frac{\varepsilon}{c_{2,t+1}-\varepsilon c_{2,t}}\right) \tag{3-13}$$

$$\frac{1}{c_{2,t}-\varepsilon c_{2,t-1}}-\beta_1 E_t\frac{\varepsilon}{c_{2,t+1}-\varepsilon c_{2,t}}=\beta_2 E_t\frac{R_t}{\pi_{t+1}}\left(\frac{1}{c_{2,t+1}-\varepsilon c_{2,t}}-\frac{\varepsilon\beta_2}{c_{2,t+2}-\varepsilon c_{2,t+1}}\right)+\lambda_t R_t \tag{3-14}$$

$$q_{h,t}\left(\frac{1}{c_{2,t}-\varepsilon c_{2,t-1}}-\beta_2 E_t\frac{\varepsilon}{c_{2,t+1}-\varepsilon c_{2,t}}\right)=\frac{j_t}{h_{2,t}}+\beta_2(1-\delta_h)E_t q_{h,t+1}\left(\frac{1}{c_{2,t+1}-\varepsilon c_{2,t}}-\frac{\varepsilon\beta_2}{c_{2,t+2}-\varepsilon c_{2,t+1}}\right)+mE_t\lambda_t z_t q_{h,t+1}\pi_{t+1} \tag{3-15}$$

$$\frac{M_{2,t}}{P_t}=x/\left[\left(\frac{1}{c_{2,t}-\varepsilon c_{2,t-1}}-\beta_2 E_t\frac{\varepsilon}{c_{2,t+1}-\varepsilon c_{2,t}}\right)-E_t\frac{\beta_2}{\pi_{t+1}}\left(\frac{1}{c_{2,t+1}-\varepsilon c_{2,t}}-\frac{\varepsilon\beta_2}{c_{2,t+2}-\varepsilon c_{2,t+1}}\right)\right] \tag{3-16}$$

[1] 参考 Kiyotaki & Moore(1997) 及 Iacoviello(2005)。

即在既定预算约束和抵押约束条件下，非耐心家庭部门实现效用最大化在选择劳动供给、购买消费品数量、持有房产和实际货币余额需满足式（3–13）至式（3–16）的条件。其中，式（3–13）为非耐心家庭的最优劳动力供给条件，其含义与式（3–3）类似；式（3–14）为非耐心家庭部门的消费欧拉方程；式（3–15）为非耐心家庭部门的最优房产持有条件，其意味着最优的房产持有应该满足当前持有房产的影子价格等于本期房产持有的边际效用、未来房产的影子价格及未来房产抵押价值之和。显然，与式（3–5）相比，式（3–15）中包含房产的预期抵押价值，原因在于非耐心家庭通过抵押持有的房产而获得贷款，因而预期抵押价值对其房产持有具有显著的影响。

（三）企业

假设企业处于垄断竞争市场中，企业按照 Calvo（1983）进行的定价，每期调整到商品最优价格的概率为（$1-\theta_d$），生产函数设定为

$$Y_t=\{a[A_tK_t^u(L_{1,t}^{\gamma}L_{2,t}^{1-\gamma})^{1-u}]^v+(1-a)(IM_t)^v\}^{\frac{1}{v}} \quad (3-17)$$

其中，A_t 是生产技术水平；K_t 是生产中投入的资本量；$L_{1,t}$ 和 $L_{2,t}$ 分别是企业部门雇佣耐心家庭和非耐心家庭投入生产的劳动力；IM_t 是进口商品。厂商最小化成本函数如下：

$$\min\{K_t, IM_t, L_2, t, L_1, t\}\ (w_{1,t}L_{1,t}+w_{2,t}L_{2,t}+R_t^kK_t+s_tIM_t)$$

$$\text{s.t}\quad Y_t\leqslant\{a[A_tK_t^u(L_{1,t}^{\gamma}L_{2,t}^{1-\gamma})^{1-u}]^v+(1-a)(IM_t)^v\}^{\frac{1}{v}} \quad (3-18)$$

令 λ_t^e 为企业约束的拉格朗日乘子，则关于劳动、资本和进口商品的一阶条件分别为

$$w_{1,t}=\lambda_t^e a\gamma(1-u)Y_t^{1-v}(A_tK_t^u)^v L_{2,t}^{(1-\gamma)(1-u)v}L_{1,t}^{v\gamma(1-u)-1} \quad (3-19)$$

$$w_{2,t}=\lambda_t^e a(1-u-\gamma+\gamma u)Y_t^{1-v}(A_tK_t^u)^v L_{1,t}^{\gamma(1-u)v}L_{2,t}^{(1-\gamma)(v-1-uv)-\gamma} \quad (3-20)$$

$$R_t^k=\lambda_t^e auY_t^{1-v}[A_t(L_t^{\gamma}L_t^{1-\gamma})^v]K_t^{uv-1} \quad (3-21)$$

$$s_t=\lambda_t^e(1\text{-}a)Y_t^{1-v}(IM_t)^{v-1} \quad (3-22)$$

即在既定预算约束和抵押约束条件下，企业部门实现效用最大化在选择耐心家庭和非耐心家庭提供的劳动供给、持有的资本数量和进口商品需要满足式（3–19）至式（3–22）的条件。其中，式（3–19）为企业部门对于耐心家庭劳动力的最优雇佣条件；式（3–20）为企业部门对于非耐心家庭劳动力的最优雇佣条件；式（3–21）为企业部门及最优的物质资本利用率；式（3–22）为企业部门最优进口商品的需求条件。

定义 EX_t 为本国出口商品，则经常账户余额为 $CA_t \equiv EXt-s_t\, IM_t$，对数线性化，可得

$$C\hat{A}_t \equiv (\frac{EX}{CA})E\hat{X}_t-(\frac{EX-CA}{CA})(\hat{s}_t+I\hat{M}_t) \tag{3–23}$$

设定 e_t 是成本冲击，则可得菲利普斯曲线

$$\hat{\pi}_t=\beta_1\,\hat{\pi}_{t+1}-\frac{(1-\theta_d)(1-\beta_1\,\theta_d)}{\theta}\,\hat{x}+e_t \tag{3–24}$$

（四）零售商

零售商将厂商生产的中间产品加工为最终产品，其应满足如下条件：

$$\min_{\{Y_{jt}\}}=\int_0^1 P_{jt}Y_{jt}\mathrm{d}j$$
$$\text{s.t.}\quad Y_t^D=[\int_0^1 Y_{jt}^{\frac{\varphi-1}{\varphi}}\mathrm{d}j]^{\frac{\varphi}{\varphi-1}} \tag{3–25}$$

其中，Y_{jt} 为第 j 类最终产品；φ 为最终产品的需求价格弹性。对第 j 类最终产品的最优需求为 $Y_t=(\frac{P_t}{P_t^D})^{-\varphi}\,Y_t^D$，国内产品价格总水平为

$$P_t^D=[\int_0^1 P_{jt}^{1-\varphi}\,\mathrm{d}j]^{\frac{1}{1-\varphi}} \tag{3–26}$$

（五）金融中介

假设金融中介从耐心家庭吸收的存款量为 D_t，向非耐心家庭和企业部门提供的贷款为 L_t，净资产为 N_t，吸收储蓄的利率（存款利率）为 R_{t+1}^d，贷款利率为 R_{t+1}^l，Ξ 是金融中介准备金率，则其净资产积累方程为

$$N_{t+1}=R_{t+1}^l L_t-R_{t+1}^d D_t=(R_{t+1}^l-R_{t+1}^a)L_t+R_{t+1}^a N_t \tag{3–27}$$

其中，$R_{t+1}^a=\frac{R_{t+1}^{\ d}}{1-\Xi}$ 是调整后的存款利率。此外，假设 $\Phi_t=1+(1-\Xi)\frac{Dt}{Nt}$ 是金融杠

杆率，ζ_t 是金融杠杆冲击，金融中介按照以下方式向非耐心家庭和企业提供贷款：

$$L_t=\zeta_t \Phi_t N_t \tag{3-28}$$

（六）中央银行

中央银行按照泰勒规则通过调整利率 R_t 以稳定产出 Y_t 和通胀 π_t，其反馈形式设定为

$$R_t=(R_{t-1})^{\rho_R}[(\frac{\pi_t}{\bar{\pi}})^{\kappa_\pi}(\frac{Y_t}{\bar{Y}})^{k_y}]^{1-\rho_R}e^{\psi_t} \tag{3-29}$$

其中，ρ_R 为利率的平滑系数；$\bar{\pi}$ 为稳态时的通胀；$\bar{Y}$ 为稳态时的产出；k_π 和 k_y 为对通胀和产出偏离稳态的反应系数；ψ_t 为货币政策冲击。

文中所有冲击均服从 AR（1）过程，即 $X_t=\rho_X X_{t-1}+\Delta_t^X$，$X_t=$（$j_t$，$\xi_t$，$\varsigma_t$，$z_t$，$A_t$，$e_t$，$\zeta_t$，$\psi_t$)。

（七）市场出清条件

给定价格 $q_{h,t}$、X_t、R_t、$w_{1,t}$、$w_{2,t}$、P_t、H 表示房产的固定供给，则在均衡条件下，本国最终产品市场、房产市场、信贷市场和劳动力市场的出清条件分别为

$$Y_t=c_{1,t}+c_{2,t}+c_t+I_{k,t}+I_{h,t} \tag{3-30}$$

$$H=h_{1,t}+h_{2,t}+h_t \tag{3-31}$$

$$b_{1,t}+b_{2,t}+b_t=0 \tag{3-32}$$

$$L_t=L_{1,t}+L_{2,t} \tag{3-33}$$

第二节 模型参数的确定

一、参数校准

对参数进行赋值主要借鉴相关研究文献及结合我国的实际情况给出，参照 Iacoviello 和 Neri（2010）、刘晓星和姚登宝（2016）等文献，耐心

家庭贴现因子 β_1 设定为 0.99，非耐心家庭贴现因子 β_2 为 0.95，消费习惯参数 ε 设为 0.81；j、η、χ、v 的取值参考张卫平（2012）、Punzi（2013）、王君斌和郭新强（2014）、Ferrero（2015）等文献；k_y、k_π 的取值参考 Iacoviello（2005）、孙俊（2014）、徐妍等（2015）、Gete 和 Reher（2016）等文献，具体参数校准结果如表 3-1 所示。

表 3-1　参数校准结果

参数	描述	取值	参数	描述	取值
β_1	耐心家庭贴现因子	0.99	a	本国商品所占比重	0.75
β_2	非耐心家庭贴现因子	0.95	v	本国与外国产品间的替代弹性	3
j	房产偏好	0.24	θ_d	本国产品价格黏性	0.67
ε	消费习惯参数	0.81	m	非耐心家庭抵押率	0.79
η	劳动供给弹性的倒数	1.01	u	资本收入所占比重	0.29
χ	实际余额占效用的比重	0.15	γ	耐心家庭劳动收入比重	0.54
δ_k	资本折旧率	0.03	Ξ	金融中介准备金率	0.2
δ_h	房产折旧率	0.01	k_π	货币政策对通胀的反应系数	1.27
φ	本国产品间的替代弹性	6	k_y	货币政策对产出的反应系数	0.13

二、参数估计

为避免参数校准的主观性和研究过程中参数的非可变性问题，参考马勇（2015）、卞志村和杨源源（2016）、杨源源和于津平（2017）等文献，本书采取贝叶斯方法对主要分析的结构性参数进行估计，即预先设定先验分布，具体而言，对于参数取值位于 0 至 1 区间的设定为贝塔（Beta）分布，对于参数取值不必然位于 0 至 1 区间的设定为逆伽马（Inv. Gamma）分布，因此，冲击的平滑系数预设为 Beta 分布，而冲击的标准差预设为 Inv. Gamma 分布。然后基于 MCMC 模拟方法进行 MH（metropolis hasting）随机抽样，得到后验分布。估计过程中，本书选取的观测变量主要包括名义利率、名义货币供给量、产出、预期通货膨胀率。观察产出数据可知其具有明显的季节特征，故在模型估计前先进行季节调整。对于预期通胀率，本书假设公众对通货膨胀的预期形式满足理性预期特征，通过对季度内各月通胀率取均值即得季度通胀率数据。根据中国人民银行公布的 7 天期银行同业拆借量和加权平均利率，对于所有观测变量，均取对数并用 HP 滤波（hodrick prescott filter）过滤后再用以估计参数。参考王国静和田国强（2014）的文献，可预先设定各经济冲击平滑参数 ρ 和标准差参数 σ 分别服从于均值为 0.5、标准差为 0.2 的 Beta 分布及均值为 0.01、标准差为 2 的 Inv. Gamma 分布，具体参数估计结果如表 3-2 所示。

表 3-2　参数贝叶斯估计结果

参数	冲击描述	先验分布			后验分布	
		分布类型	均值	标准差	均值	90% 置信区间
ρ_j	房产偏好冲击平滑系数	Beta	0.5	0.2	0.69	[0.5892，0.7512]
ρ_ψ	货币政策冲击平滑系数	Beta	0.5	0.2	0.59	[0.4824，0.6935]
ρ_A	技术冲击平滑系数	Beta	0.5	0.2	0.42	[0.3856，0.4932]
ρ_e	成本冲击平滑系数	Beta	0.5	0.2	0.59	[0.4824，0.6935]
ρ_z	抵押率冲击平滑系数	Beta	0.5	0.2	0.91	[0.8832，0.9751]
ρ_ξ	投资冲击平滑系数	Beta	0.5	0.2	0.89	[0.7801，0.9634]
ρ_ζ	风险溢价平滑系数	Beta	0.5	0.2	0.59	[0.5801，0.9634]
ρ_ζ	金融杠杆冲击平滑系数	Beta	0.5	0.2	0.61	[0.5784，0.6328]
σ_j	房产偏好冲击标准差	Inv.Gamma	0.01	2	0.41	[0.2813，0.5247]
σ_ψ	货币政策冲击标准差	Inv.Gamma	0.01	2	0.17	[0.0924，0.2024]
σ_A	技术冲击标准差	Inv.Gamma	0.01	2	0.24	[0.1912，0.2748]
σ_e	成本冲击标准差	Inv.Gamma	0.01	2	0.17	[0.0924，0.2024]
σ_z	抵押率冲击标准差	Inv.Gamma	0.01	2	0.42	[0.2348，0.5392]
σ_ξ	投资冲击标准差	Inv.Gamma	0.01	2	0.37	[0.2815，0.4513]
σ_ζ	风险溢价冲击标准差	Inv.Gamma	0.01	2	0.04	[0.0105，0.0583]
σ_γ	金融杠杆冲击标准差	Inv.Gamma	0.01	2	0.07	[0.0541，0.1023]

第三节 数值模拟分析

本节根据参数校准和贝叶斯估计的结果，从脉冲响应、方差分解、乘数效应及社会福利损失等方面来分析由金融深化引致的直接投资冲击、风险溢价冲击、抵押率冲击和金融杠杆冲击对我国宏观经济波动的动态影响。

一、脉冲响应分析

基于前文设定的参数，本部分我们考察了主要宏观经济变量对不同类型冲击的动态响应，图 3-3 至图 3-6 分别显示了产出、消费、房产价格和经常账户对金融深化引致的直接投资冲击、风险溢价冲击、抵押率冲击和金融杠杆冲击的脉冲响应。

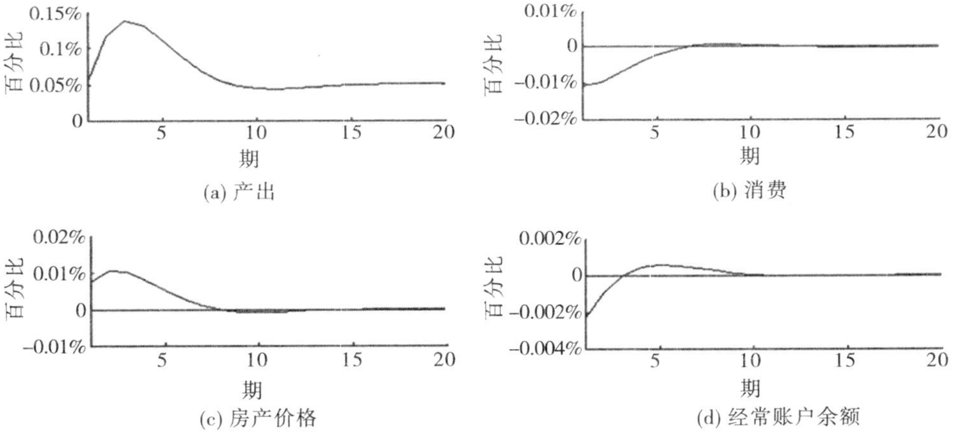

图 3-3 直接投资冲击的脉冲响应

由于金融深化程度的提高，直接融资金融市场逐步扩张，耐心家庭部门可以绕过金融中介部门，增加对企业部门的直接投资，因此，图 3-3 模拟出金融深化程度提高引致直接投资增加对产出、消费、房产价格和经常账户余额的动态影响。具体而言，一单位正向的直接投资冲击带动投资增加进而引致产出增长 0.13%，而消费则下降了 0.01%，正向的直接投资冲击使房产价格上升了 0.01%，经常账户余额则下降了 0.002%，随后，产出、消费、房产价格和经常账户余额均逐渐回归初始稳态水平。这是因为正向的直接投资冲击刺激了企业生产的扩张带动了产出的增加，也使作为生产要素的进口产品增多，但也使本国劳动力和资本等生产要素的价格迅速上升。生产要素价格的迅速上升一方面抑制了消费，进而削弱了对房产的需求，使房价表现为当期上升至最大值而后逐步下降至初始稳态水平；另一方面则带动本国产品价格的上升，使本国产品相对昂贵，出口减少，经常账户余额减少。近些年来，随着我国金融发展水平的不断提高，耐心家庭部门对厂商的直接投资逐渐增加，使厂商部门的生产活动得以迅速扩张，带动资本、劳动力等生产要素价格上升，这一方面使以房产价格为代表的资产价格快速上涨，另一方面也使我国净出口迅速下降。

由于我国金融改革的逐步深入，金融深化程度日益提高，使国内外金融市场的信息不对称现象得到大幅改善，国际金融投资风险大大缓解，因此，图 3-4 模拟出金融深化程度提高引致国际投资风险溢价下降对产出、消费、房产价格和经常账户余额等主要宏观经济变量的动态影响。具体而言，如图 3-4 所示，一单位负向的风险溢价冲击使产出增长了 0.008%，消费增加了 0.004%，房产价格上升了 0.006%，经常账户余额则下降了 0.002%，随后，产出、消费、房产价格和经常账户余额均逐渐回归初始稳态水平。这是因为金融发展缓解了国际金融市场的信息不对称，进而降低了国际投资的风险溢价，使国际金融市场投资、融资活动更为活跃，进而刺激了企业生产的扩张，带动了产出的增加。一方面，产出的增加使家庭部门收入增加，进而促进了消费，拉动了对房产的需求，使房产价格上升；另一方面，收入水平的提高使得进口增加，出口减少，进而经常账户余额减少。近年来，伴随着我国金融发展水平的日益提高、金融深化进程的逐步推进，以及我国金融市场与国际金融市场接轨程度的逐渐加深，国内外金融市场的信息不对称现象大幅减少，大大缓解了国际投资的风险溢价冲击，增加了国际投资收益，拉升了房产价格，减少了经常账户余额。

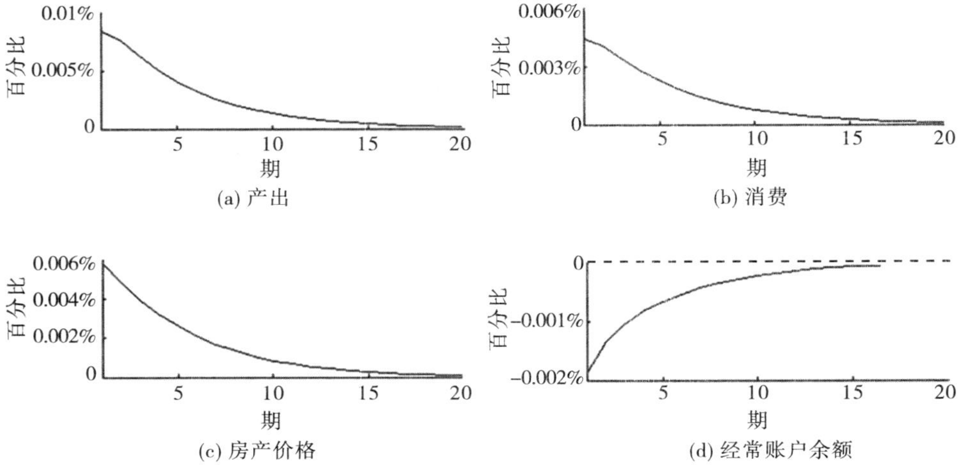

图 3-4　风险溢价冲击的脉冲响应

由于我国金融市场的发展，金融深化程度日益提高，使非耐心家庭部门和企业部门可以通过资本市场抵押自己的相关资产以获得融资进行消费或投资。发达的金融市场无疑会减少获得抵押款的摩擦，提高资本品的抵押率。因此，图 3-5 模拟出金融深化程度提高引致抵押率上升对产出、消费、房产价格和经常账户余额等主要宏观经济变量的动态影响。具体而言，一单位正向的抵押率冲击提高了贷款的可获得性，使消费增加了 0.005%，进而刺激了总需求，使产出增加了 0.01%，房产价格上升了 0.1%，经常账户余额减少 0.01%。这是因为正向的抵押率冲击缓解了非耐心家庭和企业的融资约束，提高了非耐心家庭和企业的收入，引起企业利润和实际租金率的上升，进而提高了耐心家庭的收入。全社会收入的增长一方面使对房产的需求增加，进而推动了房产价格的上升；另一方面则使进口增加，经常账户余额减少。现阶段，在我国，房产（土地）已经成为获取贷款的重要抵押物，尤其是随着房产金融市场的迅速发展，对其抵押率的释放无疑会大大改善非耐心家庭和厂商部门的融资状况，使全社会收入增加，进而拉动房产价格的进一步上涨，抑制经常账户余额的积累。

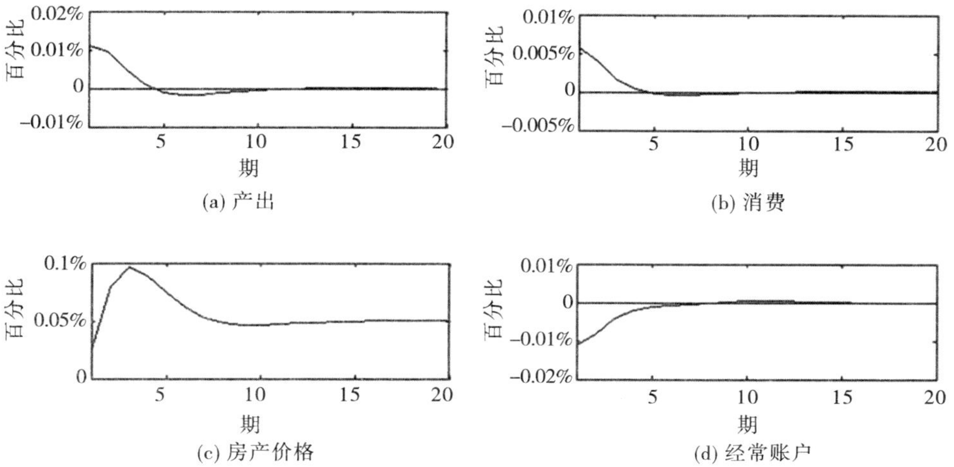

图 3-5 抵押率冲击的脉冲响应

由于我国金融市场的发展、金融深化进程的推进，金融中介部门的杠杆率得以迅速提高，因此，图 3-6 模拟出金融深化程度提高引致金融杠杆率提高对产出、消费、房产价格和经常账户余额等主要宏观经济变量的动态影响。具体而言，如图 3-6 所示，一单位正向的金融杠杆冲击使金融中介部门贷款扩张，降低耐心家庭、非耐心家庭和企业的购房成本，促进了房产需求的增加，进而推动房产价格上升了 0.1%。此外，正向的金融杠杆冲击使产出增加了 0.08%，消费增加了 0.01%。这是因为企业融资成本的下降使企业扩张生产规模，进而对生产要素的需求增加，居民收入增加，进而消费上升。此外，金融杠杆的上升使边际消费倾向较强的非耐心家庭获取抵押贷款的成本下降，消费增加，进而促进了消费和房产需求的扩张，最终引致总需求的增加，推动房产价格上升，产出增加。但在另一方面，随着本国家庭收入水平和消费水平的上升，本国进口产品增加进而导致经常账户余额减少。目前，随着我国金融发展水平的逐渐提高，我国金融杠杆率也迅速攀升。金融杠杆率的快速上升一方面直接推动了以房产价格为代表的资产价格的大幅上涨，另一方面则使经常账户余额减少。

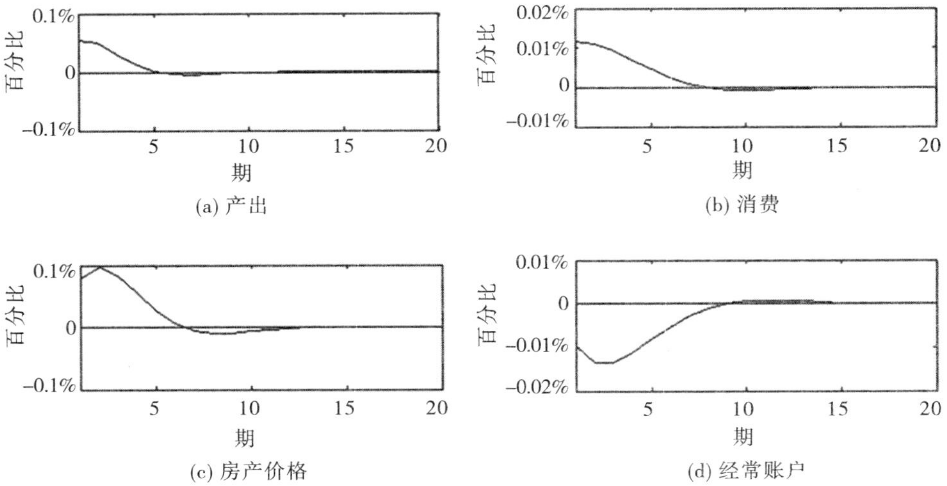

图 3-6　金融杠杆冲击的脉冲响应

二、方差分解分析

在以上脉冲响应分析的基础上，进一步运用方差分解方法分析由金融深化引致的直接投资冲击、风险溢价冲击、抵押率冲击和金融杠杆冲击对产出、消费、房产价格和经常账户余额等主要宏观经济变量波动的贡献，方差分解如表 3-3 所示。

表 3-3　方差分解

冲　击	ξ_t	ς_t	z_t	ζ_t	金融深化引致冲击之和
产出	14.62%	0.79%	5.97%	10.77%	32.15%
消费	6.56%	5.78%	5.91%	6.57%	24.82%
房产价格	4.89%	4.54%	8.94%	8.94%	27.31%
经常账户余额	7.3%	7.7%	11.79%	13.79%	40.58%

观察表 3-3 可以发现：第一，从整体上看，由金融深化引致的各项冲击对各主要宏观经济变量的影响不尽相同，其中，房产价格受抵押率

冲击和金融杠杆的冲击影响最大，达到 8.94%；经常账户余额受金融杠杆冲击的影响最大，达到了 13.79%；产出受投资冲击的影响最大，达到了 14.62%，消费则受四种冲击的影响基本相同。第二，由金融深化引致的直接投资冲击、风险溢价冲击、抵押率冲击和金融杠杆冲击可以解释产出、消费、房产价格和经常账户余额波动的 32.15%、24.82%、29.31% 和 40.58%，可以看出，以上四项由金融深化引致的冲击对房产价格和经常账户余额的影响十分显著。

三、乘数效应分析

为了增强关于以上由金融深化引致的冲击对产出、消费、房产价格和经常账户余额影响的研究的深入性和广泛性，在分析了直接投资冲击、风险溢价冲击、抵押率冲击和金融杠杆冲击对产出、消费、房产价格和经常账户余额波动的解释能力之后，参照 Leeper 等（2010），通过测算 20 期内以上各项冲击对主要宏观经济变量的累计响应弹性乘数，进一步考察了由金融深化引致的冲击对主要宏观经济变量的冲击效果，结果如表 3-4 所示。

表 3-4　各项冲击的响应乘数

冲击	ξ_t	ς_t	z_t	ζ_t	由金融深化引致冲击响应乘数之和
产出	1.176	0.197	1.011	1.329	3.713
消费	−3.520	1.413	1.263	3.401	2.557
房产价格	0.405	0.308	0.241	1.237	2.191
经常账户余额	−0.536	−0.409	−0.180	−0.172	−1.297

观察表 3-4 可以发现，由金融深化引致的直接投资冲击、风险溢价冲击、抵押率冲击和金融杠杆冲击的产出累计弹性、消费累计弹性、房产

价格累计弹性和经常账户余额累计弹性之和分别为 3.713、2.557、2.191 和 –1.297。这表明在我国，金融深化对产出、消费、房产价格和经常账户余额的影响十分重要。具体而言，金融深化一方面会显著促进产出、消费和房产价格的上升，另一方面则会抑制经常账户余额的累积，有利于缓解我国外部失衡的状况。

四、社会福利损失分析

在以上分析的基础上，本部分进一步运用社会福利损失分析方法研究由金融深化引致的各项冲击对社会福利的影响，中央银行的社会福利损失函数设定为

$$W= \mathrm{var}(\pi)+\mu \mathrm{var}(Y) \tag{3-29}$$[1]

其中 μ 为中央银行政策的偏好参数。据此计算各项冲击下的社会福利损失，结果如表 3–5 所示。

表 3–5　各项冲击下的福利损失

冲击	ξ_t	ς_t	z_t	ζ_t	由金融深化引致冲击福利损失之和
$var(\pi)$	0.0229	0.0043	0.0057	0.0687	0.1016
$var(Y)$	0.0889	0.1419	0.2932	0.3691	0.8931
$W_1(\mu=0.5)$	0.0674	0.0753	0.1523	0.2533	0.5483
$W_2(\mu=1)$	0.1118	0.1462	0.2989	0.4378	0.9947
$W_3(\mu=1.5)$	0.1563	0.2172	0.4455	0.6224	1.4414

观察表 3–5 可以发现：第一，由金融深化引致的来自通货膨胀的福利损失为 0.1016，而来自产出缺口的福利损失为 0.8931，是来自通货膨胀福利损失的 8.79 倍。这表明由金融深化引致的社会福利损失主要来自产

[1]　μ=0.5 表示中央银行调控更加偏好物价稳定，μ=1 表示中央银行调控同等偏好物价和产出稳定，μ=1.5 表示中央银行调控更加偏好产出稳定。

出缺口。第二，无论中央银行偏好何种目标稳定，在由金融深化引致的四项冲击中，直接投资冲击引致的社会福利损失最小，偏好参数 μ=0.5 时仅为 0.0674，偏好参数 μ=1 时仅为 0.1118，偏好参数 μ=1.5 时也仅为 0.1563；金融杠杆冲击引致的社会福利损失最大，偏好参数 μ=0.5 时为 0.2533，偏好参数 μ=1 时为 0.4378，偏好参数 μ=1.5 时为 0.6224，社会福利损失约为直接投资冲击情形下的 3.98 倍。这表明在金融深化不断深入的现实背景下，货币当局不应忽视金融杠杆冲击对社会福利损失造成的影响。

本章小结

本章首先构建了 NOEM-DSGE 模型，采用校准和贝叶斯估计方法确定模型的相关参数，然后通过脉冲响应分析、方差分解分析、乘数效应分析和社会福利损失分析等方法系统考察了金融深化对房产价格和经常账户余额的动态影响。综合全文研究，主要得到如下两点结论与建议：

第一，脉冲响应和乘数效应分析表明，由金融深化引致的直接投资冲击、风险溢价冲击、抵押率冲击和金融杠杆冲击一方面推高了房产价格，另一方面则恶化了经常账户余额，充分解释了目前我国房产价格高企和经常账户余额增速大幅放缓并存的现象；方差分解分析进一步发现由金融深化引致的冲击可以解释房产价格和经常账户余额 20% 以上的波动，是影响我国房产价格和经常账户余额波动的重要因素；社会福利损失分析表明在由金融深化引致的四项冲击中，直接投资冲击引致的社会福利损失最小，而金融杠杆冲击引致的社会福利损失最大。

第二，随着我国金融深化水平的不断提高，房产市场的金融投资属性日益凸显，金融渠道对经常账户失衡的重要调整作用受到越来越多的重视，金融深化、房产价格和经常账户余额三者之间的关系会日趋紧密，金融深化对房产价格、经常账户余额和社会福利的影响会日益加深，而过度、过快的金融深化势必会迅速推高房产价格、恶化经常账户盈余，进而加剧宏观经济运行的不稳定性，增加社会福利损失。因此，在当前我国复杂的经济运行环境下，应逐步稳妥地推进金融结构的发展和深化。

第四章　不同区制下金融深化、房产价格与经常账户余额的动态关系分析

随着计量经济学中变参数理论的发展和成熟，利用时变参数模型可以克服常参数不变假设这一弱点，使经济学相关实证研究向现实再迈进一步，也为本书的研究提供了重要的工具和技术支撑。在经济主体不同的状态下，金融深化水平对经济波动的影响是随着时间趋势的变化而变化的。尤为突出的是，在现阶段我国的金融深化进程并不是一帆风顺、平稳进行的，而是时而放慢时而加速的状态，处于一种相对谨慎、时快时慢的节奏。

第一节　MS-VAR 模型说明

本节尝试构建 MS-VAR 对假说 2 进行实证检验，即考察在不同区制条件下金融深化对房产价格和经常账户余额的动态影响。自从 Sims（1980）提出简化 VAR 模型之后，这一方法在宏观经济学中得到了广泛应用，并已经成为当代宏观经济学主要的计量工具之一。根据众多的国内外研究成果我们不难发现，金融深化、房产价格和经常账户余额之间的联系在

时间序列上服从区制转换，因此，参考 Hamilton（1989）、Clements 和 Krolzig（1998）提出的研究方法，构建 MS-VAR 模型实证分析金融深化、房产价格和经常账户余额三者之间动态关系在不同时期的状态特点。

MS-VAR 模型可以用来估计具有区制转换特征的 VAR 模型。该类模型的一般观点是，基于可观测的时间序列向量 $\boldsymbol{y}_t$ 数据生成的过程参数取决于难以观测的区制变量 s_t。在一个不可观测区制变量 s_t（s_t 表示在时间 t 的区制）中，VAR 过程是处于不随时间变化的状态，但当 s_t 发生变化时，相应地，VAR 参数也随之发生改变，则时间序列向量 $\boldsymbol{y}_t$ 的条件概率密度函数为

$$p(\boldsymbol{y}_t|Y_{t-1},s_t)=\begin{bmatrix} f(\boldsymbol{y}_t|Y_{t-1},\theta_1),s_t=1 \\ \vdots \quad\quad \vdots \\ f(\boldsymbol{y}_t|Y_{t-1},\theta_M),s_t=M \end{bmatrix} \tag{4-1}$$

其中，M 表示可行区制的数量；$s_t\in\{1,\cdots,M\}$；θ_m 是 VAR 过程在区制 m=1,…,M 的参数向量；Y_{t-1} 是观察值 $\{\boldsymbol{y}_{t-j}\}_{j=1}^{\infty}$。这样，对于给定区制 s_t，时间序列向量 $\boldsymbol{y}_t$ 是一个 p 阶 VAR 过程，即

$$E[\boldsymbol{y}_t|Y_{t-1},s_t]=v(s_t)+\sum_{j=1}^{p}A_j(s_t)\boldsymbol{y}_{t-j} \tag{4-2}$$

其中，$u_t=\boldsymbol{y}_t-E[\boldsymbol{y}_t|Y_{t-1},s_t]$是一个方差—协方差矩阵 $\Sigma(s_t)$ 过程，假定服从高斯分布，即 $u_t\sim \mathrm{NID}[0,\Sigma(s_t)]$。假设不可观测区制 $s_t\in\{1,\cdots,M\}$ 实现取决于离散的时间，即服从离散状态马尔可夫随机过程，这个过程的转换概率定义为

$$p_{ij}=P_r(s_{t+1}=j|s_t=i),\ \sum_{j=1}^{M}p_{ij}=1\in\{1,\cdots,M\} \tag{4-3}$$

更准确地说，s_t 服从遍历不可约的 M 个状态马尔可夫过程，其转制矩阵可表示为

$$=\begin{bmatrix} p_{11} & p_{12} & \cdots & p_{1M} \\ p_{21} & p_{22} & \cdots & p_{2M} \\ \vdots & \vdots & \ddots & \vdots \\ p_{M1} & p_{M2} & \cdots & p_{MM} \end{bmatrix} \tag{4-4}$$

这里，$p_{iM}=1-p_{i1}-\cdots-p_{iM-1},i=1,\cdots,M$。考虑 p 阶平稳高斯 VAR(p) 模型的均值调整的一般形式为

$$\boldsymbol{y}_t-u=A_1(\boldsymbol{y}_{t-1}-u)+\cdots+A_p(\boldsymbol{y}_{t-p}-u)+u_t \tag{4-5}$$

其中，$u=(I_K-\sum_{j=1}^{p}A_j)^{-1}v$，$u$ 是 $\boldsymbol{y}_t$ 的（$K\times 1$）维均值，则包含均值调整的 p 阶 M 区制的 MS-VAR（p）可表示为

$$\begin{aligned}\boldsymbol{y}_t-u(s_t)=&A_1(s_t)[\boldsymbol{y}_{t-1}-u(s_{t-1})]+\cdots+\\&A_p(s_t)[\boldsymbol{y}_{t-p}-u(s_{t-p})]\end{aligned} \tag{4-6}$$

其中，$u_t\sim NID[0,\Sigma(s_t)]$，且 $u(s_t),A_1(s_t),\cdots,A_p(s_t),\Sigma(s_t)$ 是描述识别区制 s_t 中参数 $u,A_1,\cdots,A_p,\Sigma$ 的独立性的参数转换函数。在式（4-6）中，区制转变后的过程均值有一次即刻跃迁。不过，更可信的假设是从一个状态转换到另一个状态后，均值平滑地接近一个新的水平。在这种情形下，模型应当有一个独立于区制的截距项 $v(s_t)$，即

$$y=v(s_t)+A_1(s_t)\boldsymbol{y}_{t-1}+\cdots+A_p(s_t)\boldsymbol{y}_{t-p}+u_t \tag{4-7}$$

相对于线性 VAR 模型，式（4-6）均值调整的 MS(M)-VAR 与式（4-7）截距形式 MS(I)-VAR 并不等价。在 MS-VAR 模型最一般的形式中，自回归的所有参数均与服从马尔可夫链过程的状态 s_t 相关，即在每一个区制中，VAR(p) 参数 $v(m)$ 或 $u(m)$，$\Sigma_m,A_{1m},\cdots,A_{jm}$ 是不同的：

$$\boldsymbol{y}_t=\begin{pmatrix}v_1+A_{11}\boldsymbol{y}_{t-1}+\cdots+A_{p1}\boldsymbol{y}_{t-p}+\Sigma_1^{\frac{1}{2}}u_t & ,s_t=1\\ \vdots \quad\quad \ddots & \vdots\\ v_M+A_{1M}\boldsymbol{y}_{t-M}+\cdots+A_{pM}\boldsymbol{y}_{t-p}+\Sigma_M^{\frac{1}{2}}u_t & ,s_t=M\end{pmatrix} \tag{4-8}$$

其中，$u_t\sim NID(0,I_K)$，因此 MS-VAR 模型可以有多种形式。为了区别独立于区制的参数，一般给每种模型以特定的符号 MS(M) 来表示。

下面对基于似然统计的方法进行简要概括。对于给定的区制 ξ_t 和滞后内生变量 $Y_{t-1}=(\boldsymbol{y}'_{t-1},\boldsymbol{y}'_{t-2},\cdots,\boldsymbol{y}'_1,\boldsymbol{y}'_0,\cdots,\boldsymbol{y}'_{1-p})'$，$y_t$ 的条件概率密度函数由 $p(\boldsymbol{y}_t|s_t,Y_{t-1})$ 决定。假设式（4-6）和式（4-7）中误差项 u_t 服从正态分布，那么，

$$p(\boldsymbol{y}_t|s_t=l_m, Y_{t-1}) = \ln(2\pi)^{-\frac{1}{2}}\ln|\Sigma|^{-\frac{1}{2}}\exp\left[(\boldsymbol{y}_t-\bar{\boldsymbol{y}}_{mt})' \sum\nolimits_m^{-1}(\boldsymbol{y}_t-\bar{\boldsymbol{y}}_{mt}) \right] \quad (4-9)$$

这里的 $\bar{y}_{mt}=E[\boldsymbol{y}_t \mid s_t, Y_{t-1}]$ 是 y_t 在区制 m 的条件期望，因此对于给定区制 s_t，$\boldsymbol{y}_t$ 的条件密度与 VAR 模型方程式（4–5）中的定义一致，即

$$\boldsymbol{y}_t|s_t = m, Y_{t-1} \sim NID(\bar{y}_{mt}, \Sigma_m) \quad (4-10)$$

这里条件均值 $\bar{y}_{mt}$ 被集合在向量 $\bar{\boldsymbol{y}}_t$ 中，这是 MSI 规范形式中的一个例子。

$$\bar{\boldsymbol{y}} = \begin{bmatrix} \bar{\boldsymbol{y}}_{1t} \\ \vdots \\ \bar{\boldsymbol{y}}_{Mt} \end{bmatrix} = \begin{bmatrix} v_1 + \sum_{j=1}^{p} A_{1j}\boldsymbol{y}_{t-j} \\ \vdots \qquad\qquad \vdots \\ v_M + \sum_{j=1}^{p} A_{Mj}\boldsymbol{y}_{t-j} \end{bmatrix}$$

假设在 $t-1$ 时可用信息仅包含样本观测值及在 Y_{t-1} 中的前期值，马尔可夫链的状态为 s_{t-1}，则 $\boldsymbol{y}_t$ 的条件密度是常量的复合值。

$$\begin{aligned} p(\boldsymbol{y}_t|s_{t-1}=i, Y_{t-1}) &= \sum^{M} p(\boldsymbol{y}_t|s_{t-1}, Y_{t-1}) \Pr(s_t = m|s_{t-1}=i) \\ &= \textstyle\sum_{m=1}^{M}\sum_{i=1}^{M} p_{im}\left\{\ln(2\pi)^{-\frac{1}{2}}\ln|\Sigma_m|^{-\frac{1}{2}}\exp\left[(\boldsymbol{y}_t - \bar{\boldsymbol{y}}_{mt})' \Sigma_m^{-1}(\boldsymbol{y}_t - \bar{\boldsymbol{y}}_{mt})\right]\right\} \end{aligned} \quad (4-11)$$

将有关马尔可夫链的实现信息归集到向量 $\boldsymbol{\xi}_t$ 中，

$$\boldsymbol{\xi}_t = \begin{bmatrix} I(s_t = 1) \\ \vdots \\ I(s_t = M) \end{bmatrix}$$

指示函数 $I(s_t=m)$ 由二进制变量组成，定义为

$$I(s_t = m) = \begin{cases} 1, & s_t = m \\ 0 & \text{otherwise} \end{cases}$$

这样 $\mu(s_t) = \Sigma_{m=1}^{M}\mu_t I(s_t = m) = M\xi_t$，这里 $M=[\mu_1, \cdots, \mu_M]$，从而 $\boldsymbol{\xi}_t$ 表示系统不可观测的状态。类似地，$\boldsymbol{y}_t$ 关于 s_t 和 Y_{t-1} 的条件密度可以被归集到向量中，

$$\eta_t = \begin{bmatrix} p(y_t|\xi_t = 1, Y_{t-1}) \\ \vdots \\ p(y_t|\xi_t = M, Y_{t-1}) \end{bmatrix} \quad (4-12)$$

式（4-11）可以变化为

$$p\ (\boldsymbol{y}_t|\xi_{t-1},Y_{t-1})=\eta_t'P'\xi_{t-1} \qquad (4-13)$$

因为区制被假定为不可观测的，在 t-1 时期可观测的信息集仅包含可观测的时间序列 t 和不可观测的区制向量 ξ_t，可以为推论 Pr（$\xi_t|Y_T$）所替代，在区制 m 中的这些概率给定一个信息集 Y_T，表示为 $\xi_{mt|T}$，被归集到向量 $\hat{\xi}_{t|\tau}$ 为

$$\hat{\xi}_{t|\tau}==\begin{bmatrix}\Pr & (s_t=1|Y_\tau)\\ & \vdots \\ \Pr & (s_t=M|Y_\tau)\end{bmatrix}$$

由于 ξ_t 中元素均为二进制，这意味着 E[ξ mt]=Pr(ξ mt=1)=Pr(st=m)，因此 $\hat{\xi}_{t|\tau}$ 可以有两种不同的解释：第一，表示在给定 Y_τ 时 ξ_t 的离散条件概率分布；第二，等价于给定 Y_τ 时 ξ_t 的条件均值。因此，y_t 基于 $Y_{\tau-1}$ 的条件概率密度为

$$\begin{aligned}p\ (y_t|Y_{t-1})&=\int p\ (y_t,\xi_{t-1}|Y_{t-1})\ \mathrm{d}\xi_{t-1}\\&=\int p\ (y_t|\xi_{t-1},Y_{t-1})\ \Pr(\xi_{t-1}|Y_{t-1})\ \mathrm{d}\xi_{t-1}=\eta_t'P'\hat{\xi}_{t-1|t-1}\end{aligned} \qquad (4-14)$$

这里 $\int f(x,\xi_t)\,\mathrm{d}\xi_t$ 约等于 $\sum_{m=1}^{M}f(x,\xi_t=l_m)$，表示 ξ_t 所有可能值的总和。与式（4-14）中一个单独的观测值 $\boldsymbol{y}_t$ 的概率密度一样，样本的条件概率密度可以类似地派生而来。对于给定前期样本值 Y_0，在状态 ξ 条件下的样本 $Y\equiv Y_T$ 的密度由下式决定：

$$p\ (Y|\xi)=\prod_{t=1}^{T}p\ (y_t|\xi_t,Y_{t-1}) \qquad (4-15)$$

因此，观测值和状态的联合概率分布可以通过下式计算得出：

$$\begin{aligned}p\ (Y,\ \xi)\ &=p\ (Y|\xi)\ \Pr(\xi)\\&=\prod_{t=1}^{T}p\ (y_t|\xi_t,Y_{t-1})\ \prod_{t=2}^{T}\Pr\ (\xi_t|\xi_{t-1})\ \Pr(\xi_1)\end{aligned} \qquad (4-16)$$

则无条件密度是由边际密度决定

$$p(Y)=\int p\ (Y,\xi)\ \mathrm{d}\xi \qquad (4-17)$$

利用迭代估计方法使 MS-VAR 模型似然函数最大化需要以获得自回

归参数的估计值和控制未被观测状态马尔可夫链的转移概率，用 $\lambda=(\theta,\rho)$ 表示该参数向量，那么对于给定观测值 $Y_T=(y_T',\cdots,y_{1-p}')'$，为最大化似然值。

模型的最大似然估计是基于 Hamilton（1989）对这类模型提出的期望最大化（expectation maximization, EM）算法来实现。EM 算法的每次迭代中包含两个步骤：期望步骤和最大化步骤。期望步骤包含一个滤波和平滑算法的过程，利用前一次最大化步骤的估计参数向量 λ^{j-1} 替代未知的真实参数向量。这提供了一个不可观测状态 ξ_t 平滑概率 $\Pr(\xi|Y,\ \lambda^{j-1})$ 的估计（ξ 记录了马尔可夫链的过程）。在最大化步骤中，参数向量 λ 的估计值作为似然函数一阶条件的解，此处条件区制概率 $\Pr(\xi|Y,\ \lambda)$ 替代为上一次期望步骤中的平滑概率 $\Pr(\xi|Y,\ \lambda^{j-1})$。利用新参数向量 λ，将滤波和平滑概率更新到下面的期望步骤中，将这两个步骤进行重复，以保证在每一步中提高似然函数的值。

以这种方式构造区制是解释 MS-VAR 模型的一个重要工具，它们构成对潜在经济过程的最优推断，即在可用信息集条件下求得不可观测区制的概率，分配给未被注意的体制条件可用的信息集合。它遵循条件密度的定义，整个区制向量的条件分布为

$$\Pr(\xi|Y)=\frac{p(Y,\xi)}{p(Y)}$$

因此，期望条件区制概率 $\Pr(\xi_t|Y)$ 可以推导出 $\Pr(\xi|Y)$ 边际值，复杂的计算可以通过递归滤波和平滑算法简化。给定一个指定观测集 Y_τ，$\tau<T$，这些计量工具提供对 ξ_t 的推导，Y_τ 在以下可选信息设定重新构建区制的时间路径：

$$\hat{\xi}_{t|\tau},\quad \tau<t$$

$$\hat{\xi}_{t|\tau},\quad \tau=t$$

$$\hat{\xi}_{t|\tau},\quad t<\tau<T$$

在实践中，主要是考虑滤波区制概率 $\hat{\xi}_{t|t}$、一步预测区制概率 $\xi_{t|t-1}$ 和全样本平滑区制概率。MS-VAR 模型提供了一个非常灵活的框架，它允许异方差性、偶然转变、反向趋势和以非线性方式进行预测。

第二节　变量选择、样本选择与数据来源

一、变量选择

（一）金融深化（FD1、FD2）

关于金融深化程度的代理变量学术界并未达成一致，King 和 Levine（1993a，1993b）、Beck 等（2000）采用私有部门的信贷 / 国内生产总值来衡量金融深度。而在我国，由于缺乏私有部门的信贷数据，所以参考 Boyreau-Debray 等（2003）、Guariglia 和 Poncet（2008）、王晋斌（2007）、李青原等（2010，2013）、邵宜航等（2015）的研究，本小节也采取总贷款余额占国内生产总值的比率来表示金融深化水平（FD）。除此之外，出于稳健性的目的，考虑到文献中也采用广义货币总量 / 国内生产总值来衡量国内的金融深化程度，通常该指标的数值越大，则反映了该经济体的货币化程度越高。然而，由于许多发达经济体可以通过证券市场或债券市场募集资金，从而降低了这些国家中对广义货币总量的需求，因此，广义货币总量 / 国内生产总值畸高可能恰恰反映出国内金融市场的不发达。鉴于此，越来越多的学者利用股票市值 / 国内生产总值来衡量一国或地区证券化的程度。正因为如此，本小节借鉴 Levine 和 Zervos（1998）、杨子晖和陈创练（2015）采用（广义货币总量 + 股票市值）/ 国内生产总值来构建金融深化指标（FD2），以更全面地刻画一个国家的金融深化程度。

（二）房产价格

由于我国商品房平均销售价格分类指数从 2005 年才开始公布，自 2011 年起，国家统计局不再公布全国房屋销售价格指数，且全国 70 个大中城市房产价格销售指数也采用新的调查方法，导致新的数据和历史数据

无法匹配，因此，我们利用国家统计局公布的商品房销售额与商品房销售面积计算出商品房价格作为房产价格（house price, HP）的代理变量；由于统计方法问题，每年第一个月的商品房销售额和销售面积缺失，因此，我们采用插值法进行处理，相关原始数据来源于国家统计局官方网站和中国统计年鉴。

（三）经常账户余额

众所周知，一国的进出口贸易收支是其国际收支中经常项目的重要组成部分，是影响一个国家国际收支的重要因素。所以，我们选取贸易差额作为经常账户余额（current account,CA）的代理变量。由于我国的贸易差额当月值以美元计价，因此，我们还需选用人民币兑美元名义汇率的月度平均数据计算出贸易差额（以人民币计价的实际量），相关原始数据来源于 Wind 经济数据库和中国人民银行官方网站。

二、样本选择与数据来源

由于从 1998 年开始，国务院宣布全面停止住房实物分配，实行住房分配货币化改革，自此之后房产市场逐渐发展起来，因此，考虑到数据可得性，本小节以 1998 年 1 月为数据样本区间起始点，至 2017 年 9 月总共 237 组观测样本，数据分别来源于 Wind 经济数据库、历年中国统计年鉴、中国人民银行官方数据库和国家统计局官方数据库。运用 Census X12 方法对所有数据进行季节调整，以消除季节因素的影响。

第三节　分区制下金融深化水平（FD1）、房产价格与经常账户余额的动态关系分析

一、平稳性检验与模型设定

在进行实证分析之前，首先对各时间序列变量进行单位根检验，ADF 和 PP 检验结果表明三个指标均为零阶单整（见表 4-1），序列平稳可直接代入模型分析。

表 4-1　变量序列平稳性检验结果

项目	金融深化（FD1）		房产价格（HP）		经常账户余额（CA）	
	t 值	概率 *	*t* 值	概率 *	*t* 值	概率 *
ADF 检验结果	−3.184568	0.0223	−3.142709	0.0249	−3.184481	0.0221
PP 检验结果	−3.373892	0.0124	−3.175621	0.0227	−3.373898	0.0128

注　* 临界值根据 MacKinnon （1996）单侧 *P* 值方法确定。

根据 AIC、SC、HQ 等准则及对数似然估计值，对 FD1、HP 和 CA 的无约束 VAR 分析判断向量自回归最优滞后阶数为 2，对于区制数量的选择，根据前文分析确定为两区制最优，即金融深化缓慢期和金融深化加速期；同样依据 AIC、SC、HQ 等准则及对数似然估计值，对不同类型的 MS(*M*)(2)−VAR(2) 模型进行比较，最终确定建立截距项与自回归参数服从区制转换的 MSIH(2)−VAR(2) 模型。

二、模型估计结果与区制属性分析

运用 EM 算法对模型进行估计，经过 14 次迭代估计模型收敛稳定，模型估计结果见表 4-2。

表 4-2 模型 MSIH(2)-VAR(2) 估计结果

参数	FD1 方程		HP 方程		CA 方程	
	系数	*t* 值	系数	*t* 值	系数	*t* 值
Const（Reg.1）	0.000926	0.2752	0.000397	0.5474	-0.024271***	8.0609
Const（Reg.2）	0.000893	0.7915	0.000498*	1.6407	-0.024578	0.3192
FD1_1	1.992383***	8.5904	0.044600*	1.8053	-0.192851**	2.5208
FD1_2	-0.992989	-0.3595	0.043619*	1.6358	-0.190613	1.3121
HP_1	-0.024977	0.3513	1.996839***	3.2242	-0.132772	0.5310
HP_2	0.025055**	2.4083	0.997265	0.4941	0.138996	0.7710
CA_1	-0.002942*	1.9351	0.001403	0.7318	1.070573**	1.9906
CA_2	-0.002978	0.9489	-0.001326	-1.4877	0.973544	1.1806
SE（Reg.1）	0.000059		0.000131		0.001243	
SE（Reg.2）	0.000151		0.000280		0.002136	

表 4-2 中给出在两区制下向量自回归模型的截距项与滞后变量的系数，可以看出，区制 2 下的标准差总体上大于区制 1，因而区制 1 表示金融深化、房产价格和经常账户余额波动总体上处于金融深化过程相对平缓的经济状态，而区制 2 则表示金融深化、房产价格和经常账户余额总体上处于金融深化过程加速的经济状态。金融深化方程、房产价格方程和经常账户余额方程的结果表明：金融深化的波动具有明显的“惯性”，滞后 1 期的金融深化对当期金融深化存在明显的正向促进作用，存在 1.992383 的动量促使当期金融深化程度的加深，而滞后 2 期的金融深化对当期金融深化具有不显著的负向影响。滞后 1 期的房产价格对当期金融深化具有微弱的负向作用，而滞后 2 期的房产价格则对当期的金融深化变动产生显著的正向作用（效应值为 0.025055），即前期房产价格的上涨（HP>0）极有可能会引致当期金融深化程度的加深（FD1>0）。综合来看，滞后 1 期和滞后 2 期的经常账户余额均会对当期金融深化的发展产生一定的抑制作用，即前期经常账户余额的增加（CA>0）会抑制当期金融深化的推进（FD1<0）。

房产价格的变动同样存在显著的“惯性”，滞后 1 期的房产价格对当期的房价变动具有正向作用且十分显著（效应值为 1.996839）。滞后 1 期和滞后 2 期的金融深化对当期房价变动均具有显著的正向作用（效应值分别为 0.044600 和 0.043619），即前期金融深化程度的加深（FD1>0），会引起当期房产价格的上涨（HP>0）。滞后 1 期的经常账户余额对当期房产价格具有一定的正向作用，而滞后 2 期的经常账户余额对当期房产价格具有负向作用，但统计上均不显著。

经常账户余额的变动也存在明显的“惯性”特征，滞后 1 期的经常账户对当期的经常账户余额波动具有显著的正向影响（效应值为 1.070573）。滞后 1 期和滞后 2 期的金融深化变动对当期的经常账户余额具有负向作用，其中滞后 1 期的负向作用显著（效应值为 -0.192851），即前期金融深化程度的加深（FD1>0）会抑制当期经常账户顺差的积累（CA<0）。滞后 1 期和滞后 2 期的房产价格对当期的经常账户余额分别具有负向作用和正向作用，但均不显著。

两区制下的滤波概率、平滑概率与预测概率分布如图 4-1 所示。观察图 4-1 可以发现，处于区制 1 和区制 2 下的样本量大致相当。区制 1 描绘了由金融深化程度、房产价格和经常账户余额三个变量所处于金融深化相对缓慢的状态，主要包括 1998—2005 年的上半年，以及 2013—2015 年（此阶段，我国政府为了稳定人民币汇率预期，加强对“资本外逃”的控制，对资本账户、对外贸易等进行了干预）。区制 2 描绘了金融深化速度较为加快的状态，主要包括 2005—2012 年的下半年，以及 2015 年下半年至 2016 年下半年的某些月份，这与现实的经济状况基本相符，也印证了前文关于两区制划分方法的合理性。自 1998 年 1 月以来，除去持续时间很短的区间，金融深化程度、房产价格和经常账户余额三个变量之间主要经历了 4 次区制转换，区制间转换的时点分别为 2005 年 7 月、2012 年 9 月、2015 年 1 月与 2016 年 8 月。这一结果与上一小节的时间节点极为接近，如果结合货币政策变量来分析，检验的结果会更加稳健，减少了持续期很短区间的扰动。

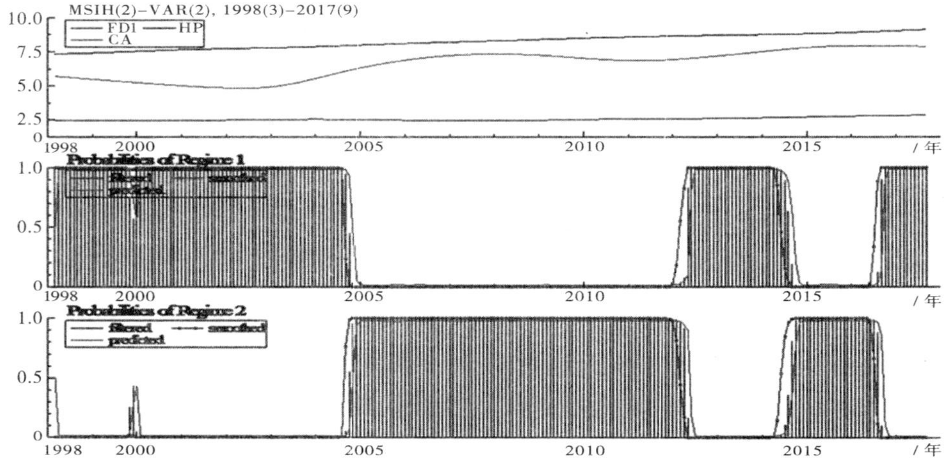

图 4-1　两区制下的滤波概率、平滑概率与预测概率分布

表 4-3 列出了两区制转换概率和经历概率。观察表 4-3 可以发现，该经济系统维持在区制 1 的概率为 98.31%，从区制 1 转换到区制 2 的概率为 1.69%；而维持在区制 2 的概率为 98.23%，从区制 2 转到区制 1 的概率为 1.77%。有 51.06% 的时间处在区制 1，平均持续期为 59.11 个月；有 48.94% 的时间处在区制 2，平均持续期为 56.44 个月。这表明两区制具有很高的系统稳定性。

表 4-3　两区制转移概率和经历概率

项目	样本数 / 个	经济系统概率		经历概率及时间	
		维持	转移	维持概率	平均经历时间 / 月
区制 1	119.5	98.31%	1.69%	51.06%	59.11
区制 2	115.5	98.23%	1.77%	48.94%	56.44

表 4-4 列出了两区制下的相关系数，从中可以看出，无论是在区制 1 还是在区制 2，金融深化程度与房产价格和经常账户余额都表现出相当高的相关性。尤其在区制 2 下，金融深化程度和房产价格两者的相关系数高达 0.9216，而在区制 1 下，金融深化程度和经常账户余额的相关系数也高达 -0.8660，这说明金融深化对房产价格和经常账户余额在不同区制下的

影响都比较深刻。

表 4-4 不同区制下的相关系数

项目	FD1		HP		CA	
	区制 1	区制 2	区制 1	区制 2	区制 1	区制 2
系数	1.0000	1.0000	−0.8447	0.9216	−0.8660	−0.0134
	−0.8447	0.9216	1.0000	1.0000	0.6993	−0.2193
	−0.8660	−0.0134	0.6990	−0.2193	1.0000	1.0000

三、广义脉冲响应函数分析与模型稳健性检验

图 4-2 给出了在两区制下房产价格对金融深化冲击的脉冲响应，如给定金融深化程度流动一个标准差的正向冲击（金融深化程度加深），房产价格在两区制下的脉冲响应趋势基本相同，但程度不同，房产价格在区制 2 下的响应程度明显大于在区制 1 下的响应程度。在两区制下，受到一个标准差正向的金融深化冲击后，房产价格变动呈现为持续的正向响应。这种正向响应当期就达到最大值，然后逐渐减小，到第 3 个月收敛。总体而言，无论是在区制 1 还是在区制 2 下，金融深化程度的进一步加深会导致房产价格的持续升值（HP > 0）。

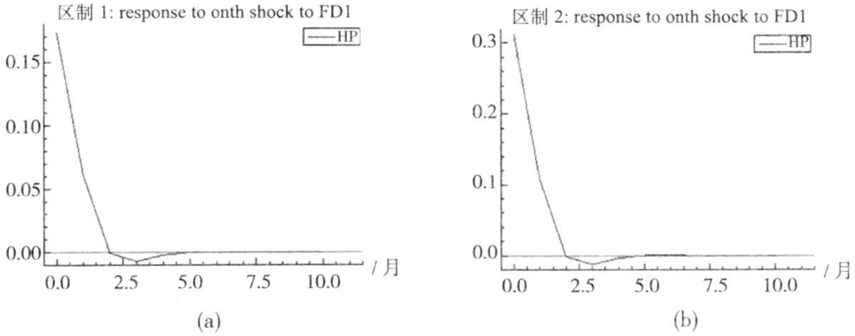

图 4-2 两区制下房产价格对金融深化冲击的脉冲响应

图 4-3 给出了在两区制下经常账户余额对金融深化冲击的脉冲响应，如给定金融深化程度一个标准差的正向冲击（金融深化程度加深），经常

账户余额在两区制下的脉冲响应趋势基本相同，但程度不同，经常账户余额在区制 2 下的响应程度大于在区制 1 下的响应程度。在两区制下，受到一个标准差正向的金融深化冲击后，经常账户余额迅速上升，在第 1 期达到最大值，而后迅速下降并在第 2 期达到最小值，最后缓慢上升逐渐回归稳态水平，可以看出经常账户余额变动在绝大部分区间内呈现为负向响应，正向响应第 2 期就达到最小值，然后逐渐减小，到第 9 个月收敛。总体而言，无论是在区制 1 还是在区制 2 下，金融深化程度的进一步加深，非常可能会导经常账户余额的减少（CA < 0）。

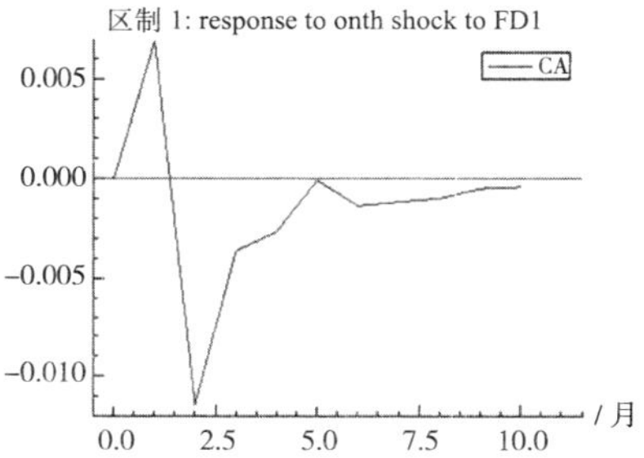

(a)

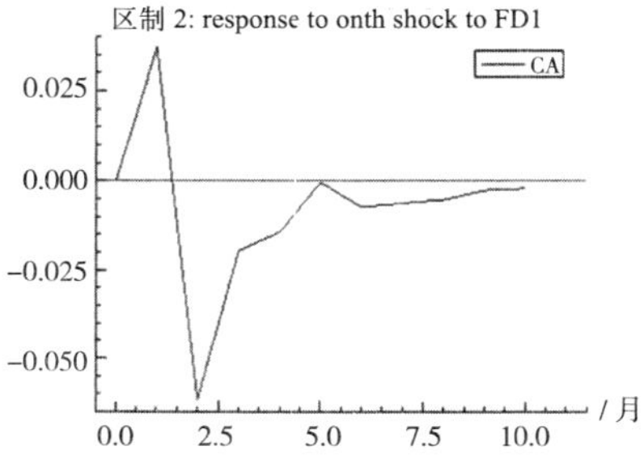

(b)

图 4-3　两区制下经常账户余额对金融深化冲击的脉冲响应

图 4-4 给出了两区制下金融深化程度变动对房产价格波动冲击的脉冲响应，如施加一个标准差的房产价格正向冲击（房产价格上涨），两区制下金融深化程度的响应完全不同。具体而言：在区制 1 下，金融深化程度在受到一个标准差的房产价格正向冲击后，在第 1 个月就达到最大的负响应值，然后负响应快速减弱，到第 5 个月逐渐收敛。在区制 2 下，受到一个标准差的房产价格正向冲击后，金融深化程度立刻产生显著的正向响应，并且正响应达到最大值，然后从第 2 个月正响应开始下降，并且波动逐渐减弱，到第 4 个月逐渐收敛。从响应程度来看，区制 2 下的响应程度明显大于区制 1。综上所述，在区制 1 下，房产价格上涨（HP>0）会抑制金融深化进程的推进（FD1<0）；而在区制 2 下，房产价格的上涨会促进金融深化的推进（FD1>0）。

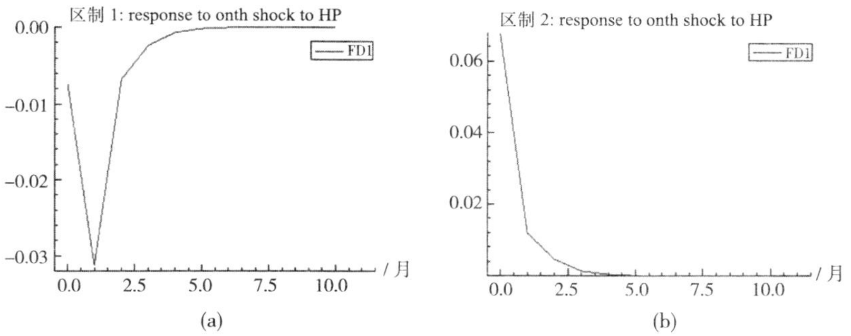

图 4-4　两区制下金融深化对房产价格波动冲击的脉冲响应

图 4-5 给出了两区制下经常账户余额对房产价格冲击的脉冲响应，如施加一个标准差的房产价格正向冲击（房产价格上涨），两区制下经常账户余额的脉冲响应完全不同。具体而言：在区制 1 下，经常账户余额在受到一个标准差的房产价格正向冲击后，在第 1 个月就达到最大的正向响应值，然后响应快速减弱，到第 10 个月逐渐收敛。在区制 2 下，受到一个标准差的房产价格正向冲击后，经常账户余额立刻产生显著的负向响应，并且负向响应达到最大程度，然后从第 1 个月负向响应开始回升，到第 9 个月逐渐收敛。从响应程度来看，区制 2 下的响应程度明显大于区制 1。综上所述，在区制 1 下，房产价格上涨（HP > 0）有益于经常账户余额的积累（CA > 0）；而在区制 2 下，房产价格的上涨则会抑制经常账户顺差的积累（CA < 0）。

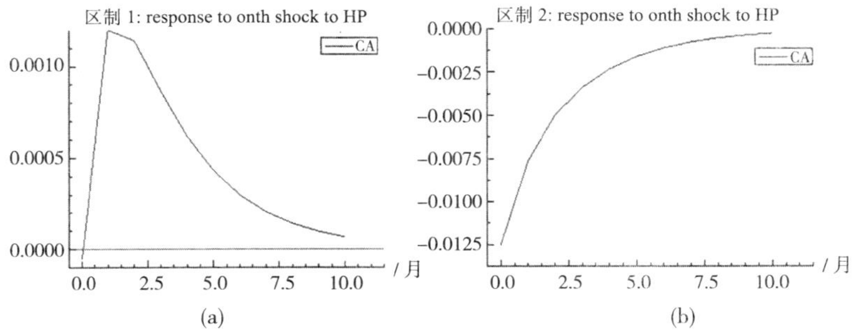

图 4-5　两区制下经常账户余额对房产价格冲击的脉冲响应

图 4-6 给出了两区制下金融深化对经常账户余额冲击的脉冲响应，如

施加一个标准差的经常账户正向冲击，两区制下金融深化程度的脉冲响应完全不同。具体而言：在区制 1 下，金融深化在受到一个标准差正向的经常账户余额冲击后，在第 1 个月就达到最大的正向响应值，然后响应快速减弱，到第 8 个月逐渐收敛。在区制 2 下，受到一个标准差正向的经常账户余额冲击后，金融深化立刻产生负向响应，并且负向响应达到最大程度，然后负向响应开始回升，到第 9 个月逐渐收敛。综上所述，在区制 1 下，经常账户余额的积累（CA > 0）有利于金融深化；而在区制 2 下，经常账户余额的积累则会损害金融深化。

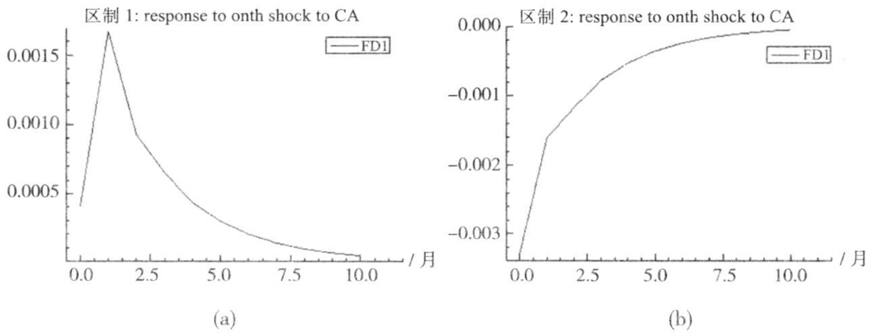

图 4-6　两区制下金融深化对经常账户余额冲击的脉冲响应

图 4-7 给出了在两区制下房产价格对经常账户余额冲击的脉冲响应，如给定经常账户余额变动一个标准差的正向冲击（经常账户顺差增加），房产价格在两区制下的脉冲响应趋势基本相同，但程度不同，房产价格在区制 2 下的响应程度明显大于在区制 1 下的响应程度。在两区制下，当受到一个标准差正向的经常账户余额冲击后，房产价格变动呈现为持续的正向响应，这种正向响应在第 1 个月就达到最大值，然后逐渐减小，到第 10 个月收敛。总体而言，无论是在区制 1 还是在区制 2 下，经常账户顺差的增加会导致房产价格的上升（HP > 0）。

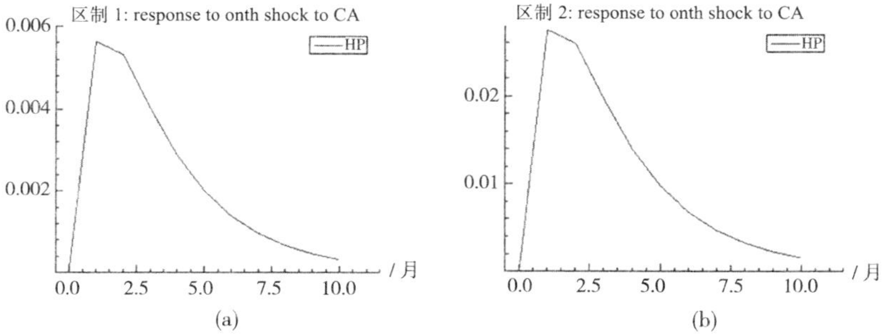

图 4-7　两区制下房产价格对经常账户余额冲击的脉冲响应

图 4-8 描述了 FD1、HP 与 CA 三个内生变量的实际值、拟合值与一步预测值之间的关系，图 4-9 为变量预测误差、平滑误差与标准误差之间的比较，结果显示模型 MSIH(2)-VAR(2) 对各变量均有较好的拟合效果，利用该模型分析金融深化程度、房产价格和经常账户余额三者之间关系的结果具有稳健性。

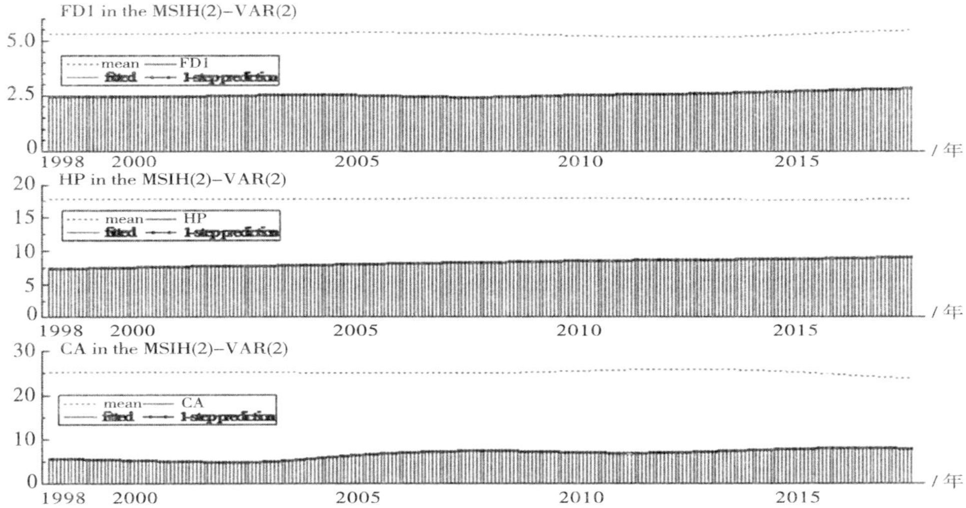

图 4-8　变量实际值、拟合值与一步预测值的关系

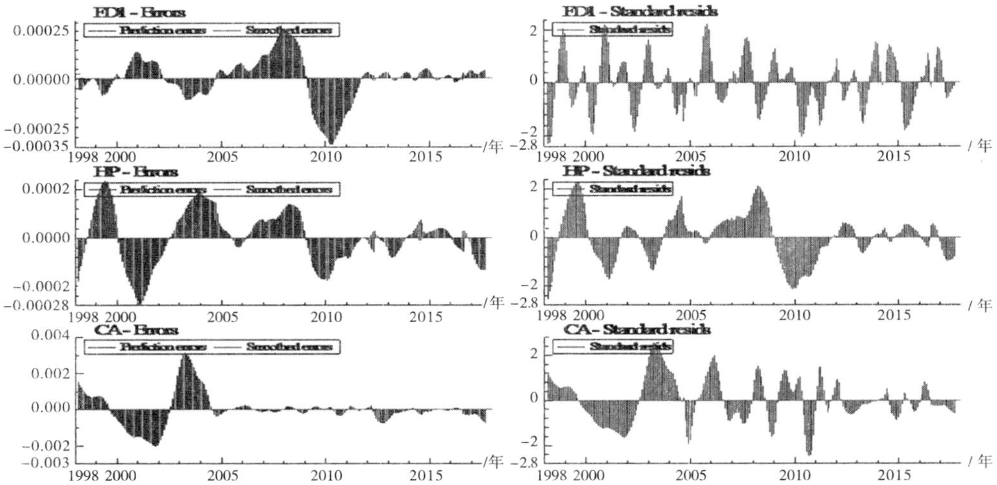

图 4-9 变量预测误差、平滑误差与标准误差的关系

第四节 分区制下金融深化水平（FD2）、房产价格与经常账户余额的动态关系分析

一、平稳性检验与模型设定

在进行实证分析之前，首先对各时间序列变量进行单位根检验，ADF和PP检验结果表明这三个指标均为零阶单整（见表4-5），序列平稳可直接代入模型分析。

表 4-5 变量序列平稳性检验结果

项目	FD2		HP		CA	
	t-Statistic	Prob.*	t-Statistic	Prob.*	*t*-Statistic	Prob.*
ADF 检验结果	−3.382381	0.0216	−3.142709	0.0249	−3.184481	0.0221
PP 检验结果	−3.674896	0.0137	−3.175621	0.0227	−3.373898	0.0128

注 *临界值根据 MacKinnon （1996）单侧 *P* 值方法确定。

根据 AIC、SC、HQ 等准则及对数似然估计值，对 FD2、HP 和 CA 的无约束 VAR 分析判断向量自回归最优滞后阶数为 3，对于区制数量的选择，根据前文分析确定为两区制最优，即金融深化缓慢期与金融深化加速期；同样依据 AIC、SC、HQ 等准则及对数似然估计值，对不同类型的 MS(*M*)(2)–VAR(3) 模型进行比较，最终确定建立截距项与自回归参数服从区制转换的 MSIH(2)–VAR(3) 模型。

二、模型估计结果与区制属性分析

运用 EM 算法对模型进行估计，经过 11 次迭代估计模型收敛稳定，估计结果见表 4–6。

表 4–6　模型 MSIH(2)–VAR(3) 估计结果

参数	FD2 方程		HP 方程		CA 方程	
	系数	*t* 值	系数	*t* 值	系数	*t* 值
Const（Reg.1）	−0.477189	−1.0931	0.000279***	7.6807	−0.000790***	−13.8989
Const（Reg.2）	−0.450757	−0.3821	0.000267**	2.7242	−0.000660	−0.3417
FD2_1	1.0982278***	10.8198	0.40020***	3.2570	−0.80098***	3.8052
FD2_2	−0.287355	0.4736	0.000127*	1.6597	−0.000062	−4.4546
FD2_3	−0.192368**	2.2078	0.000101	−0.8674	−0.000346	1.2037
HP_1	−0.044296	0.9059	2.985026**	1.9060	−0.068490	0.0293
HP_2	2.848512*	1.8151	2.976552	0.0375	0.155621	0.7777
HP_3	3.358862	0.4578	0.991474*	1.8844	−0.086875	−1.0541
CA_1	−1.533597	−1.2419	0.003513**	2.2212	2.970510**	2.1845
CA_2	0.795316	0.4068	−0.006952	0.7889	−2.943815	1.0098
CA_3	−5.336393	1.4311	0.003466	1.4814	0.973163*	1.8125
SE（Reg.1）	0.041379		0.000016		0.000168	
SE（Reg.2）	0.097377		0.000108		0.000245	

表 4–6 中给出在两区制下向量自回归模型的截距项与滞后变量的系数可以看出，区制 2 下的标准差总体上大于区制 1，因而区制 1 表示金融深化、

房产价格和经常账户余额总体上处于金融深化过程相对平缓的经济状态，而区制 2 则表示金融深化、房产价格和经常账户余额总体上处于金融深化过程加速的经济状态。金融深化方程、房产价格方程和经常账户余额方程的结果表明：

（1）金融深化波动具有明显的“惯性”特征。滞后 1 期的金融深化存在 1.0982278 的动量促使当期金融深化程度加深，而滞后 2 期的金融深化对当期金融深化具有不显著的负向影响，滞后 3 期的金融深化对当期的金融深化具有明显的负向作用（效应值为 –0.192368）。滞后 1 期的房产价格对当期金融深化具有微弱的负向作用，而滞后 2 期和滞后 3 期的房产价格则对当期的金融深化变动产生正向作用，其中，滞后 2 期的效应是显著的（效应值为 2.848512），即前期房产价格的上涨（HP>0）极有可能会引致当期金融深化程度的加深（FD2>0）。综合来看，滞后 1 期、滞后 2 期和滞后 3 期的经常账户余额对当期金融深化的发展产生的作用并不一致，其中，滞后 1 期和滞后 3 期的经常账户余额对当期的金融深化产生微弱的抑制作用，而滞后 2 期的经常账户余额则有可能会对当期的金融深化产生微弱的促进作用。

（2）房产价格的变动同样存在显著的“惯性”特征。滞后 1 期、滞后 2 期和滞后 3 期的房产价格对当期的房价变动具有正向作用，且滞后 1 期和滞后 3 期的正向作用十分显著（效应值分别为 2.985026 和 0.991474）。滞后 1 期、滞后 2 期和滞后 3 期的金融深化对当期房价变动均具有正向促进作用，且滞后 1 期和滞后 2 期的正向促进作用十分显著（效应值分别为 0.40020 和 0.000127），即前期金融深化程度的加深（FD2>0）会引起当期房产价格的上涨（HP>0）。滞后 1 期和滞后 3 期的经常账户余额对当期房产价格具有显著的正向作用，其中滞后 1 期的作用显著（效应值为 0.003513），而滞后 2 期的经常账户余额对当期房产价格具有负向作用，但统计上不显著。

（3）经常账户余额的变动也存在明显的“惯性”特征。滞后 1 期和滞后 3 期的经常账户余额对当期的经常账户余额波动具有显著的正向影响（效应值分别为 2.970510 和 0.973163），而滞后 2 期的经常账户余额则对当期的经常账户有微弱的抑制作用。滞后 1 期、滞后 2 期和滞后 3 期的金融深化变动对当期的经常账户余额具有负向作用，其中滞后 1 期的负向作用显著（效应值为 –0.80098）。即前期金融深化程度的加深（FD2>0）会抑制当期经常账户顺差的积累（CA <0）。滞后 1 期、滞后 3 期和滞后 2 期的房产价格对当期的经常账户余额分别具有负向作用和正向作用，但均不显著。

两区制下的滤波概率、平滑概率与预测概率分布如图 4–10 所示。观察图 4–10 可以发现，处于区制 1 的样本数量少于区制 2 下的样本数量。区制 1 描绘了由金融深化程度、房产价格和经常账户余额三个变量所处于金融深化相对缓慢的状态，主要包括 1998—2005 年的上半年，以及 2013 年下半年（2013 年 5 月，美联储首次释放退出量化宽松的政策信号，国际资本大举撤离新兴市场，造成拉美、亚太等地区货币贬值、股市下跌和债券市场动荡。国际资本的大进大出，给以中国为代表的新兴经济体的金融稳定带来隐患）。区制 2 则描绘了金融深化速度较为加快的状态，主要包括 2005 年下半年到 2013 年上半年，以及 2014—2018 年，这与现实的经济状况基本相符，也印证了前文关于两区制划分方法的合理性。自 1998 年 1 月以来，除去持续时间很短的区间，金融深化、房产价格和经常账户余额三个变量之间主要经历了 3 次区制转换，区制间转换的时点分别为 2005 年 7 月、2013 年 9 月和 2014 年 1 月。这一结果与本章第三节的时间节点极为接近，如果结合货币政策变量来分析，检验的结果会更加稳健，减少了持续期很短区间的扰动。

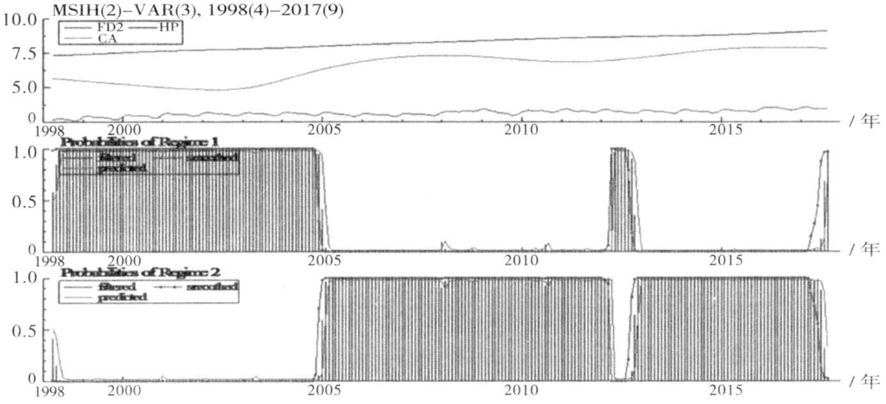

图 4–10　两区制下的滤波概率、平滑概率与预测概率分布

表 4-7 列出了两区制转换概率和经历概率。观察表 4-7 可以发现，该经济系统维持在区制 1 的概率为 97.74%，从区制 1 转换到区制 2 的概率为 2.26%，而维持在区制 2 的概率为 98.59%，从区制 2 转换到区制 1 的概率为 1.41%。有 38.94% 的时间处在区制 1，平均持续期为 44.32 个月，有 61.51% 的时间处在区制 2，平均持续期为 70.83 个月。这表明两区制具有很高的系统稳定性。

表 4-7　两区制转移概率和经历概率

项目	样本数 / 个	经济系统概率		经历概率及时间	
		维持	转移	维持概率	平均经历时间 / 月
区制 1	90.0	97.74%	2.26%	38.94%	44.32
区制 2	144.0	98.59%	1.41%	61.51 %	70.83

表 4-8 列出了两区制下的相关系数，从中可以看出，无论是在区制 1 还是在区制 2，金融深化与房产价格和经常账户余额都表现出了相当强的相关性。尤其是在区制 1 下，金融深化程度和房产价格的相关系数达到 0.4438。这说明金融深化对房产价格在区制 1 下的影响比较深刻。

表 4-8　不同区制下的相关系数

项目	FD2		HP		CA	
	区制 1	区制 2	区制 1	区制 2	区制 1	区制 2
系数	1.0000	1.0000	0.4438	−0.0048	0.1148	−0.0721
	0.4438	−0.0048	1.0000	1.0000	0.4089	−0.4524
	0.1148	−0.0721	0.4089	−0.4524	1.0000	1.0000

三、广义脉冲响应函数分析与模型稳健性检验

图 4-11 给出了在两区制下房产价格对金融深化冲击的脉冲响应，当给定金融深化程度流动一个标准差的正向冲击（金融深化程度加深）时，

房产价格在两区制下的脉冲响应趋势基本相同，但程度不同，房产价格在区制 2 下的响应程度明显大于在区制 1 下的响应程度。在两区制下，受到一个标准差正向的金融深化冲击后，房产价格变动呈现为持续的正向响应，这种正向响应当期就达到最大值，然后逐渐减小，到第 3 个月收敛。总体而言，无论是在区制 1 还是在区制 2 下，金融深化程度的进一步加深，会导致房产价格的持续升值（HP>0）。

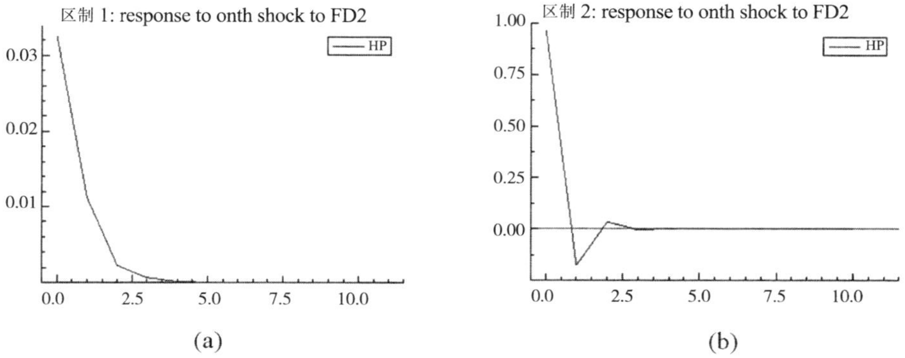

图 4-11　两区制下房产价格对金融深化冲击的脉冲响应

图 4-12 给出了在两区制下经常账户余额对金融深化冲击的脉冲响应，当给定金融深化程度流动一个标准差的正向冲击（金融深化程度加深），经常账户余额在两区制下的脉冲响应趋势基本相同，但程度不同，经常账户余额在区制 2 下的响应程度大于在区制 1 下的响应程度。在两区制下，受到一个标准差正向的金融深化冲击后，经常账户余额迅速下降，在第 1 期达到最小值，而后缓慢上升逐渐回归稳态水平，可以看出，经常账户余额变动呈现为负向响应，这种响应第 1 期就达到最小值，然后逐渐回升，到第 8 个月收敛。总体而言，无论是在区制 1 还是在区制 2 下，金融深化程度的进一步加深都会导致经常账户顺差的减少（CA< 0）。

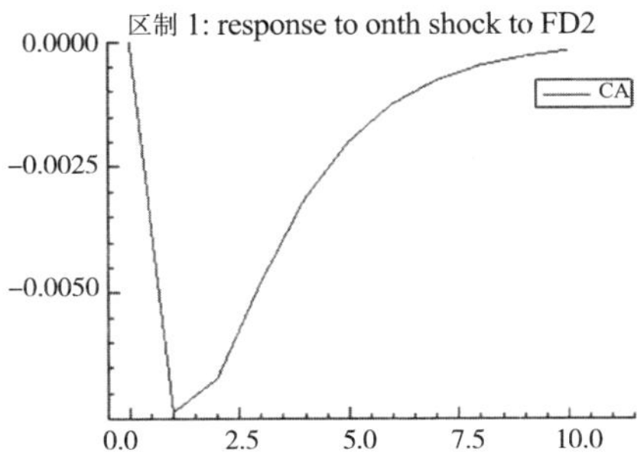

(a)

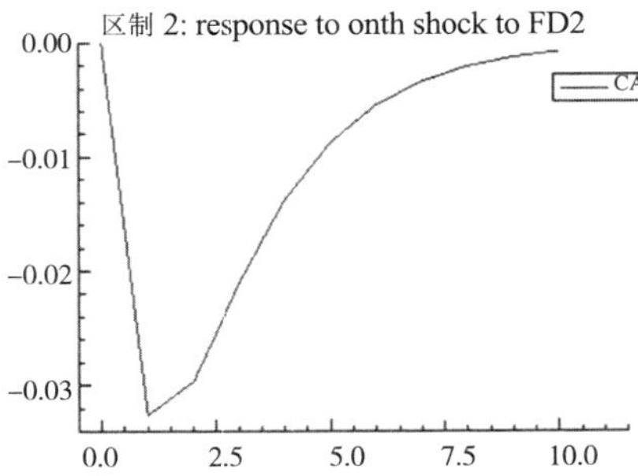

(b)

图 4-12　两区制下经常账户余额对金融深化冲击的脉冲响应

图 4-13 给出了两区制下金融深化程度变动对房产价格波动冲击的脉冲响应，如施加一个标准差的房产价格正向冲击（房产价格上涨），两区制下金融深化程度的响应完全不同。具体而言：在区制 1 下，金融深化程度在受到一个标准差的房产价格正向冲击后，在第 1 个月就达到最大的负向响应值，然后负向响应快速减弱，到第 5 个月逐渐收敛。在区制 2 下，受到一个标准差的房产价格正向冲击后，金融深化程度立刻产生显著的正向响应，并且正向响应达到最大值，然后开始下降，并且波动逐渐减弱，到第 3 个月逐渐收敛。从响应程度来看，区制 2 下的响应程度明显大于区制 1。综上所述，在区制 1 下，房产价格上涨（$HP>0$）会抑制金融深化进程的推进（$FD2<0$）；而在区制 2 下，房产价格的上涨会促进金融深化的推进（$FD2>0$）。

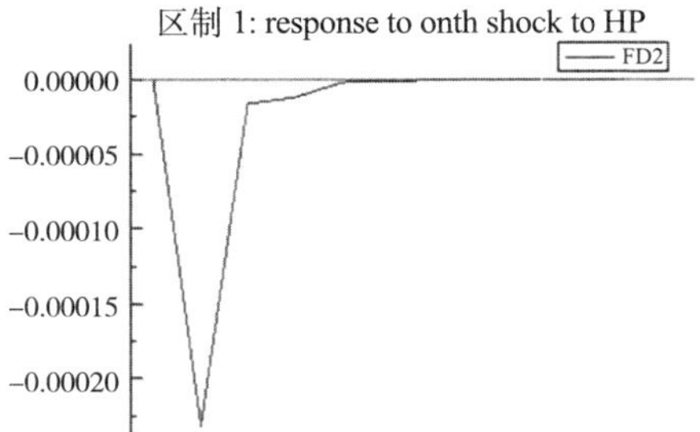

(a)

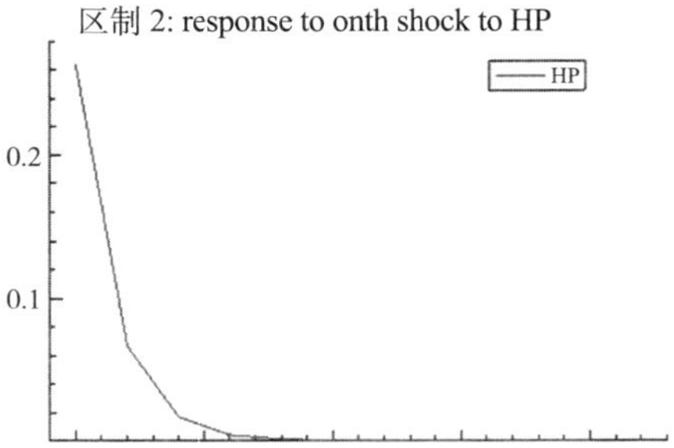

(b)

图 4-13　两区制下金融深化对房产价格波动冲击的脉冲响应

图 4-14 给出了两区制下经常账户余额变动对房产价格波动冲击的脉冲响应，如施加一个标准差的房产价格正向冲击（房产价格上涨），两区制下经常账户余额的脉冲响应完全不同。具体而言：在区制 1 下，经常账户余额在受到一个标准差的房产价格正向冲击后，在第 1 个月就达到最小的负向响应，然后负向响应快速回升，到第 10 个月逐渐收敛。在区制 2 下，受到一个标准差的房产价格正向冲击后，经常账户余额立刻产生正向响应并且达到最大值，然后正向响应值开始逐渐缩小，到第 5 个月逐渐收敛。从响应程度来看，区制 2 下的响应程度明显大于区制 1。综上所述，在区制 1 下，房产价格的上涨会抑制经常账户顺差的积累（$CA < 0$）；而在区制 2 下，房产价格上涨（$HP > 0$）则有益于经常账户余额的积累（$CA > 0$）。

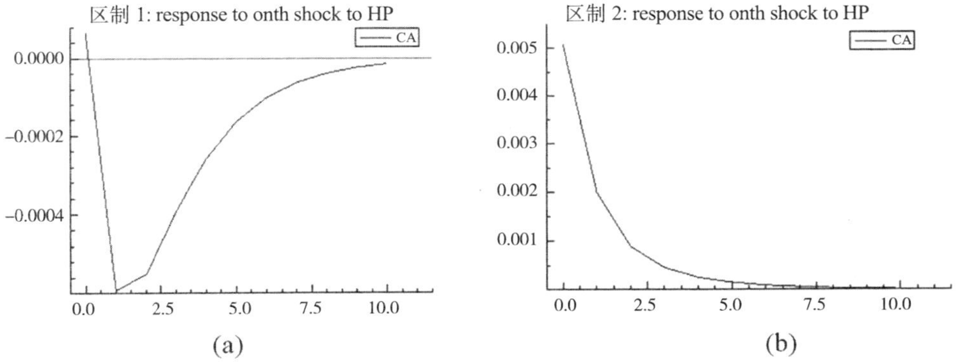

图 4-14 两区制下经常账户余额变动对房产价格波动冲击的脉冲响应

图 4-15 给出了两区制下金融深化对经常账户余额冲击的脉冲响应，如施加一个标准差的经常账户余额正向冲击，两区制下金融深化程度的脉冲响应非常相似，无论是在区制 1 还是在区制 2 下，金融深化在受到一个标准差正向的经常账户余额冲击后，在第 1 个月就达到最大的正向响应值，然后响应快速减弱，到第 8 个月逐渐收敛。可以发现，在区制 1 和区制 2 下，经常账户余额的积累（$CA > 0$）有利于金融深化。

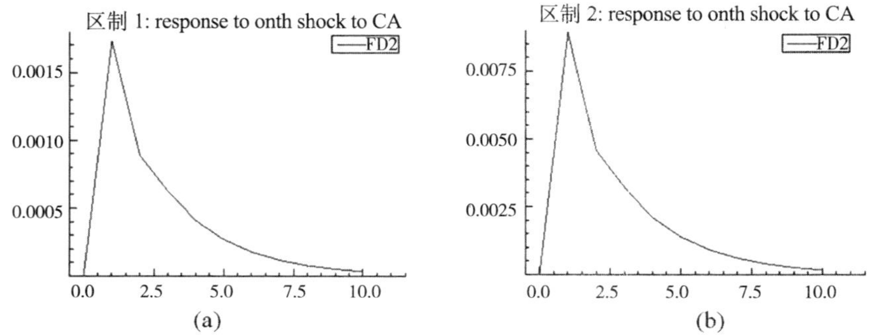

图 4-15　两区制下金融深化对经常账户余额冲击的脉冲响应

图 4-16 给出了两区制下房产价格对经常账户余额冲击的脉冲响应，如给定经常账户余额变动一个标准差的正向冲击（经常账户顺差加剧），房产价格在两区制下的脉冲响应趋势基本相同，但程度不同，房产价格在区制 2 下的响应程度明显大于在区制 1 下的响应程度。在两区制下，受到一个标准差正向的经常账户余额冲击后，房产价格变动呈现为持续的正向响应，这种正向响应在第 1 个月就达到最大值，然后逐渐减小。总体而言，无论是在区制 1 还是在区制 2 下，经常账户顺差的加剧会导致房产价格的升值（HP > 0）。

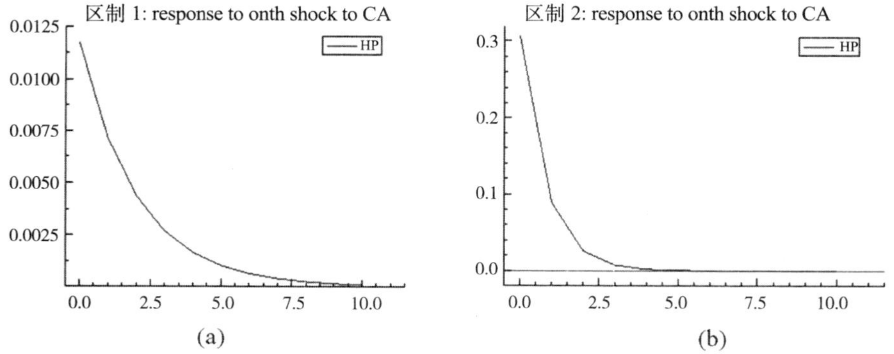

图 4-16　两区制下房产价格对经常账户余额冲击的脉冲响应

图 4-17 描述了 FD2、HP 与 CA 三个内生变量的实际值、拟合值与一步预测值之间的关系，图 4-18 为变量预测误差、平滑误差与标准误差之间的比较，结果显示模型 MSIH(2)-VAR(3) 对各变量均有较好的拟合效果，

利用该模型分析金融深化程度、房产价格和经常账户余额三者之间关系的结果具有稳健性。

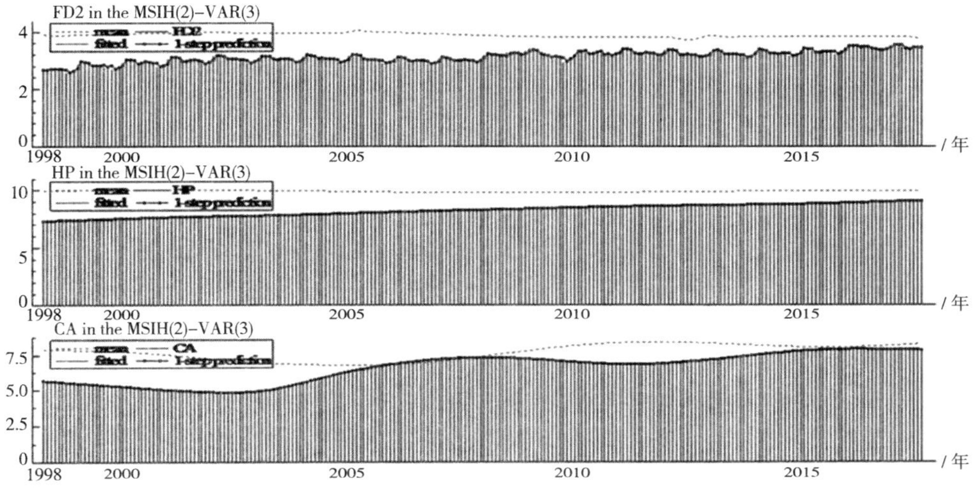

图 4-17　变量实际值、拟合值与一步预测值之间的关系

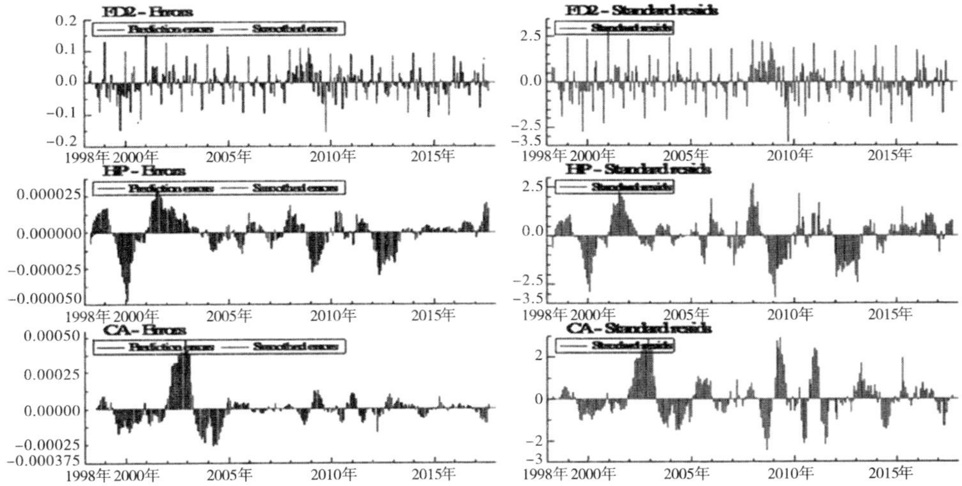

图 4-18　变量预测误差、平滑误差与标准误差之间的比较

本章小结

本章构建了包含金融深化（FD1、FD2）、房产价格（HP）和经常账户余额（CA）在内的 MS -VAR 模型，实证分析在不同经济状态下变量之间的动态关系，得到以下结论：

第一，无论是在区制 1 还是在区制 2 下，无论金融深化指标采用（贷款余额 / 国内生产总值）或 [（广义货币总量 + 股票市值）/ 国内生产总值]，金融深化程度的加深会显著促使房产价格上涨，抑制经常账户余额的积累，进而有利于缓解经常账户失衡的现实状况。金融深化对房产价格和经常账户余额的这种影响非常稳定，不会因金融深化指标不同而改变，也不会因处于不同时间、不同区制条件而改变。

第二，前期经常账户顺差增加会引起国内房产价格的上涨，而国内房产价格的持续快速上涨既可以引起经常账户余额的增长，也可以抑制经常账户余额的积累。这是因为近十年来我国国内资产价格走高，特别是房价过快上涨，一方面使房产的“财富效应”凸显，住房消费者消费增加，在其他条件不变的前提下消费进口商品增多，进而减少了净出口。其次，投资回报较高，诱使大量短期国际资本流入，造成经常账户余额减少。而在另一方面，房价的突飞猛进也使“房奴”效应日益凸显，更多消费者为买房而储蓄，不得不减少对进口商品的消费而储蓄，造成我国经常账户盈余的进一步扩大。此外，后期资产价格上涨已经超过一定幅度，国际资本预期国内资本市场泡沫积聚过大可能存在风险，因此，导致短期国际资本流出，经常账户余额增加。

第三，在不同的经济状态下，变量之间的动态关系并不相同。区制 1（表示该经济系统金融深化相对滞缓的状态）下，房产价格上升（$HP > 0$）会抑制金融深化程度的进一步加深，而在区制 2（表示该经济系统金融深化加速的状态）下，会促进金融深化程度的进一步加深；两区制下，经常账户盈余的增加，会导致房产价格的持续上涨（$HP > 0$）。这主要是由于经常账户顺差增大，使得国民收入增加，整体上会支撑国内房产价格上涨。

第五章 金融深化、房产价格与经常账户余额的动态关系时变特征分析

我国金融深化相关政策的制定与实施除了要应对经济环境的周期性变化，相对于西方成熟经济体而言，还需要面临制度、技术、政治因素等外部条件不断变化的挑战。那么，在近几十年来中国金融形势迅速变革的大环境下，金融深化的变化趋势是怎样的呢？对金融深化传导渠道时变效应的深入研究，有助于理解金融发展影响实体经济的机制机理和影响程度。

本章构建包含 TVP-SV-VAR 模型，利用 MCMC 方法连续抽样模拟，检验金融深化、房产价格和经常账户余额三者之间的时变效应，着重分析金融深化对房产价格、经常账户余额的动态影响及传导机制。为保证本书前后定量分析的一致性，对金融深化、房产价格和经常账户余额三者之间时变效应的实证分析的数据样本区间与第四章一样，仍为 1998 年 1 月至 2017 年 9 月。参考 Boyreau-Debray 等（2003）、Guariglia 和 Poncet（2008）、邵宜航等（2015）的研究，选择总贷款余额占国内生产总值的比率来表示金融深化水平（FD1）。除此之外，出于稳健性的目的，借鉴 Levine 和 Zervos（1998）、杨子晖和陈创练（2015）等学者的研究，选择（广义货币总量 + 股票市值）/ 国内生产总值来构建金融深化指标（FD2），以更全面地刻画一个国家的金融深化程度。此外，由于我国商品房平均销售价

格分类指数从2005年才开始公布，自2011年起，国家统计局不再公布全国房屋销售价格指数。所以，利用国家统计局公布的商品房销售额与商品房销售面积计算出商品房价格作为房产价格（HP）的代理变量。一国的进出口贸易收支是其国际收支中经常项目的重要组成部分，是影响一个国家国际收支的重要因素，所以，我们选取贸易差额作为经常账户余额（CA）的代理变量。相关数据序列的平稳性检验结果已在第四章中列出，本章不再重复表述。

第一节 TVP-SV-VAR模型说明

构建TVP-SV-VAR模型对假说3进行验证。20世纪90年代后期，一些文献开始在向量自回归（VAR）模型中加入时变成分。例如，Cogley和Sargent（2002）使用具有时变参数的向量自回归模型分析了美国第二次世界大战后的通货膨胀与失业率之间的时变关系。Primiceri（2005）年提出了TVP-SV-VAR模型，这一模型随后在宏观经济研究中得到广泛的应用。在TVP-SV-VAR模型内，Primiceri（2005）假设所有的参数都是随着时间变动的。TVP-SV-VAR模型的简化形式如下：

$$y_t=\boldsymbol{X}_t\,\beta_t+A_t^{-1}\,\boldsymbol{\Sigma}_t\,\boldsymbol{\varepsilon}_t \tag{5-1}$$

其中，$\boldsymbol{X}_t$是外生变量向量；$\boldsymbol{\varepsilon}_t$是白噪声向量；$s$为样本数统计量，$t=s+1,\cdots,n$；系数$\beta_t$、联立参数$A_t$和随机波动的协方差矩阵$\Sigma_t$都是时变的。尽管模型中参数的演进有多种方式，本书中我们沿用Primiceri（2005）和Nakajima（2011）的处理方式。把下三角矩阵$\boldsymbol{A}$中非0和1的元素拉直为一列向量，即

$$a_t=(a_{21},a_{31},a_{32},a_{41},\cdots,a_k,a_{k-1})$$

令$h_t=(h_{1t},h_{2t},\cdots,h_{kt})$，其中$h_{it}=\log\sigma_{it}^2$，$i=1,2,\cdots,k$；$t=s+1,s+2,\cdots,n$。同样，假定式（5-1）中的参数服从如下的随机游走过程：

$$\begin{aligned}\beta_{t+1}&=\beta_t+\mu_{\beta_t},\\ a_{t+1}&=a_t+\mu_{a_t},\\ h_{t+1}&=h_t+\mu_{h_t},\end{aligned}\quad \begin{pmatrix}\varepsilon_t\\ \mu_{\beta_t}\\ \mu_{a_t}\\ \mu_{h_t}\end{pmatrix}\sim N\left(0,\begin{pmatrix}I&0&0&0\\0&\boldsymbol{\Sigma}_\beta&0&0\\0&0&\boldsymbol{\Sigma}_a&0\\0&0&0&\boldsymbol{\Sigma}_h\end{pmatrix}\right) \tag{5-2}$$

其中，$t=s+1,s+2,\cdots,n$，$\beta_{s+1}\sim N(\mu_{\beta_0},\boldsymbol{\Sigma}_{\beta_0})$，$a_{s+1}\sim N(\mu_{a_0},\boldsymbol{\Sigma}_{a_0})$，$h_{s+1}\sim N(\mu_{h_0},\boldsymbol{\Sigma}_{h_0})$

关于本书中对于TVP-SV-VAR模型的一系列假定，做以下几点说明：①关于$\boldsymbol{A}_t$为下三角矩阵的假定是VAR系统的递归识别，这种假定减少了待估参数，使得模型估计相对简单，而且在宏观经济文献中这样的处理也应用广泛。正如Primiceri（2005）和Nakajima（2011）提出的，非递归识别的形式在MCMC算法下是可行的，递归识别的假定使估计更简单且有效，因此本书将沿用他们的思路。②关于参数的动态，本书中并不遵循一个平稳过程，比如AR(n)，相反本书中参数遵循一个随机游走过程。因为TVP-SV-VAR模型中有大量的待估参数，而随机游走过程能减少参数数量；并且参数的随机游走过程能使模型捕捉到经济结构突然或者缓慢的变化，有利于模型的实证分析。在很多文章中也使用了同样的随机游走过程，正如Primiceri（2005）所述，模型选择是稳健的。③在参数随机游走过程中，各参数扰动项的协方差矩阵分别为$\boldsymbol{\Sigma}_\beta$、$\boldsymbol{\Sigma}_a$和$\boldsymbol{\Sigma}_h$。在大部分文献中假定$\boldsymbol{\Sigma}_a$为对角矩阵。Nakajima（2011）指出，模型估计结果对于$\boldsymbol{\Sigma}_h$形式的假定并不敏感，因而本书中进一步假定$\boldsymbol{\Sigma}_h$为对角矩阵以简化估计过程。

在TVP-SV-VAR模型中，利用贝叶斯和MCMC方法对参数进行估计。本书构建包含随机波动的TVP-SV-VAR模型模拟1998年1月至2017年9月金融深化、房产价格和经常账户余额的动态改变。具体而言，基础VAR模型中包含的变量分别为金融深化程度FD、房产价格HP和经常账户余额CA，即

$$\boldsymbol{C}y_t=\boldsymbol{C}_1\,y_{t-1}+\cdots+\boldsymbol{C}_n\,y_{t-n}+\mu_t,\qquad t=n+1,\cdots,n \tag{5-3}$$

其中，$\boldsymbol{C},\boldsymbol{C}_1,\cdots,\boldsymbol{C}_s$均为$3\times3$阶系数矩阵；$n$为VAR的滞后阶数，$\mu_t$为随机扰动项且$\mu_t\sim$ N$(0,\boldsymbol{\Sigma\Sigma})$，即

$$\boldsymbol{\Sigma}=\begin{pmatrix}\sigma_1 & 0 & 0\\ 0 & \sigma_2 & 0\\ 0 & 0 & \sigma_3\end{pmatrix}$$

假设同期关系系数矩阵是下三角矩阵，即

$$\boldsymbol{A}=\begin{pmatrix}1 & 0 & 0\\ a_{21} & 1 & 0\\ a_{31} & a_{32} & 1\end{pmatrix}$$

对式（5–3）进行重构即为以下简化向量自回归模型

$$y_t=D_1y_{t-1}+\cdots+D_ny_{t-n}+\boldsymbol{A}^{-1}\boldsymbol{\Sigma}\varepsilon_t,\quad \varepsilon_t\sim N(0,I_k) \tag{5–4}$$

其中，$D_1=C^{-1}F_i$，$i=1,2,\cdots,n$。堆积 D_i 之后得到 γ（$k^2n\times 1$ 向量），令⊗代表克罗内克积，则$K_t=\mathrm{I}_k\otimes(y'_{t-1},\cdots,y'_{t-n})$，从式（5–4）可以得到式（5–5）：

$$y_t=K_t\gamma+A^{-1}\Sigma\varepsilon_t \tag{5–5}$$

之后设定模型变量的时变参数，即令系数矩阵具有时变特征，得到式（5–6）：

$$y_t=K_t\boldsymbol{\gamma}_t+\boldsymbol{A}_t^{-1}\boldsymbol{\Sigma}_t\varepsilon_t,t=n+1,\cdots,m \tag{5–6}$$

其中，系数矩阵 $\boldsymbol{\gamma}_t$ 以及 $\boldsymbol{A}_t$、$\boldsymbol{\Sigma}_t$ 在时间序列中均可变化。参照大部分文献的做法，将$a_t=\left(a_{21},a_{31},a_{41},\cdots,a_{k,\ k-1}\right)'$作为系数矩阵 $\boldsymbol{A}_t$ 中下三角元素堆积向量。

$$\gamma_{t+1}=\gamma_t+\mu_{\gamma t},\quad a_{t+1}=a_t+\mu_{at},\quad h_{t+1}=h_t+\mu_{ht}$$

$$\begin{pmatrix}\varepsilon_t\\ \mu_{\gamma t}\\ \mu_{at}\\ \mu_{ht}\end{pmatrix}=N\left(0,\ \begin{pmatrix}I & O & O & O\\ O & \boldsymbol{\Sigma}_\gamma & O & O\\ O & O & \boldsymbol{\Sigma}_a & O\\ O & O & O & \boldsymbol{\Sigma}_h\end{pmatrix}\right),t=n+1,\cdots,m \tag{5–7}$$

其中，$\gamma_{n+1}\sim N(\mu_{\gamma_0},\boldsymbol{\Sigma}_{\delta_0})$，$a_{n+1}\sim N(\mu_{a_0},\boldsymbol{\Sigma}_{a_0})$ 且 $h_{n+1}\sim N(\mu_{h_0},\boldsymbol{\Sigma}_{h_0})$。关于 TVP–SV–VAR 模型以及估计方法的具体细节，可参考 Nakajima（2011）、Jebabli 及 Arouri（2014）。

第二节　金融深化（FD1）、房产价格与经常账户余额的动态关系时变特征检验

一、模型设定与估计结果分析

我们首先根据经验设定参数初值如下：$\mu_{\beta t}=\mu_{at}=\mu_{ht}=0$，$\Sigma_{\beta t}=\Sigma_{at}=\Sigma_{ht}=10\times I$，并先验假定$(\Sigma\beta)_i^{-2}\sim$ Gamma(40,0.02)，$(\Sigma_\alpha)_i^{-2}\sim$ Gamma（4,0.02），$(\Sigma_h)_i^{-2}\sim$ Gamma（4,0.02）。使用MCMC方法模拟抽样10000次，对样本进行估计。

表5-1显示了TVP-SV-VAR模型的估计结果，观察表5-1可以发现：后验均值（mean）、后验标准差（stdev）、95%置信区间（95% L ~ 95% U）、Geweke检验值（Geweke）和无效影响因子（Inef.）。首先，Geweke检验值均低于1.96（5%）的临界值，说明具有较好的收敛性，从表5-1中可以看出，估计参数的无效影响因子最大值为94.05，表明该模型抽样10000次中至少可以得到约106（10000/94.05）个不相关样本，所以MCMC模拟抽样得到的样本是充分且有效的。

表5-1　TVP-SV-VAR模型参数估计结果

参数	后验均值	后验标准差	95% L	95% U	Geweke	无效影响因子
$(\Sigma_\beta)_1$	0.0224	0.0025	0.0182	0.0279	0.668	14.97
$(\Sigma_\beta)_2$	0.0214	0.0022	0.0176	0.0262	0.208	7.33
$(\Sigma_\alpha)_1$	0.0768	0.0223	0.0451	0.1300	0.001	52.35
$(\Sigma_\alpha)_2$	0.0816	0.0285	0.0419	0.1540	0.001	93.55
$(\Sigma_h)_1$	0.2299	0.0847	0.1186	0.4367	0.274	94.05
$(\Sigma_h)_2$	0.5094	0.1269	0.3089	0.8043	0.093	84.88

注　假设参数β、α、h均服从随机游走过程，表中$(\Sigma_\beta)_i$、$(\Sigma_\alpha)_i$、$(\Sigma_h)_i$代表扰动项的协方差矩阵中的对角线元素，$(\Sigma_\beta)_i$、$(\Sigma_\alpha)_i$的估计值乘以100。

图 5-1 中从上至下依次给出模型抽样样本的自相关性、样本路径及后验密度分布。舍去部分预烧抽样样本以提高模型估计的有效性，可以观察到剩余样本的取值范围具有区间稳定性，且自相关的程度逐渐降低，从图 5-1 的结果来看，MCMC 抽样能够使已有样本自相关程度降低。

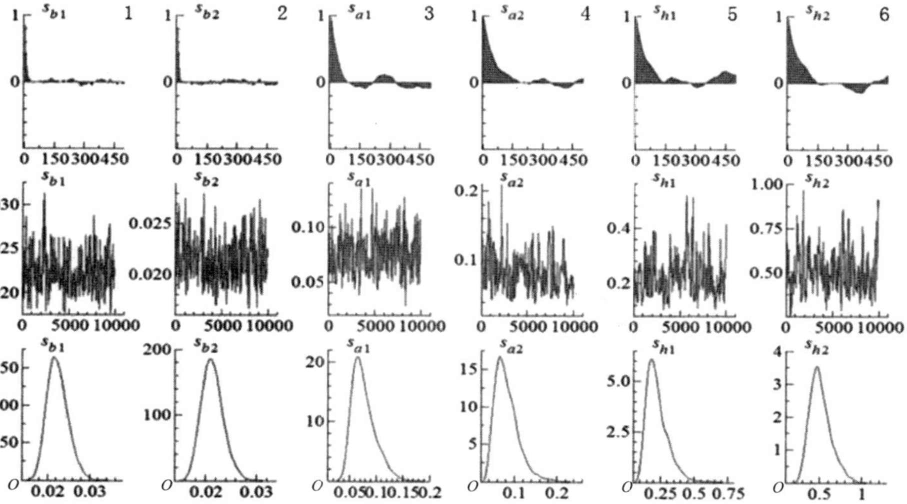

图 5-1 TVP-SV-VAR 模型参数的估计结果

图 5-2 左侧为变量金融深化程度（FD1）、房产价格（HP）与经常账户余额（CA）的时间序列分布情况，右侧为对应三个变量结构性冲击的随机波动率时变特征的后验分布情况。可以看出，金融深化程度的随机波动率在 2000 年达到一个峰值，而后逐渐下降至 2003 年达到最小，随后再次逐渐上升至 2009 年达到最大值，而后逐步下降。面对 2008 年的金融危机，我国政府在 2009 年推出一系列刺激计划，进行大量的信贷投放，使得金融深化代理变量（Loan/GDP）迅速扩张。此后，随着国内金融去杠杆的过程逐步深入及发达经济体相继退出“量化宽松”政策带来的影响，金融深化程度的代理变量逐渐下降。此外，房产价格随机波动率的时变特征表明，在 2006 年、2010 年及 2012 年房产价格发生了大幅波动，房产价格在上述三个时间点均迅速上涨，这与当时的信贷支持紧密相关。最后，经常账户余额随机波动率的时变特征表明，在 1998—2010 年的波动相对

平缓，而在2012年和2015年的波动较为剧烈，自“次贷危机”爆发以来，我国对外贸易的外部环境发生深刻变化，发达经济体相继推出和退出各种版本的“量化宽松”政策，加剧了我国经常账户余额的波动。

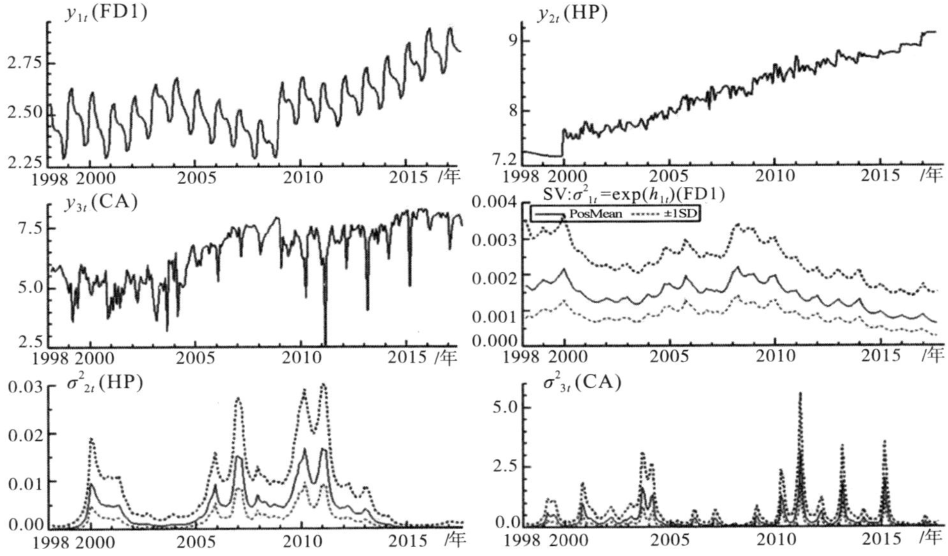

图5-2 变量时间序列分布（左）与结构性冲击随机波动的后验分布（右）

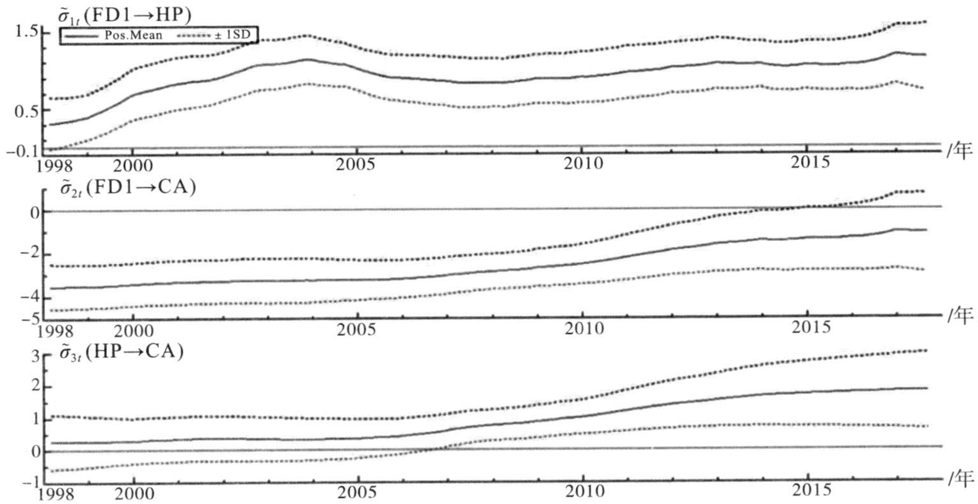

图5-3 三变量序列同步关系图（同期相关关系）

图 5-3 显示的是模型中金融深化（FD1）、房产价格（HP）、经常账户余额（CA）三个变量同期相互关系的情况。从第一个子图可以看出，金融深化对房产价格的影响系数 a（FD1 → HP）是正值，并保持相对稳定，这表明金融深化显著而稳定地推高了房产价格。从第二个子图可以看出，金融深化对经常账户余额的影响系数是负值，且 a（FD1 → CA）的数值在 -4 至 -1 区间，表明尽管金融深化对经常账户余额的影响非常大，这种影响在 2010 年之前尤为突出，在 2010 年之后逐渐缩小，这可能是由于 2008 年国际金融危机之后，众多发达经济体采用“量化宽松”的货币政策和“汇改”效应逐渐显现，在一定程度上抵消了我国金融深化对经常账户余额的动态影响作用的发挥。从第三个子图可以看出，房产价格对经常账户余额的影响系数 a（HP → CA）是正值，且其表现出随时间变化而变化的特征，具体而言，其随着时间而逐渐变大，这种影响在 2005 年之前很小，接近于 0；在 2005 年之后明显增大。随着我国房产市场的爆炸性发展，房产价格急速上涨，居民不得不为了买房进行储蓄，进而抑制了消费，促进了经常账户余额的积累。

二、时变参数脉冲响应分析

图 5-4 反映的是不同提前期一单位标准的正向冲击形成的脉冲响应的时间序列，分别滞后 1 期、3 期和 5 期。可以发现，虽然设定了三个不同的滞后期，但三个不同滞后期所形成的脉冲响应的变化趋势是较为相似的，具体而言，不同滞后期冲击所形成的脉冲响应在方向上会有所不同。

房产价格对金融深化冲击的滞后响应值总体而言逐步增大且为正值。1998—2006 年，金融深化对房产价格的影响逐步增大，这与此阶段金融机构大量信贷快速涌入房产行业紧密相关。之后金融深化对房产价格的影响缩小，此时正值金融危机爆发，国内房产行业萎靡，房价下行，银行信贷大量撤出房产行业，虽然期间有轻微回升，但在 2010 年降至最低点。随后，伴随着房产行业的再次快速发展及“四万亿”刺激计划效应的逐渐显现，金融深化对房产价格的影响陡然上升，并且越来越大。加之全球性“量化宽松”政策的助推，使得大量国际“热钱”在包括中国在内的新兴经济体寻找标的投资资产，进一步加深了金融深化程度对房产价格的影响。经常账户对金融深化提前 1 期冲击形成的脉冲响应恒为负值，这说明在我国金融深化可以抑制经常账户顺差的过度积累。

金融深化对房产价格提前 1 期冲击的脉冲响应为负值，这表明房产价格的上升反而会在一定程度上抑制金融深化程度的进一步加深，也表明在面对房产价格上涨的情形，货币当局更加倾向于减少对房产业的金融支持，收紧与房产相关的信贷。经常账户余额对房产价格冲击的脉冲响应函数表现出随时间变化的特征，而且随着时间波动较大，在 2006 年之前为负值，而在 2006 年之后响应函数变化为正值，并随时间而逐渐扩大。金融深化对经常账户余额冲击的脉冲响应函数呈现出显著的时变特征，其在 2004 年达到最大值，而后迅速下降，在 2005 年变为负值，至 2008 年降至最低点，而后缓慢上升，在 2011 年再次变为正值。从提前 1 期的脉冲响应图可以看出，在正值区间，经常账户余额冲击对金融深化的影响在数量上并不显著，而在负值区间，经常账户余额冲击对金融深化的影响是显著的，这意味着在不同时间阶段，经常账户顺差的积累对于金融深化的影响是不稳定的。经常账户余额对房产价格的冲击表现出显著的随时间变化而变化的特征，在 2013 年之前为正值，而在 2013 年之后变化为负值，表明房产价格对经常账户余额冲击的脉冲响应值并不稳定，经常账户盈余的积累在 2013 年之前促进了房产价格的上涨，而在 2013 年之后则抑制了房产价格的上涨。

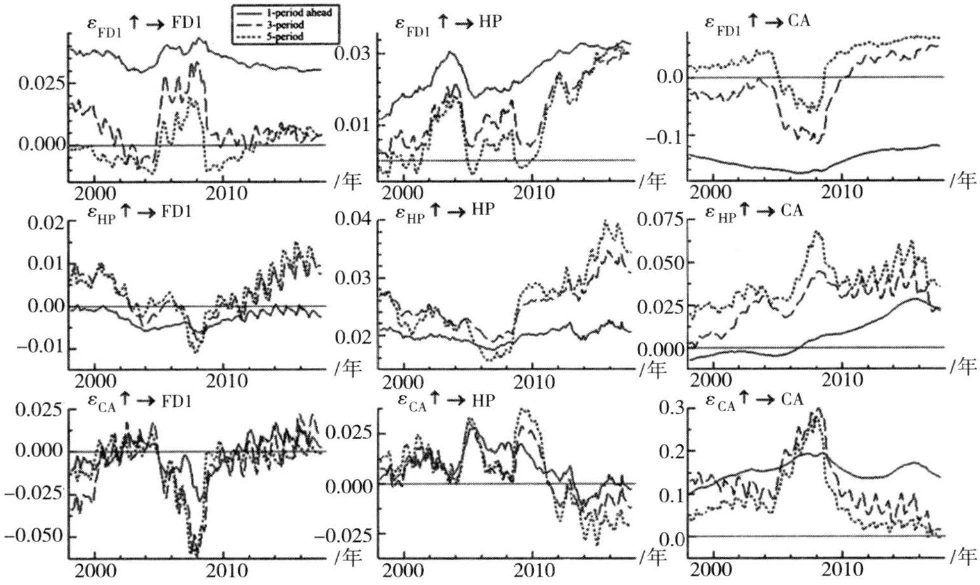

图 5-4 滞后 1 期、3 期与 5 期的时变参数脉冲响应图

图 5-5 反映的是在不同时点上形成的脉冲响应，比较的时点是 2002 年 12 月、2007 年 12 月及 2012 年 12 月。从图 5-5 可以看出，虽然在三个不同时点施加了 3 次冲击，但脉冲响应函数的变化趋势是相似的。房产价格当期就对金融深化冲击做出响应，并且达到最大值，随后逐渐缩小，至第 16 期接近于 0。与之相类似，经常账户余额对金融深化冲击当期就有响应，至第 1 期达到最小值，随后逐渐上升至第 8 期变化为正值，随后平稳下降逐渐接近于 0。

金融深化对房产价格三个不同时点冲击的脉冲响应表现并不一致。具体而言，2012 年 12 月金融深化对房价冲击的脉冲响应与 2002 年 12 月和 2007 年 12 月这两个时点的脉冲响应函数走势不同。对于 2002 年 12 月和 2007 年 12 月这两个时点的房产价格冲击，金融深化的响应值始终位于负值区间；而对于 2012 年 12 月的房产价格冲击，金融深化的脉冲响应值始终位于正值区间。这表明在不同时点房产价格冲击对金融深化的影响并不一致。经常账户余额当期就对房产价格的冲击做出响应，迅速下降后立刻上升，并且处于上升态势，这说明房产价格对于经常账户余额的滞后影响时间比较长，并且影响方向不稳定。

金融深化对经常账户余额三个不同时点冲击的脉冲响应表现并不一致，具体而言，2007 年 12 月金融深化对经常账户余额冲击的脉冲响应与 2002 年 12 月和 2012 年 12 月这两个时点的脉冲响应函数走势不同。对于 2002 年 12 月和 2012 年 12 月这两个时点的经常账户余额冲击，金融深化的响应值始终位于正值区间；而对于 2007 年 12 月的经常账户余额冲击，金融深化的脉冲响应值始终位于负值区间。这表明在不同时点经常账户余额冲击对金融深化的影响并不一致。

此外，房产价格对经常账户余额 3 个不同时点冲击的脉冲响应表现并不一致。具体而言，2012 年 12 月房产价格对经常账户余额冲击的脉冲响应与 2002 年 12 月和 2007 年 12 月这两个时点的脉冲响应函数走势不同。对于 2002 年 12 月和 2007 年 12 月这两个时点的经常账户余额冲击，房产价格的响应值始终位于正值区间，而对于 2012 年 12 月的经常账户余额冲击，房产价格的脉冲响应值始终位于负值区间。这表明在不同时点经常账户余额冲击对房产价格的影响并不一致。

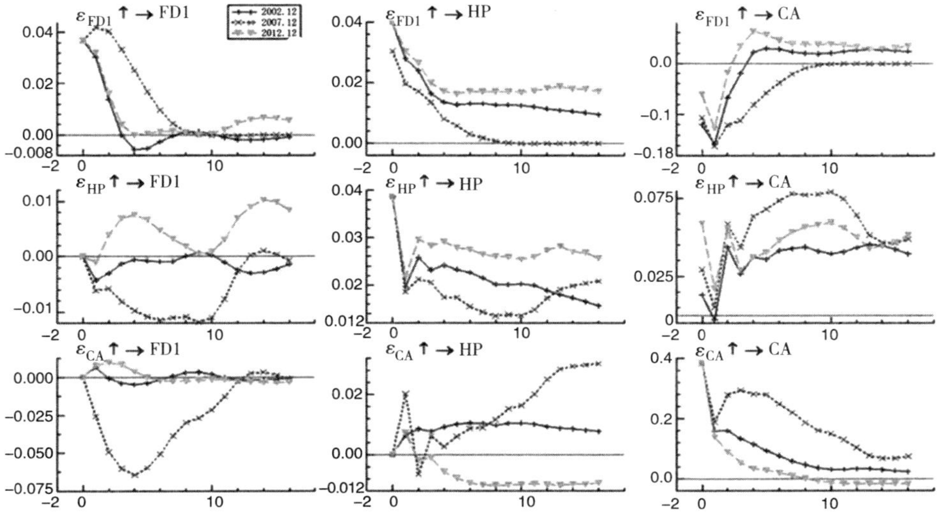

图 5-5　不同时点冲击的脉冲响应函数

三、初步结论

根据以上实证检验的结果，我们可以得到以下初步结论：

金融深化、房产价格和经常账户余额三者之间的影响关系具有较强的时变特征，在不同条件下呈现出不同的表现，即三者之间的联动关系随时间变化而变化，以往大多数研究均认为它们之间的影响关系是单一的、稳定的。实际上，金融深化、房产价格和经常账户余额之间的互动关系是时变而复杂的。

金融深化与房产价格之间的互动关系。通过以上金融深化、房产价格和经常账户余额的联动模型可以发现，金融深化的推进会导致房产价格的上涨，而房产价格的上涨既可以促进金融深化程度的加深，也可以阻碍金融深化的推进。从 TVP-SV-VAR 模型的时变特征参数来看，金融深化对房产价格的影响比较稳定。脉冲响应函数进一步表明，金融深化对房产价格的脉冲响应在 2000—2008 年逐步下降，并在 2008 年降至最低点，随后快速上升；2010 年之后，房产价格对金融深化的影响程度在增大。

金融深化与经常账户余额之间的互动关系。通过以上金融深化、房产价格和经常账户的联动模型，可以发现金融深化程度的加深会导致经常账户余额的减少，而经常账户余额的增加则会抑制金融深化的加深。从 TVP-SV-VAR 模型的时变特征参数来看，金融深化对经常账户余额的影响比较稳定，恒为负值。脉冲响应函数进一步表明，金融深化对经常账户的脉冲响应在 2004—2008 年逐步下降，并在 2008 年降至最低点，随后逐渐上升。

房产价格与经常账户余额之间的互动关系。通过以上金融深化、房产价格和经常账户余额的联动模型可以发现，房产价格的上涨会导致经常账户余额的增加，而经常账户余额的增加对房产价格的影响并不稳定。从 TVP-SV-VAR 模型的时变特征参数看，房产价格冲击对经常账户余额的影响比较稳定。脉冲响应函数进一步表明，房产价格对经常账户的脉冲响应值在 2010 年之前为正值，在 2010 年之后变化为负值。经常账户冲击对房产价格的影响呈现出明显的时变特征。

第三节　金融深化（FD2）、房产价格与经常账户余额的动态关系时变特征检验

一、模型设定与估计结果分析

首先根据经验设定参数初值如下：$\mu_{\beta t}=\mu_{at}=\mu_{ht}=0$，$\Sigma_{\beta t}=\Sigma_{at}=\Sigma_{ht}=10\times I$，并先验假定 $(\Sigma\beta)_i^{-2}\sim Gamma(40，0.02)$，$(\Sigma_{\alpha})_i^{-2}\sim Gamma(4，0.02)$，$(\Sigma_h)_i^{-2}\sim Gamma(4,0.02)$。使用 MCMC 方法模拟抽样 15000 次，对样本进行估计。

表 5-2 显示了 TVP-SV-VAR 模型的估计结果，包括后验均值、后验标准差、95% 置信区间（95% L ~ 95% U）、Geweke 和无效影响因子。首先，Geweke 检验值均低于 1.96（5%）的临界值，说明具有较好的收敛性，从表 5-2 中可以看出，估计参数的无效影响因子峰值约为 126.61，表明该模型抽样 15000 次中至少可以得到约 118（15000/126.61）个不相关样本，所以 MCMC 模拟抽样得到的样本是充分且有效的。

表 5-2　TVP-SV-VAR 模型参数估计结果

参数	后验均值	后验标准差	95% L	95% U	Geweke	无效影响因子
$(\Sigma_{\beta})_1$	0.0228	0.0026	0.0183	0.0274	0.375	12.74
$(\Sigma_{\beta})_2$	0.0218	0.0023	0.0179	0.0285	0.222	8.91
$(\Sigma_{\alpha})_1$	0.0845	0.0317	0.0454	0.0270	0.086	74.85
$(\Sigma_{\alpha})_2$	0.0879	0.0363	0.0440	0.1609	0.462	126.61
$(\Sigma_h)_1$	0.2162	0.0986	0.1173	0.4951	0.404	92.37
$(\Sigma_h)_2$	0.5546	0.1587	0.3013	0.9077	0.762	96.33

注　假设数 β、α、h 均服从随机游走过程，表中 $(\Sigma_{\beta})_i$、$(\Sigma_{\alpha})_i$、$(\Sigma_h)_i$ 代表扰动项的协方差矩阵中的对角线元素，$(\Sigma_{\beta})_i$、$(\Sigma_{\alpha})_i$ 的估计值乘以 100。

图 5-6 中从上至下依次给出模型抽样样本的自相关性、样本路径及后验密度分布。舍去部分预烧抽样样本以提高模型估计的有效性，可以观察到剩余样本的取值范围具有区间稳定性，且自相关的程度逐渐降低。从图 5-6 的结果来看，MCMC 抽样能够使已有样本自相关程度降低。

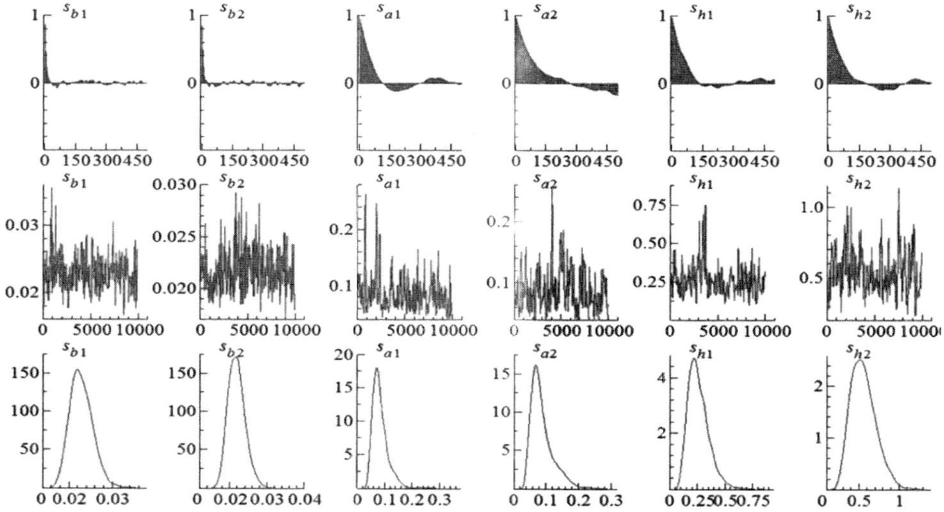

图 5-6 TVP-SV-VAR 模型参数的估计结果

图 5-7 左侧为 FD2、HP 与 CA 数据时间序列的分布情况，右侧为这三个变量受到结构性冲击随机波动的后验分布情况。可以看出，金融深化程度的随机波动率在 2000 年达到一个峰值，而后逐渐下降至 2003 年到达最小，随后再次逐渐上升，2009 年达到最大值，而后逐步下降。面对 2008 年的金融危机，我国政府在 2009 年推出一系列刺激计划，进行大量的信贷投放，使得广义货币量迅速增长，进而导致金融深化代理变量 [（广义货币总量 + 股票市值）/ 国内生产总值] 急速上升。此后，随着国内金融去杠杆的逐步深入及发达经济体逐渐退出“量化宽松”货币政策的影响，金融深化程度的代理变量逐渐下降。此外，房产价格随机波动率的时变特征表明，在 2006 年、2010 年及 2012 年房产价格发生了大幅波动，房产价格在以上三个时间点均迅速上涨，这与当时的信贷支持紧密相关。最后，经常账户余额随机波动率的时变特征表明，在 1998—2010 年的波动相对

平缓，而在 2012 年和 2015 年的波动较为剧烈。自“次贷危机”爆发以来，我国对外贸易的外部环境发生深刻变化，发达经济体相继推出和退出各种版本的“量化宽松”政策，加剧了我国经常账户余额的波动。

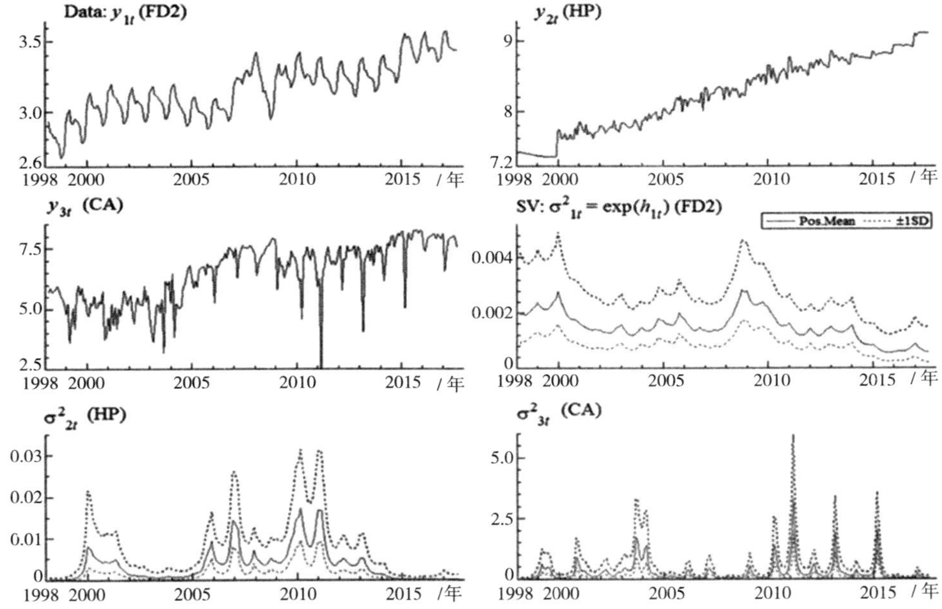

图 5-7　变量时间序列分布（左）与结构性冲击随机波动的后验分布（右）

图 5-8 显示的是模型中金融深化程度（FD2）、房产价格（HP）、经常账户余额（CA）三个变量同期相互关系的情况。从第一个子图可以看出，金融深化对房产价格的影响系数 a（FD1 → HP）是正值，并保持相对稳定，这表明金融深化显著而稳定地推高了房产价格。从第二个子图可以看出，金融深化对经常账户余额的影响系数是负值，且 a（FD1 → CA）的数值为 -3 ～ -0.5，表明金融深化对经常账户余额的影响非常大，这种影响在整个时间区间稳定存在。从第三个子图可以看出，房产价格对经常账户余额的影响系数 a（HP → CA）是正值，且其表现出随时间变化而变化的特征。具体而言，其随着时间而逐渐变大，这种影响在 2005 年之前较小，在 2005 年之后明显增大。随着我国房产市场的爆炸性发展，这说明房产价格急速上涨，居民不得不为了买房进行储蓄，进而抑制了消费，促进了经常账户余额的积累。

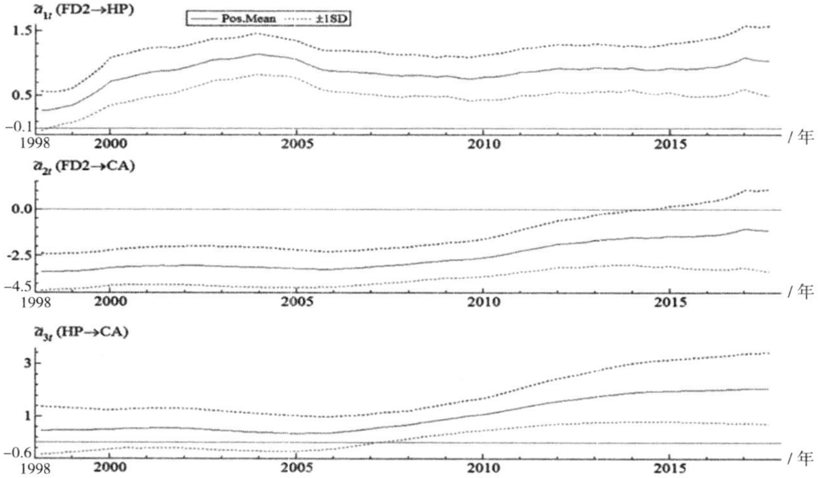

图 5-8 三变量序列同步关系图

二、时变参数脉冲响应分析

图 5-9 反映的是不同提前期一单位标准的正向冲击形成的脉冲响应时间序列，分别滞后 1 期、3 期和 5 期，可以发现，虽然设定了三个不同的滞后期，但这三个不同滞后期所形成的脉冲响应的变化趋势是较为相似的。具体而言，不同滞后期冲击所形成的脉冲响应在方向上有所不同。

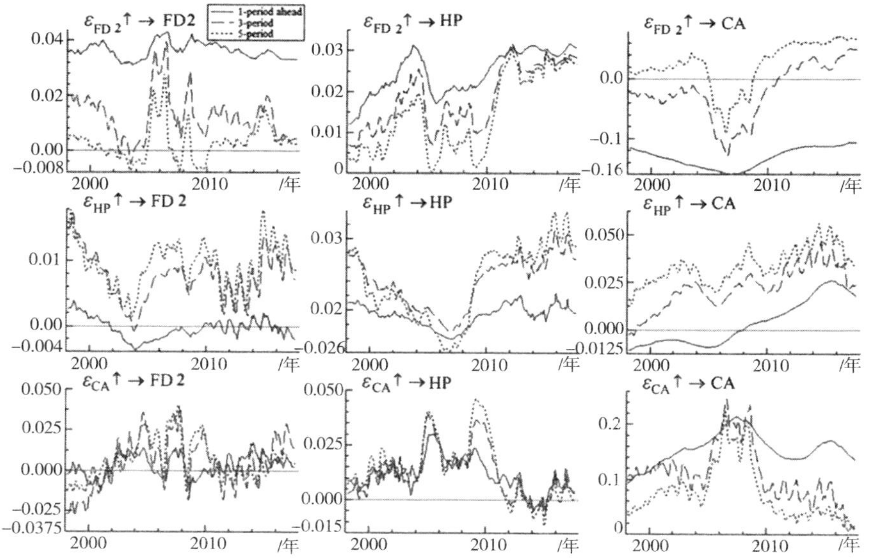

图 5-9 滞后 1 期、3 期与 5 期的时变参数脉冲响应图

房产价格对金融深化冲击的滞后响应值总体而言逐步增大且为正值。1998—2006 年，金融深化对房产价格的影响逐步增大，这与此阶段金融机构大量信贷快速涌入房产行业紧密相关，之后金融深化对房产价格的影响在缩小。此时正值金融危机爆发，国内房产行业萎靡，房价下行，银行信贷大量撤出房产行业，在 2008 年降至最低点。随后，伴随着房产行业的再次快速发展及“四万亿”刺激计划效应的逐渐显现，金融深化程度对房产价格的影响陡然上升，并且越来越大。加之，全球性“量化宽松”政策的助推，使得大量的国际“热钱”在包括中国在内的新兴经济体寻找标的投资资产，进一步加深了金融深化程度对房产价格的影响。经常账户对金融深化提前 1 期冲击形成的脉冲响应恒为负值，这说明在我国金融深化可以抑制经常账户顺差的过度积累。

金融深化对房产价格提前 1 期冲击的脉冲响应为负值，这表明房产价格的上升反而会在一定程度上抑制金融深化程度的进一步加深，也表明在面对房产价格上涨的情形，货币当局更加倾向于减少对房产业的金融支持，收紧与房产相关的信贷。经常账户余额对房产价格冲击的脉冲响应函数表现出随时间变化的特征，而且随着时间波动较大，在 2008 年之前为负值，而在 2008 年之后响应函数变化为正值，并随时间而逐渐扩大。

金融深化对经常账户余额冲击的脉冲响应函数呈现出显著的时变特征，其在整个样本区间内频繁地在正负值区间交替，从提前 1 期的脉冲响应图可以看出，无论是在正值区间还是在负值区间，经常账户余额冲击对金融深化的影响是显著的，这意味着在不同时间段，经常账户顺差的积累对金融深化的影响方向并不一致，表明经常账户余额的积累对我国金融深化的作用呈现出相当不稳定的特征。经常账户余额对房产价格的冲击表现出显著的随时间变化而变化的特征，但脉冲响应值为正值，表明房产价格对经常账户冲击的脉冲响应较为稳定，经常账户盈余的积累在一定程度上促进了房产价格的上涨。

图 5-10 反映的是在不同时点上形成的脉冲响应，比较的时点是 2002 年 12 月、2007 年 12 月及 2012 年 12 月。从图 5-10 中可以看出，虽然在

这三个不同时点施加了 3 次冲击，但脉冲响应函数的变化趋势是相似的。房产价格当期就对金融深化冲击做出响应，并且达到最大值，随后逐渐缩小，至第 8 期接近于 0。与之相类似，经常账户余额对金融深化冲击当期就有响应，至第 1 期达到最小值，随后逐渐上升至第 6 期变化为正值，随后平稳下降，在第 12 期逐渐接近于 0。

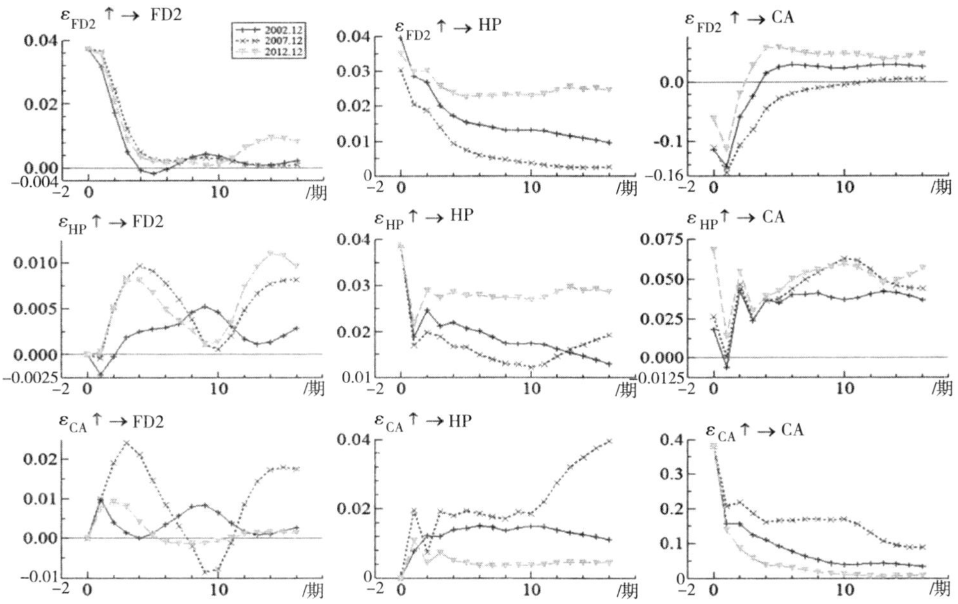

图 5-10　三个转换时点各变量之间的脉冲响应

金融深化对房产价格三个不同时点冲击的脉冲响应表现并不一致，具体而言，2002 年 12 月金融深化对房价冲击的脉冲响应与 2007 年 12 月和 2012 年 12 月这两个时点的脉冲响应函数走势不同。对于 2007 年 12 月和 2012 年 12 月这两个时点的房产价格冲击，金融深化的响应函数迅速上升，并在第 4 期达到最大值，然后迅速下降至第 10 期降至最低点，最后缓慢上升，其响应值始终位于正值区间；而对于 2002 年 12 月的房产价格冲击，金融深化的脉冲响应值在第 2 期之前位于负值区间，在第 2 期之后上升至正值区间。这表明在不同时点房产价格冲击对金融深化的影响并不一致。经常账户余额当期就对房产价格的冲击做出响应，迅速下降后立刻上升，并且此后处于上升态势，这说明房产价格对经常账户余额的滞后影响时间比较长，并且影响方向不确定。

金融深化对经常账户余额三个不同时点冲击的脉冲响应表现并不一致，具体而言，2007 年 12 月金融深化对经常账户余额冲击的脉冲响应与 2002 年 12 月和 2012 年 12 月这两个时点的脉冲响应函数走势不同。对于 2002 年 12 月和 2012 年 12 月这两个时点的经常账户余额冲击，金融深化的响应值始终位于正值区间；而对于 2007 年 12 月的经常账户余额冲击，金融深化的脉冲响应值在第 0 ~ 8 期位于正值区间，在第 8 ~ 12 期位于负值区间，在第 12 期之后再次回归正值区间。这表明在不同时点经常账户余额冲击对金融深化的影响并不一致。

此外，房产价格对经常账户余额三个不同时点冲击的脉冲响应表现较为一致，具体而言，虽然在 3 个不同时点施加了 3 次冲击，但房产价格的脉冲响应函数变化趋势是相似的，房产价格当期就对经常账户余额冲击做出响应，并且达到最大值，随后逐渐缩小，至第 12 期接近于 0。

三、初步结论

根据以上实证检验的结果，我们可以得到以下初步结论：

第一，金融深化、房产价格和经常账户余额三者之间的影响关系具有较强的时变特征，在不同条件下呈现出不同的表现，即三者之间的联动关系随时间变化而变化。以往大多数研究均认为它们之间的影响关系是单一的、稳定的，实际上，金融深化、房产价格和经常账户余额之间的互动关系是时变而复杂的。

第二，金融深化与房产价格之间的互动关系。通过以上金融深化、房产价格和经常账户余额的联动模型，可以发现金融深化的推进会导致房产价格的上涨，而房产价格的上涨既可以促进金融深化程度的加深，也可以阻碍金融深化的推进。从 TVP-SV-VAR 模型的时变特征参数看，金融深化对房产价格的影响比较稳定。脉冲响应函数进一步表明，金融深化对房产价格冲击的脉冲响应在 2000—2006 年逐步下降，并在 2006 年降至最低点，随后快速上升；2008 年之后，房产价格对金融深化的影响程度增大。

第三，金融深化与经常账户余额之间的互动关系。通过以上金融深化、房产价格和经常账户余额的联动模型可以发现，金融深化程度的加深会导致经常账户余额的减少，而经常账户余额的增加对金融深化的影响并不稳定。从 TVP-SV-VAR 模型的时变特征参数看，金融深化对经常账户余额的影响比较稳定，恒为负值。脉冲响应函数进一步表明，金融深化对经常账户余额的脉冲响应在 2000—2004 年逐步下降，并在 2004 年降至最低点，随后逐渐上升。

第四，房产价格与经常账户余额之间的互动关系。通过以上金融深化、房产价格和经常账户余额间的联动模型可以发现，房产价格的上涨在 2008 年之前会减少经常账户余额，而在 2008 年之后则会导致经常账户余额的增加，可见房产价格对经常账户余额的影响并不稳定，房产价格冲击对经常账户余额的影响呈现出明显的时变特征。而经常账户余额的增加则会促进房产价格的上涨，这种作用在 2010 年最为突出。

本章小结

本章在第一节中对拟采用包含随机波动率的 TVP-SV-VAR 进行设定和说明；第二节和第三节为实证分析部分，首先对金融深化、房产价格和经常账户余额的时变效应进行检验，然后具体分析三者之间的相关关系，本章主要得到以下几点结论：

无论采用总贷款余额 / 国内生产总值（FD1）是（广义货币总量 + 股票市值）/ 国内生产总值（FD2）作为金融深化的代理变量，金融深化、房产价格和经常账户余额三者之间均呈现出较强的时变特征，即三者之间的联动关系随时间变化而变化，这充分表明金融深化、房产价格和经常账户余额之间的互动关系是时变而复杂的。

无论采用 FD1 还是 FD2 作为金融深化的代理变量，其对房产价格和经常账户余额的影响是显著且稳定的，即金融深化可以显著推动房产价格的上涨。这种影响在当期就达到最大值，随后随时间的推移而逐渐缩小；金融深化会抑制经常账户顺差的积累，有利于缓解现阶段我国经常账户失衡的状况。由于现阶段我国的金融深化进程在不断推进，如利率市场化、放松资本账户管制、扩大汇率弹性空间等，这些有利于金融深化程度进一步发展的措施无疑是影响我国房价快速上涨、抑制外部失衡加剧的重要因素。

在不同时点、不同滞后（提前）期下，房产价格对金融深化、经常账户余额的影响，以及经常账户余额对金融深化、房产价格的动态影响是不确定的。也就是说，房产价格（经常账户）冲击既可能有利于推进金融深化，也可能抑制金融深化；既可能扩大经常账户顺差积累（推高房产价格），也可能减少经常账户顺差（抑制房产价格上涨）。

第六章　金融深化、房产价格与经常账户余额的动态关联性分析

参考柳苏芸等（2016）、石自忠等（2016）相关研究，在此部分我们运用贝叶斯DCC-GARCH模型进一步分析金融深化、房产价格和经常账户余额三者之间的动态关联程度。选用贝叶斯DCC-GARCH模型主要是出于以下三点原因：第一，在多种测算序列之间相关系数的方法中，多元GARCH模型是有效的，且贝叶斯DCC-GARCH模型能够测定不同时间点上序列之间的关联性，符合金融深化、房产价格和经常账户余额三者之间时变特征的刻画；第二，多元时间序列数据往往并不符合正态性假设条件，大多呈现为厚尾分布，而MCMC估计方法能够有效解决此问题，进而大幅提高估计结果的可信度和有效性；第三，考虑到国内金融深化、房产价格和经常账户余额容易受到各种复杂因素的影响。因此，选用贝叶斯DCC-GARCH模型和MCMC估计可以对金融深化、房产价格和经常账户余额之间的关联性更有效地刻画。

第一节　贝叶斯 DCC-GARCH 模型说明

参考 Engle（2002）、Fioruci 等（2014）对贝叶斯 DCC-GARCH 的表述，多元时间序列 $y_t=(y_{1t},y_{2t},\cdots,y_{kt})$ 的 GARCH 模型如下：

$$y_t=\boldsymbol{H}_t^{1/2}\varepsilon_t \tag{6-1}$$

其中，$\boldsymbol{H}_t^{1/2}$ 为 $k\times k$ 阶正定矩阵；y_t 的条件方差为 $\boldsymbol{H}_t$；$k\times 1$ 阶误差向量服从 $E(\varepsilon_t)=0$；$\mathrm{Var}(\varepsilon_t)=\boldsymbol{I}_k$ 的独立同分布，$\boldsymbol{I}_k$ 为 k 阶单位矩阵。此时，$\boldsymbol{H}_t$ 可表述为

$$\boldsymbol{H}_t=D_t R_t D_t \tag{6-2}$$

其中，$R_t=\mathrm{diag}（\boldsymbol{Q}t）^{-1/2}\boldsymbol{Q}_t\,\mathrm{diag}（\boldsymbol{Q}_t）^{-1/2}$；$\boldsymbol{Q}_t$ 为 $k\times k$ 阶对称正定矩阵，$\boldsymbol{Q}_t=（1-\alpha-\beta）\boldsymbol{R}+\alpha u_{t-1}u'_{t-1}+\beta\boldsymbol{Q}_{t-1}$；$u_t=D_t^{-1}y_t$ 为收益率，$\boldsymbol{R}$ 为 u_t 非条件协方差矩阵[1]，$\alpha>0$，$\beta>0$ 且 $\alpha+\beta<1$。

对于一组观察值 $y=（y_1,y_2,\cdots,y_n）$，式（6-3）的条件似然函数为

$$\begin{aligned} l(\theta) &= \prod_{t=1}^{n}\left|H\right|_t^{-1/2} p_\varepsilon(H_t^{-1/2}y_t) \\ &= \prod_{t=1}^{n}[\prod_{i=1}^{k} h_{ii,t}^{-1/2}]\left|R_t\right|^{-1/2} p_\varepsilon[(D_tR_tD_t)^{-1/2}y_t] \end{aligned} \tag{6-3}$$

其中，p_ε 为 ε_t 的联合密度函数，模型参数集为 $\theta=（w_1,\alpha_1,\beta_1,\cdots,w_k,\alpha_k,\beta_k,\rho_{12},\cdots,\rho_{k-1,k}）$。

多元学生分布的密度函数为[2]

$$p(\varepsilon_t)=\frac{\Gamma(\frac{\nu+k}{2})}{\Gamma(\frac{\nu}{2})[\pi(\nu-2)]^{k/2}}[1+\frac{\varepsilon_t'\varepsilon_t}{\nu-2}]^{-(\nu+k)/2} \tag{6-4}$$

其中，$\Gamma(.)$ 为伽马函数，标准多元学生分布服从于 $E（\varepsilon_t）=0$，$\mathrm{Var}（\varepsilon_t）=I_k$ 的

[1]　条件协方差可通过 $h_{ij,t}=q_{ij,t}\sqrt{h_{ii,t}h_{jj,t}}/\sqrt{q_{ii,t}q_{jj,t}}$ 获取，Q_t 可写成 GARCH(1,1) 形式的方程，可得关联矩阵 R_t。

[2]　一般情况下，式（6-3）中的误差分布往往被假定为服从标准多元正态分布，但这常与实际情况存在差异，因此，在单变量和多变量的情况下，误差分布通常采用学生分布及多元学生分布。

多元学生分布，对于一些非负的标量函数 $g(x)$，y_t 是椭圆对称分布的，且 $p(y_t) \propto |H_t|^{-1/2} g(y_t H_t^{-1} y_t)$。

借鉴 Bauwens 和 Laurent（2005），利用贝叶斯方法估计具有偏度和厚尾分布的 DCC 模型，密度函数可记为

$$s(x \mid \gamma) = 2^k (\prod_{i=1}^{k} \frac{\gamma_i}{1+\gamma_i^2}) f(x^*) \tag{6-5}$$

其中，$f(x)$ 为对称的多元密度函数，$x^*=(x_1^*, x_2^*, \cdots, x_k^*)$，若 $x_i>0$，$x^*=x_i/\gamma_i$，若 $x_i<0$，$x^*=x_i\gamma_i$，$i=1,2,\cdots,k$。γ_i 表示偏态程度，$\gamma_i^2=Pr(X_i \geqslant 0)/Pr(X_i<0)$。对于自由度为 v 的多元 t 分布，给定 $\gamma_1,\gamma_2,\cdots,\gamma_k$，可以通过式（6-6）计算出不同偏态区间的均值 u_{γ_i} 和方差 $\sigma_{\gamma_i}^2$。

$$u_\gamma = \frac{\Gamma((v-k)/2)(\gamma - 1/\gamma)\sqrt{v-2}}{\Gamma(v/2)\sqrt{\pi}}, \quad \sigma_r^2 = (\gamma^2 + 1/\gamma^2) - \mu_\gamma^2 - 1 \tag{6-6}$$

此时，式（6-5）可变化为

$$s(x \mid \gamma) = 2^k (\prod_{i=1}^{k} \frac{\gamma_i \sigma_{\gamma_i}}{1+\gamma_i^2}) \frac{\Gamma(\frac{v+k}{2})}{\Gamma(\frac{v}{2})[\pi(v-2)]^{k/2}} [1 + \frac{x^{*\prime} x^*}{v-2}]^{-(v+k)/2} \tag{6-7}$$

其中，$x^* = \begin{cases} (x_i\sigma_{\gamma_i} + \mu_{\gamma_i})/\gamma_i, x_i \geqslant -\mu_{\gamma_i}/\sigma_{\gamma_i} \\ (x_i\sigma_{\gamma_i} + \mu_{\gamma_i})/\gamma_i, x_i < -\mu_{\gamma_i}/\sigma_{\gamma_i} \end{cases}$。

根据贝叶斯理论，估计模型前需要对参数的先验分布进行设定，模型的联合后验密度函数通过后验密度函数与式的似然方程的乘积成比例。对于 GARCH(1,1) 模型参数，可以利用先验分布估计得到，具体地，$w_i \sim N(\mu_{w_i}, \sigma_{w_i}^2) I_{(w_i>0)}$，$\alpha_i \sim N(\mu_{\alpha_i}, \sigma_{\alpha_i}^2) I_{(0<\alpha_i<1)}$，$\beta_i \sim N(\mu_{\beta_i}, \sigma_{\beta_i}^2) I_{(0<\beta_i<1)}$，$i=1,2,\cdots,k$。当使用多元学生分布时，尾部参数的先验分布为 $v \sim N(\mu_v, \sigma_v^2) I_{(v>2)}$，若利用 GED 分布，则为 $\delta \sim N(\mu_\delta, \sigma_\delta^2) I_{(\delta>0)}$。同样地，在估计参数 α 和 β 时，有 $\alpha \sim N(\mu_\alpha, \sigma_\alpha^2) I_{(0<\alpha<1)}$ 和 $\beta \sim N(\mu_\beta, \sigma_\beta^2) I_{(0<\beta<1)}$。对于偏度参数，其先验分布为 $\gamma_i \sim N(\mu_{\gamma_i}, \sigma_{\gamma_i}^2) I_{(\gamma_i>0)}$。

第二节 数据说明

此节我们选用贝叶斯 DCC-GARCH 模型来探讨金融深化、房产价格和经常账户余额间的动态关联程度。为保证本书前后定量分析的一致性，对金融深化程度、房产价格和经常账户余额的数据样本区间仍为 1998 年 1 月至 2017 年 9 月，仍然参照 Boyreau-Debray 等（2003）、Guariglia 和 Poncet（2008）等的研究，选择总贷款余额占国内生产总值的比率来表示金融深化水平（FD1）。除此之外，出于稳健性的目的，借鉴 Levine 和 Zervos（1998）、杨子晖和陈创练（2015），选择（广义货币总量 + 股票市值）/ 国内生产总值来构建金融深化指标（FD2），以更全面地刻画一个国家的金融深化程度。此外，考虑到数据可得性，利用国家统计局公布的商品房销售额与商品房销售面积计算出商品房价格作为房产价格（HP）的代理变量。此外，众所周知，在国际收支经常项目中进出口贸易收支是最为重要的构成部分，也是影响国际收支的不可忽视的关键因素。所以，书中选取贸易差额作为经常账户余额（CA）的代理变量。相关数据序列的平稳性检验结果已在第五章中列出，本章不再赘述。

第三节 金融深化（FD1）、房产价格与经常账户余额的动态关联性分析

一、相关检验

在进行实证分析之前，首先应对四个序列进行单位根检验，检验结果表明序列是平稳的。J-B 检验结果显示各序列并不服从正态分布。另外，可以发现，金融深化（FD1）、房产价格和经常账户余额三个序列的波动随时间的变化出现连续偏高或偏低的情况，即呈现出明显的波动集聚性，适合进行 ARCH 类模型建模。相关序列 J-B 检验和单位根检验结果如表 6-1 所示。

表 6-1　相关序列 J-B 检验和单位根检验结果

检验序列	J-B 检验	检验类型（C，T，K）	*T* 统计值	MacKinnon 临界值		
				1%	5%	10%
金融深化（FD1）	9921.43	（0,0,1）	−3.184568	−2.566	−1.941	−1.617
房产价格（HP）	20897.87	（0,0,0）	−3.142709	−2.566	−1.941	−1.617
经常账户（CA）	31246.92	（0,0,3）	−3.184481	−2.566	−1.941	−1.617

二、模型估计结果

采用贝叶斯 DCC-GARCH 模型分析金融深化、房产价格和经常账户余额三者之间的动态关联性，表 6-2 给出了模型的均值回归结果，以及分位数为 2.50%，25.00%，50.00%，75.00% 和 97.50% 时的分位数回归结果。

表 6-2　贝叶斯 DCC-GARCH 模型蒙特卡洛估计结果

变量	参数	均值	分位数				
			2.50%	25.00%	50.00%	75.00%	97.50%
FD1	γ	15.0728	9.0884	11.7901	13.8683	17.9128	25.3543
	ω	0.0114	0.0113	0.0114	0.0114	0.0115	0.0115
	α	0.0275	0.0275	0.0275	0.0275	0.0275	0.0276
	β	0.8147	0.8149	0.8150	0.8152	0.8153	0.8155
HP	γ	0.8776	0.7229	0.8165	0.8709	0.9292	1.0611
	ω	0.1015	0.1003	0.1014	0.1016	0.1018	0.1024
	α	0.0301	0.0309	0.0309	0.0309	0.0310	0.0340
	β	0.7941	0.7943	0.7944	0.7944	0.7945	0.7947
CA	γ	19.6837	13.3116	15.5377	19.2114	23.0895	30.3797
	ω	0.0612	0.0601	0.0609	0.0613	0.0616	0.0620
	α	0.0340	0.0335	0.0337	0.0340	0.0344	0.0347
	β	0.7700	0.7765	0.7779	0.7803	0.7818	0.7834
	υ	5.3050	5.2790	5.2910	5.3008	5.3175	5.3429
	a	0.1368	0.1217	0.1293	0.1384	0.1439	0.1520
	b	0.7211	0.6832	0.6993	0.7197	0.7383	0.7634
	$a+b$	0.8579	0.8049	0.8286	0.8581	0.8822	0.9154

在模型估计结果中，参数 γ 是衡量金融深化程度、房产价格和经常账户余额的偏度，$\gamma>1$ 表示为右偏态，否则表示为左偏态；参数 ω 为模型方差方程的常数项，α、β 分别表示为方差方程 ARCH 项系数和 GARCH 项系数，需要满足 $\alpha+\beta<1$ 的约束条件，并用以刻画波动的衰减速度，两者之和越接近于 1，表示衰减的速度越慢。此外，υ 用以衡量拖尾分布是否适用于误差项；a、b 及两者之和用以检测 DCC 是否合理，若 $a+b=0$，则说明采用 CCC 模型更为合理，否则，使用 DCC 模型较为合理。由表 6-2 可知，所有回归方程均满足 $\alpha+\beta<1$ 的约束条件，参数 υ 在均值回归和分位数回归模型中均大于 2，表明模型选择拖尾分布合理，误差项存在拖尾效应。（$a+b$）的取值为 0.8049 ~ 0.9154 且均值和高位分数回归所得结果大于 0.1，因此说明采用 DCC 模型进行分析合理。

根据模型参数估计结果可以看出，金融深化（FD1）、房产价格（HP）和经常账户余额（CA）的波动具有非对称性。其中，金融深化和经常账户余额呈现明显的右偏态，而房产价格则呈现出左偏态。左偏态代表序列波动落在均值右侧的概率更高，众数要高于均值本身；右偏态则说明落于均值左侧的概率更高，众数低于均值。假定波动幅度为风险，则市场更偏好波动幅度小的情况，即偏度可用于衡量市场风险的大小，因此，左偏态表明市场风险更大。从波动的非对称性可知，金融深化和经常账户余额的波动风险相对较小，房产价格波动的风险相对较大，这可能与不同市场的抗冲击能力相关。从参数（$\alpha+\beta$）来看，金融深化程度、房产价格和经常账户余额的波动衰减速度缓慢，且衰减速度随着波动幅度的增加逐渐变缓。各序列（$\alpha+\beta$）之和在 0.70 以上，由分位数回归结果可知，随着分位数的不断增大，衡量波动衰减速度的（$\alpha+\beta$）值呈现出不断增长的趋势。就 FD1 而言，在分位数分别为 2.50%，25.00%，50.00%，75.00% 和 97.50% 时，其对应的 $\alpha+\beta$ 值分别为 0.8424，0.8425，0.8427，0.8428 和 0.8431。而房产价格和经常账户余额对应的指标则分别为 0.8252，0.8253，0.8253，0.8255 和 0.8287，0.8100，0.8116，0.8143，0.8162 和 0.8181。可见，分位数越高即序列波动越剧烈，波动的衰减速度越慢，本期对下期的影响也就越大。剧烈波动往往不是单一时间点存在的，波动的集簇性就是其重要的表现形式。波动越剧烈，表明其对下一期的信息传递要比平缓时更多。

三、动态关联系数分析

利用贝叶斯 DCC-GARCH 模型，可估计得出各序列之间的关联系数，图 6-1 至图 6-3 给出了金融深化（FD1）和房产价格（HP）、金融深化（FD1）和经常账户余额（CA）、房产价格（HP）和经常账户余额（CA）之间的关联系数图，体现出这三个变量序列之间的相关关系。

观察图 6-1 至图 6-3，可以得出以下几点结论：

金融深化（FD1）与房产价格（HP）之间的关联系数在 -0.42 ~ 0.46 之间变化，且波动幅度较大，说明其关联性较为密切。从时间趋势上来看，除 2004 年极个别月份之外，1998—2006 年金融深化与房产价格之间的关联系数大体呈上升趋势。而在 2007—2008 年二者之间的关联系数呈下降趋势。自 2009 年开始，二者之间的相关系数出现急速回升，这表明“四万亿”信贷刺激显著加强了信贷对房产市场的推动作用，这种作用在房产价格上体现得尤为明显。此后，二者间的相关系数走势趋于平缓。从 2016 年下半年再次呈现下降趋势，表明金融“去杠杆”带来的信贷收缩对房价的影响开始显现。（见图 6-1）

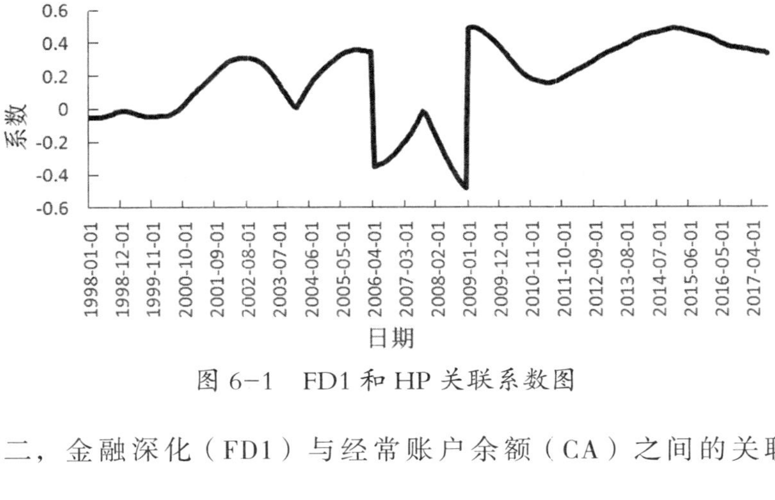

图 6-1　FD1 和 HP 关联系数图

第二，金融深化（FD1）与经常账户余额（CA）之间的关联系数

在 -0.068 ~ 0 之间变化，且波动幅度逐渐增大，但恒为负值。由此可见，金融深化与经常账户余额之间负相关，说明在整个样本期间金融深化抑制了经常账户余额的增加。从时间趋势上来看，除 2002 年、2006 年、2008 年和 2011 年的极个别月份金融深化和经常账户余额之间的关联系数接近于 0 之外，自 1998 年至 2017 年金融深化与房产价格之间的关联系数大体上呈下降趋势，尤其是自 2011—2015 年，下降趋势十分明显，关联系数从 0 下降至 -0.068。此后，二者之间的关联系数迅速回升，但仍位于负值区间，这表明随着金融深化的逐步深入，其对经常账户余额的负面影响会逐渐凸显。（见图 6-2）

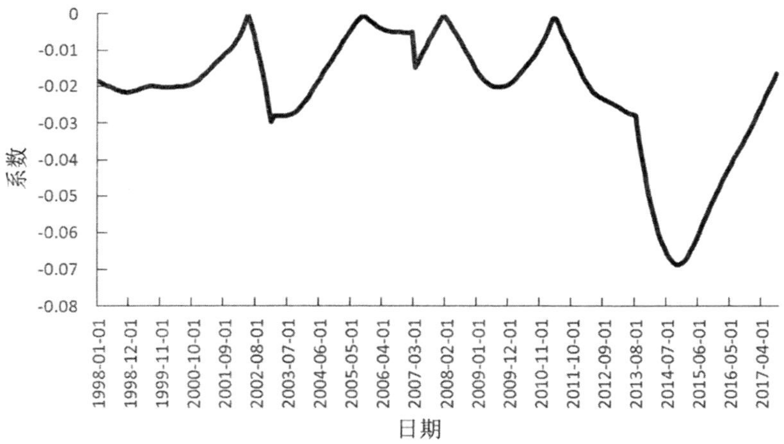

图 6-2 FD1 和 CA 关联系数图

第三，房产价格与经常账户余额之间的关联系数在 0 ~ 0.011 之间变化，波动幅度逐渐增大，但恒为正值。由此可见，房产价格与经常账户余额之间正相关，说明在整个样本期间房产价格促进了经常账户余额的增加。从时间趋势上来看，自 1998—2014 年房产价格与经常账户余额之间的关联系数大体上呈下降趋势，尤其是在 2005—2013 年，下降趋势非常明显，相关系数值从 0.0099 减少至 0.0039；而 2014—2017 年的房产价格和经常账户余额之间的关联系数呈上升趋势，而后再次呈下降态势。可以认为，随着我国房产市场的蓬勃发展，房产价格的快速上涨，其在一定程度上促进了经常账户顺差的增加，但是这种促进作用随着时间的推移逐渐下降是大概率事件。（见图 6-3）

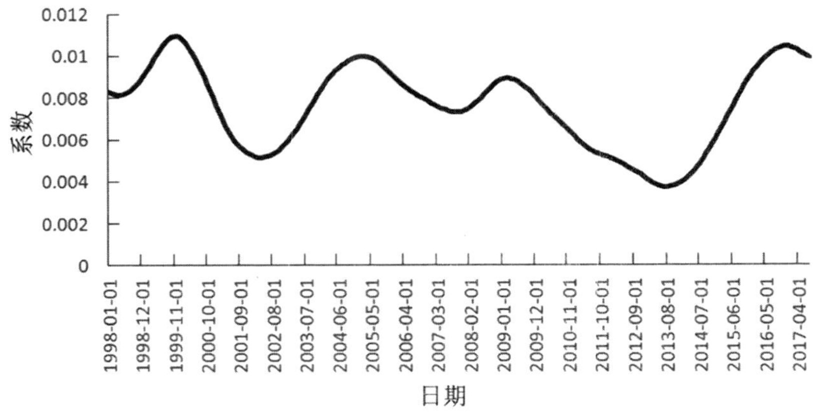

图 6-3　HP 和 CA 关联系数图

根据金融深化与房产价格关联系数图、金融深化与经常账户余额关联系数图，以及房产价格与经常账户余额关联系数图可知，金融深化与房产价格之间的关联程度最高，金融深化与经常账户余额之间的关联程度次之，而房产价格与经常账户余额的关联程度最低。此外，金融深化与房产价格之间除了“次贷危机”期间呈现负向相关关系，其余都呈现正向相关关系，而金融深化与经常账户余额之间自始至终都呈现出稳定的负向相关关系，房产价格与经常账户余额之间则呈现出微弱的正向相关关系。这说明现阶段金融深化进程的推进有利于推高房产价格的上涨，但会抑制经常账户余额的积累，而房产价格的持续上涨有益于经常账户顺差的进一步扩大。这可能主要是由以下两点原因造成的：一是 2008 年国际金融危机导致国外、国内金融环境发生巨大变化，房产价格和经常账户余额波动剧烈，近年来，金融危机的影响越来越弱，因此波动性也随之下降；二是我国政府越来越注意引导市场主体通过市场的自我调整来规避风险，并出台一系列政策以稳定市场预期、规范市场秩序、引导市场发展完善。

四、初步结论

贝叶斯 DCC-GARCH 模型的回归结果说明，金融深化、经常账户余额的波动风险相对较小，而房产价格的波动风险相对较大。金融深化与房产价格、金融深化与经常账户余额，以及房产价格与经常账户余额的关联系数图说明，金融深化、房产价格和经常账户余额三者之间具有较强的相关性，但其相关程度并不是单一稳定的，而是随时间变化而变化的，即在不同条件下不同时间段呈现出不同的相关程度。由此可见，金融深化、房产价格和经常账户余额之间的相关关系是时变而复杂的。具体而言，金融深化与房产价格之间的关联程度最高，且除国际金融危机特殊阶段外，二者之间的关联系数稳定位于正值区间，可以说明金融深化的推进会导致房产价格的上涨，而房产价格的上涨也可以促进金融深化程度的加深。金融深化与经常账户余额之间的关联程度次之，在整个样本期内，可以发现金融深化与经常账户余额之间负向相关，这说明金融深化程度的加深会导致经常账户余额的减少，而经常账户余额的增加则会抑制金融深化的加深。房产价格与经常账户余额之间的关联程度最低，但其关联系数取值范围位于正数区间，这表明房产价格的上涨会导致经常账户余额的增加，而经常账户余额的增加也可以促进房产价格的上涨。

第四节 金融深化（FD2）、房产价格与经常账户余额的动态关联性分析

一、相关检验

相关序列 J-B 检验和单位根检验结果如表 6-3 所示。

表 6-3 相关序列 J-B 检验和单位根检验结果

检验序列	J-B 检验	检验类型	T 统计值	MacKinnon 临界值		
		（C,T,K）		1%	5%	10%
金融深化（FD2）	10723.07	（0,0,9）	−3.382381	−2.566	−1.941	−1.617
房产价格（HP）	20897.87	（0,0,0）	−3.142709	−2.566	−1.941	−1.617
经常账户（CA）	31246.92	（0,0,3）	−3.184481	−2.566	−1.941	−1.617

在进行实证分析之前，首先应对这四个序列进行单位根检验，检验结果表明序列是平稳的。J-B 检验结果显示各序列并不服从正态分布。另外，可以发现，金融深化（FD2）、房产价格和经常账户余额三个序列的波动随时间的变化出现连续偏高或偏低的情况，即呈现出明显的波动集聚性，适合进行 ARCH 类模型建模。

二、模型估计结果

类似于上文，仍采用贝叶斯 DCC-GARCH 模型分析金融深化（FD2）、房产价格（HP）和经常账户余额（CA）三者之间的动态关联性，表 6-4 给出了模型的均值回归结果，以及分位数为 2.50%，25.00%，50.00%，75.00% 和 97.50% 时的分位数回归结果。

表 6-4 贝叶斯 DCC-GARCH 模型蒙特卡洛估计结果

变量	参数	均值	分位数				
			2.50%	25.00%	50.00%	75.00%	97.50%
FD2	γ	4.8917	4.4197	4.7482	4.8932	5.1054	5.2967
	ω	0.0136	0.0135	0.0135	0.0136	0.0136	0.0137
	α	0.0288	0.0286	0.0288	0.0288	0.0289	0.0289
	β	0.8214	0.8186	0.8211	0.8217	0.8224	0.8228
HP	γ	0.0755	0.0571	0.0630	0.0737	0.0881	0.1031
	ω	0.0937	0.0929	0.0934	0.0939	0.0940	0.0943
	α	0.0300	0.0299	0.0230	0.0300	0.0301	0.0301
	β	0.7785	0.7772	0.7783	0.7786	0.7789	0.7797
CA	γ	3.3998	3.1393	3.2601	3.3783	3.5657	3.6088
	ω	0.0587	0.0582	0.0585	0.0588	0.0589	0.0592
	α	0.0294	0.0293	0.0293	0.0294	0.0294	0.0295
	β	0.7781	0.7742	0.7772	0.7785	0.7797	0.7807
	υ	5.1487	5.1414	5.1461	5.1483	5.1518	5.1561
	a	0.5275	0.4999	0.5122	0.5254	0.5412	0.5703
	b	0.0048	0.0010	0.0017	0.0048	0.0081	0.0090
	$a+b$	0.5323	0.5009	0.5139	0.5302	0.5493	0.5793

由表 6-4 可知，所有回归方程均满足 $\alpha+\beta<1$ 的约束条件，参数 v 在均值回归和分位数回归模型中均大于 2，表明模型选择拖尾分布合理，误差项存在拖尾效应。（$a+b$）的取值为 0.5009 ~ 0.5793，且均值和高位分数回归所得结果大于 0.1，因此说明采用 DCC 模型进行分析合理。

根据模型参数估计结果可以看出，金融深化（FD2）、房产价格（HP）和经常账户余额（CA）的波动具有非对称性。其中，金融深化和经常账户余额呈现明显的右偏态，而房产价格则呈现出左偏态。假定波动幅度代表风险，即偏度可用于衡量市场风险的大小，因此，左偏态表明市场风险更大。从波动的非对称性可知，金融深化和经常账户余额的波动风险相对较小，房产价格波动的风险相对较大。从参数（$\alpha+\beta$）看，金融深化程度、房产价格和经常账户余额的各序列（$\alpha+\beta$）和均在 0.70 以上，由此可见，波动衰减速度缓慢，且衰减速度随着波动幅度的增加逐渐变缓。可见，剧烈波动往往不是单一时间点存在的，波动的集簇性就是其重要的表现形式。波动越剧烈，市场控制能力相对越弱，其对下一期的信息传递要比平缓时更多，要稳定市场波动则需要更多的时间。

三、动态关联系数分析

利用贝叶斯 DCC-GARCH 模型，可估计得出金融深化（FD2）、房产价格（HP）和经常账户余额（CA）之间的关联系数。图 6-4 至图 6-6 给出了金融深化（FD2）和房产价格（HP）、金融深化（FD2）和经常账户余额（CA）、房产价格（HP）和经常账户余额（CA）之间的关联系数波动图。

观察图 6-4 至图 6-6，可以得出如下结论：

金融深化（FD2）与房产价格（HP）之间的关联系数在 -0.48 ~ 0.50 之间变化，且波动幅度较大，说明其关联性较为密切。从时间趋势上来看，除 2004 年 4 月至 2004 年年底，以及 2007 年年初至 2008 年年底这两个时间段金融深化与房产价格之间的关联系数为负值之外，其余样本期间金融深化与房产价格之间的关联系数为正值。自 1998—2017 年，金融深化与房产价格之间的关联系数大体呈上升趋势。而在 2004 年 4 月至 2004 年

12月，以及2007—2008年二者之间的关联系数呈下降趋势。自2009年年初，二者之间的关联系数出现急速回升，这表明“四万亿”信贷刺激使广义货币量迅速扩张，而充裕的流动性大量涌入房产市场，对房产市场的推动作用极为明显，房产价格突飞猛进。此后，二者之间的关联系数走势趋于平缓。从2015年下半年呈下降趋势，这也从一个侧面表明金融“去杠杆”带来的货币量收缩对房价的影响逐渐显现。（见图6-4）

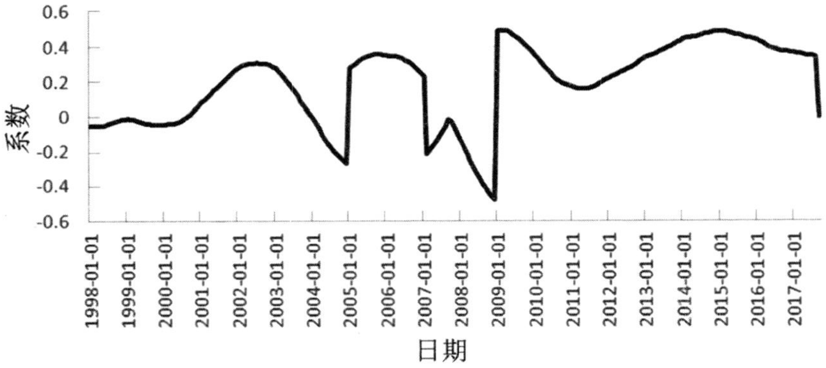

图6-4　FD2和HP关联系数波动图

金融深化（FD2）与经常账户余额（CA）之间的关联系数在-0.4～0之间变化，且波动幅度逐渐增大，但恒为负值。由此可见，金融深化与经常账户余额之间呈负相关关系，说明在整个样本期间金融深化抑制了经常账户余额的增加。从时间趋势上来看，除2002年、2008年和2011年的极个别月份金融深化和经常账户余额之间的关联系数接近于0之外，自1998—2017年，金融深化与房产价格之间的关联系数大体上呈下降趋势，尤其是自2011—2014年，下降趋势十分明显，关联系数从-0.02下降至-0.28，此后，二者之间的关联系数迅速回升，但仍位于负值区间，这表明随着金融深化的逐步深入，其对经常账户余额的负面影响会逐渐凸显。（见图6-5）

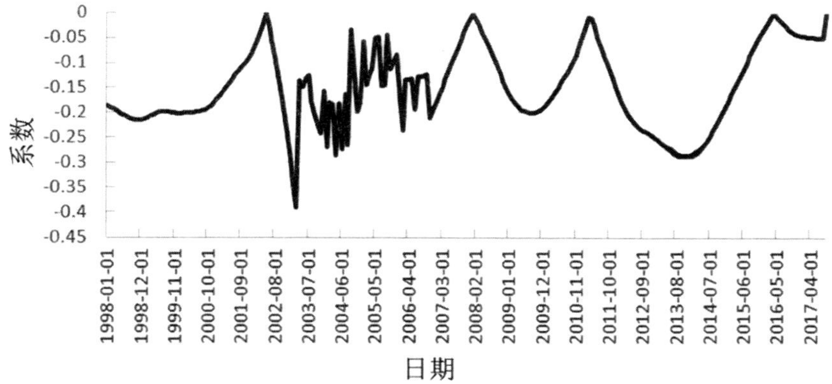

图 6-5 FD2 和 CA 关联系数波动图

房产价格（HP）与经常账户余额（CA）之间的关联系数在 0 ~ 0.105 之间变化，波动幅度逐渐增大，但恒为正值。由此可见，房产价格与经常账户余额之间呈正相关关系，说明在整个样本期间房产价格促进了经常账户余额的增加。从时间趋势上来看，自 1998—2014 年房产价格与经常账户余额之间的关联系数大体上呈现下降趋势，尤其是在 2005—2014 年，下降趋势非常明显，相关系数值从 0.098 下降至 0.038；而 2014—2017 年的房产价格和经常账户余额之间的关联系数呈现上升趋势，而后再次呈现下降态势。可以认为，随着我国房产市场的蓬勃发展，房产价格的快速上涨，其在一定程度上促进了经常账户顺差的增加，但是这种促进作用随着时间的推移逐渐下降是大概率事件。（见图 6-6）

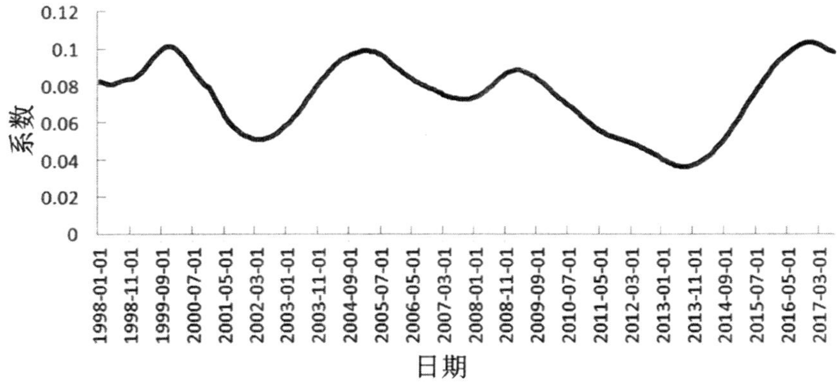

图 6-6 HP 和 CA 关联系数波动图

从金融深化与房产价格关联系数图、金融深化与经常账户余额关联系数图，以及房产价格与经常账户余额关联系数图可知，金融深化与房产价格之间的关联程度最高，金融深化与经常账户余额之间的关联程度次之，而房产价格与经常账户余额之间关联程度最低。此外，金融深化与房产价格之间除了“次贷危机”期间呈现负向相关关系外，其余都呈现正向相关关系，而金融深化与经常账户余额之间自始至终都呈现出稳定的负向相关关系，房产价格与经常账户余额之间则呈现出微弱的正向相关关系，这说明现阶段金融深化进程的推进有利于推高房产价格，但会抑制经常账户余额的积累，而房产价格的持续上涨则有益于经常账户顺差的进一步扩大。

四、初步结论

根据以上实证检验的结果，可以得到以下初步结论：

可以发现即使利用不同的金融深化指标进行实证分析，其结果仍非常稳定，即利用金融深化指标 FD1（Loan/国内生产总值）和 FD2[（广义货币总量 + 股票市值）/ 国内生产总值）] 的回归结果非常相似。贝叶斯 DCC-GARCH 模型的回归结果仍然表明，金融深化、经常账户余额的波动风险相对较小，而房产价格的波动风险相对较大。金融深化与房产价格、金融深化与经常账户余额，以及房产价格与经常账户余额的关联系数图再次说明，金融深化、房产价格和经常账户余额三者之间具有较强的相关性，但其相关程度并不是单一稳定的，而是随时间变化而变化的。具体而言，金融深化与房产价格之间的关联程度最大，且除国际金融危机特殊阶段外，二者之间的关联系数稳定位于正值区间，可以说明金融深化的推进会导致房产价格的上涨，而房产价格的上涨也可以促进金融深化程度的加深。金融深化与经常账户余额之间的关联程度次之，在整个样本期内，可以发现金融深化与经常账户余额之间呈负向相关关系，这说明金融深化程度的加深会导致经常账户余额的减少，而经常账户余额的增加则会抑制金融深化的加深。房产价格与经常账户余额之间的关联程度最小，但其关联系数取值范围位于正数区间，这表明房产价格的上涨会导致经常账户余额的增加，而经常账户余额的增加也可以促进房产价格的上涨。

本章小结

本书利用1998年1月至2017年9月金融深化程度、房产价格和经常账户余额的相关数据，构建贝叶斯DCC-GARCH模型，定量分析了金融深化、房产价格、经常账户余额三个序列的波动特征及其相关性，具体可得到以下结论：

（1）回归结果表明，采用DCC模型来分析金融深化、房产价格和经常账户余额之间的相关性是合理的。根据模型参数估计结果可以看出，金融深化（FD1或FD2）、房产价格（HP）和经常账户余额（CA）的波动具有非对称性。

（2）金融深化、经常账户余额的波动风险相对较小，而房产价格的波动风险相对较大。金融深化与房产价格、金融深化与经常账户余额，以及房产价格与经常账户余额的关联系数图说明，金融深化、房产价格和经常账户余额三者之间具有较强的相关性，但其相关程度并不是单一稳定的，而是随时间变化而变化的。

（3）在金融深化与房产价格、金融深化与经常账户余额和房产价格与经常账户余额之间的关联程度中，金融深化与房产价格之间的关联程度最高，金融深化与经常账户余额之间的关联程度次之，而房产价格与经常账户余额之间的关联程度最低。此外，金融深化与房产价格之间除了“次贷危机”期间呈现负向相关关系外，其余大多数呈现正向相关关系，而金融深化与经常账户余额之间大多数呈现负向相关关系，房产价格与经常账户余额之间则呈现微弱的正向相关关系，这说明现阶段金融深化进程的推进有利于推高房产价格，但会抑制经常账户余额的积累。

第七章　低利率、高房价与汇率波动相关性研究

本章在以上研究内容的基础上分析金融杠杆对利率、汇率造成的影响。房产价格和汇率波动无疑是我国目前宏观经济运行的两大热点问题。自汇率改革以来，房产价格和人民币汇率均经历了大幅波动，与此同时，处于经济转轨期的我国长期存在利率扭曲的现象。众所周知，利率是资本的价格，利率扭曲无疑会使资本市场和商品市场的价格产生扭曲，而资本市场和商品市场的价格扭曲会进一步导致经济体的多重失衡（陈昆亭 等，2015；陈斌开和陆铭，2016）。那么，利率扭曲、房产价格和汇率波动之间存在怎样的关系？三者之间的作用机制是什么？对这些问题进行研究具有重要的理论和现实意义。

本章所述的"利率扭曲"主要是指现实经济中存在的实际利率偏低的现象，我国的资本回报率长年保持在 12% ~ 23%，而实际利率却接近于 0。自我国进行住房改革以来，房产价格大幅上涨，1998—2015 年累计上涨超过 200%，同时房产占我国城市居民家庭资产的比例也超过了 60%，自汇率改革以来，我国新建商品房价格指数在绝大多数年份里环比上升。另外，人民币汇率波动幅度加大，特别是近期人民币汇率贬值幅度明显加快。与此同时，我国经济对外开放程度不断加深，这不仅意味着我国国内

市场与国际市场的联系程度日益密切，也意味着实现内外均衡对我国经济的稳定发展更加重要。因此，在开放宏观经济条件下探究利率扭曲、房产价格和汇率波动之间的相关关系对实施相关改革、协调政策工具进而实现我国经济平稳、持续、均衡发展具有重要的借鉴意义。

DSGE 模型自 20 世纪 80 年代以来被广泛运用于经济政策探讨、经济波动和社会福利损失分析，已逐渐成为现代宏观经济学研究的主流分析框架之一。Obstfeld 和 Rogoff（1995）在 DSGE 模型的基础上开创性地提出了 NOEM-DSGE 模型，此后，利用 NOEM-DSGE 模型研究开放宏观经济学相关问题的文献越来越多，“次贷危机”的爆发使越来越多的学者开始反思货币政策与资产价格之间的相关关系，DSGE 模型在此方面研究的运用也逐渐增多，如 Iacoviello （2005）、Monacelli （2005）、Iacoviello 和 Neri（2010）均运用 DSGE 模型从货币政策视角分析了房产市场与经济周期之间的相关关系。国内学者如肖争艳和彭博（2011）、王云清等（2013）、谭政勋和王聪（2015）等也运用 DSGE 模型探讨了我国房产市场与宏观经济波动之间的内在联系。但是以上文献大多是在封闭经济条件下进行模拟分析的，并不符合我国不断深化改革开放的现实特点。近些年来，越来越多的学者在开放经济条件下结合 NOEM-DSGE 模型研究资产价格与经济波动之间的关系，如 Bao 等（2009）通过构建一个 NOEM-DSGE 模型发现纳入房产部门的理论模型更加契合经济运行的实际状况。Punzi（2013）利用一个两国两部门的 DSGE 模型说明低储蓄率、房产价格快速上涨和投资需求迅速增加是造成一国长期存在贸易逆差的重要原因。王彬和唐国强（2016）的研究则表明汇率的稳定有利于新兴市场国家资本市场的健康发展。

本章在借鉴 Monacelli （2005）和 Ferrero（2015） 的基础上构建一个纳入房产价格因素的 NOEM-DSGE 模型，引入技术冲击、抵押率冲击和货币政策冲击，重点分析正向技术冲击、抵押率冲击和宽松的货币政策冲击对我国实际利率、房产价格、实际汇率和经常账户余额等经济变量的影响。

第一节　模型构建

构建一个 NOEM-DSGE 模型，在此模型中，本国（外国）家庭向企业家提供具有差异性的劳动以获取工资收入，同时，家庭享受消费品和房产带来的效用，企业家利用劳动力和资本作为生产要素进行生产；房产在抵押市场作为担保品，因此，房产价格的波动可以影响到家庭（企业家）在抵押市场的融资能力。

一、家　庭

家庭部门消费产品 C_t、持有房产 H_t、货币余额$\frac{M_t}{P_t}$，并向企业家部门提供劳动以获取工资收入并分享企业利润，代表性家庭对消费、房产和劳动供给进行配置以实现效用最大化，其效用函数设定为

$$E\sum_{t=0}^{\infty}\beta^t[\frac{X_t^{1-\sigma}}{1-\sigma}-\frac{\chi}{1+v}\int_0^1 L_t(i)^{1+v}\,\mathrm{d}i+x\ln\frac{M_t}{P_t}] \tag{7-1}$$

其中，β 是贴现因子；σ 是家庭的风险规避系数；v 是劳动的负效用参数；χ 是劳动在家庭效用函数中的参数；X_t 由消费品 C_t 和房产 H_t 构成，其相互替代弹性为 ε，$\varepsilon>0$，X_t 表达式为

$$X_t=[\alpha(C_t)^{\frac{\varepsilon-1}{\varepsilon}}+(1-\alpha)H_t^{\frac{\varepsilon-1}{\varepsilon}}]^{\frac{\varepsilon}{\varepsilon-1}} \tag{7-2}$$

家庭的消费品 C_t 由国内产品 $C_{H,t}$ 和进口产品 $C_{F,t}$ 构成，其表示为

$$C_t=[(\delta^{\frac{1}{\eta}}(C_{H,t})^{\frac{\eta-1}{\eta}}+(1-\delta)^{\frac{1}{\eta}}(C_{F,t})^{\frac{\eta-1}{\eta}}]^{\frac{\eta}{\eta-1}} \tag{7-3}$$

其中，δ 是国内产品占家庭消费品的比重；（$1-\delta$）是进口产品占家庭消费品的比重（也可以理解为经济的开放程度）；η 是国内产品与进口产品之间的替代弹性，则消费者在国内产品与进口产品之间的最优消费配置为

$$C_{H,t}=\delta(\frac{P_{H,t}}{P_t})^{-\eta}C_t\qquad C_{F,t}=(1-\delta)(\frac{P_{F,t}}{P_t})^{-\eta}C_t \tag{7-4}$$

其中，$P_t=[\delta(P_{H,t})^{1-\eta}+(1-\delta)(P_{F,t})^{1-\eta}]^{1/(1-\eta)}$ 为本国的价格水平；$P_{H,t}=(\int_0^1 P_{H,t}(j)^{1-\varphi_p})^{\frac{1}{1-\varphi_p}}$

为国内产品的价格指数；$P_{F,t}=(\int_0^1 P_{F,t}(j)^{1-\varphi_p})^{\frac{1}{1-\varphi_p}}$为进口产品的价格指数；$j$为国内或外国的产品种类；$\varphi_p$为国内或外国不同种类产品间的替代弹性。

定义$W_t(i)$为名义工资，T_t为政府税收，Ω_t为转移给家庭的企业利润，B_t为家庭持有的债券量，i_t为本国名义利率。同时，假定代表性家庭可以通过资金借贷以实现消费跨期配置的最大化效用，但其可获得的贷款量受到抵押品（房产）价值的影响，则家庭面对的预算约束和借贷约束分别为

$$P_tC_t+Q_tH_t-B_t=\int_0^1 W_t(i)L_t(i)\mathrm{d}i-T_t+\Omega_t+Q_tH_{t-1}-(1+i_{t-1})B_{t-1}-\frac{M_t-M_{t-1}}{P_t} \tag{7-5}$$

$$(1+i_t)B_t\leqslant\Theta_tE_t(Q_{t+1}H_t)e^{\psi_{ltv,t}} \tag{7-6}$$

其中，Q_t是房产的名义价格；Θ_t是信贷约束参数，表示价款人可以获得的借款数量；$e^{\psi_{ltv,t}}$是抵押率冲击。

家庭提供差异性劳动，不同劳动之间的替代弹性为φ_w，则对劳动力i的需求函数$L_t(i)=[\frac{W_t(i)}{W_t}]^{-\varphi_w}L_t$，劳动力总需求$L_t=\{\int_0^1[L(i)]^{(\varphi_w-1)/\varphi_w}\mathrm{d}_i\}^{\varphi_w/(\varphi_w-1)}$，工资水平$W_t=\{\int_0^1[W_t(i)]^{(1-\varphi_w)}\mathrm{d}_j\}^{1/(1-\varphi_w)}$。由于家庭提供的劳动具有差异性，依据Calvo（1983）调整工资水平，假定每期有（$1-b_w$）比例的家庭可以自由调整其工资水平，其余b_w比例的家庭按照$W_t=\Pi_{wt}W_{t-1}$调整其工资水平，其中，$\Pi_{wt}=W_t/W_{t-1}$为工资衡量的通胀水平，$\overline{W_t}$假定是可以调整其工资水平的家庭所选择的最优化工资，则工资总水平为

$$(1-b_w)\left(\frac{\overline{W_t}}{W_t}\right)^{1-\varphi_w}+b_w\left(\frac{W_t}{W_{t-1}}\right)^{\varphi_w-1}=1 \tag{7-7}$$

家庭在满足以上约束条件的前提下以最大化其效用函数，相对应的一阶条件为

$$\alpha X_t^{\frac{1}{\varepsilon}-\sigma}C_t^{-\frac{1}{\varepsilon}}-\lambda_tP_t=0 \tag{7-8}$$

$$(1-\alpha)X_t^{\frac{1}{\varepsilon}-\sigma}H_t^{-\frac{1}{\varepsilon}}-\lambda_tQ_t+\beta E_t(\lambda_{t+1}Q_{t+1})+\lambda_t\Xi_t\Theta_tE_t(Q_{t+1})=0 \tag{7-9}$$

$$\lambda_t - \beta(1+i_t)E_t(\lambda_{t+1}) - \lambda_t \Xi_t (1+i_t) = 0 \tag{7-10}$$

$$\frac{x}{M_t / P_t} - \lambda_t + \frac{\beta\lambda_{t+1}}{\Pi_{t+1}} = 0 \tag{7-11}$$

其中，λ_t 是家庭预算约束条件的拉格朗日乘子，通货膨胀 $\Pi_t=P_t/P_{t-1}$，联立可得

$$q_t = \frac{1-\alpha}{\alpha}\left(\frac{H_t}{C_t}\right)^{-\frac{1}{\varepsilon}} + \beta E_t\left[\left(\frac{X_{t+1}}{X_t}\right)^{\frac{1}{\varepsilon}-\sigma}\left(\frac{C_{t+1}}{C_t}\right)^{-\frac{1}{\varepsilon}} Q_{t+1}\right] + \Xi_t\Theta_t E_t(\Pi_{t+1}q_{t+1}) \tag{7-12}$$

其中，$q_t = \frac{Q_t}{P_t}$为房产实际价格；Ξ_t 为 t 期借贷约束的影子价格。式（7-11）表明购买房产的成本（房产的实际价格）必须由未来的收益进行补偿，未来的收益包括购买房产带来的直接效用、房价上涨带来的边际消费效用和房产作为抵押物获取贷款带来的效用。

由式（7-8）、式（7-10）可得

$$(1+i_t)\Xi_t = 1-(1+i_t)\beta E_t\left[\left(\frac{X_{t+1}}{X_t}\right)^{\frac{1}{\varepsilon}-\sigma}\left(\frac{C_{t+1}}{C_t}\right)^{-\frac{1}{\varepsilon}}\frac{1}{\Pi_{t+1}}\right] \tag{7-13}$$

式（7-13）表明了 t 期借贷约束的影子价格 Ξ_t 与标准的消费欧拉方程之间的关系。

二、企业家

假设企业家为风险中性，其生产技术服从于规模报酬不变的 Cobb-Douglas 函数，使用资本和劳动力生产中间产品，生产完成后企业家将产品以 $P_{W,t}$ 价格出售给零售商，零售商再将商品进行差异化包装后以 $P_{H,t}$ 价格出售给家庭消费，则商品加成率为$X_{H,t} = \frac{P_{H,t}}{P_{W,t}}$。企业家的效用函数：

$$E_0 \sum_{t=0}^{\infty} \gamma^t \ln c_t \tag{7-14}$$

企业家面临如下约束条件：

$$\frac{Y_t}{X_{H,t}} + B_t = W_t L_t + c_t + I_t + \frac{(1+i_{t-1})}{\Pi_t} B_{t-1} + \Phi_{k,t} \tag{7-15}$$

$$Y_t = A_t K_{t-1}^{\alpha} L_t^{1-\alpha} \tag{7-16}$$

$$I_t = K_t - (1-\tau)K_{t-1} \tag{7-17}$$

其中，A_t 表示生产技术水平（全要素生产率）；K_{t-1} 是生产中投入的资本量；L_t 是生产所需投入的劳动力；α 是产出中资本所占的份额；$\Phi_{k,t}$ 是资本的调整成本，$\Phi_{k,t}=\frac{\ell}{2\wp}(\frac{I_t}{K_{t-1}}-\wp)^2K_{t-1}$；$\tau$ 是资本的折旧率。企业家需满足 .

$$\frac{1}{c_t}=\gamma E_t(\frac{1+i_t}{\Pi_{t+1}c_{t+1}}) \tag{7-18}$$

$$\frac{1}{c_t}[1+\frac{\ell}{\wp}(\frac{K_t}{K_{t-1}}-1)]=E_t\{\frac{\gamma}{c_{t+1}}[(\frac{\alpha Y_{t+1}}{X_{H,t+1}K_t}+1-\wp)+\frac{\ell}{2\wp}(\frac{(K_{t+1})^2}{(K_t)^2}-1)]\} \tag{7-19}$$

$$\frac{W_t}{P_{H,t}}=\frac{(1-\alpha)Y_t}{X_{H,t}L_t} \tag{7-20}$$

三、零售商

零售商处于垄断竞争市场中，零售商 j 在 [0，1] 区间分布，以批发价格从 $P_{W,t}$ 厂商采购产品，然后将产品进行差异化加工，假设该加工过程无须消耗任何成本，零售商最终以价格 $P_{H,t}$ 出售给消费者，则有最终产出 $Y_{H,t}=[\int_0^1 Y_{H,t}(j)^{\frac{\varphi_p-1}{\varphi_p}}\mathrm{d}j]^{\frac{\varphi_p}{\varphi_p-1}}$，价格水平 $P_{H,t}=[\int_0^1 P_{H,t}(j)^{1-\varphi_p}\mathrm{d}j]^{\frac{1}{1-\varphi_p}}$，零售商 j 面临的需求函数 $Y_{H,t}(j)=[\frac{P_{H,t}(j)}{P_{H,t}}]^{-\varphi_p}Y_{H,t}$。假定每期有（$1-b_p$）比例的零售商可以自由调整其商品定价，$b_p$ 比例的零售商无法自由调整其商品价格，依据 Calvo（1983）的理论，价格总水平分为

$$(1-b_p)(\frac{\overline{P}_{H,t}}{P_{H,t}})^{1-\varphi_p}+b_p(\frac{P_{H,t}}{P_{H,t-1}})^{\varphi_p-1}=1 \tag{7-21}$$

四、中央银行

假设中央银行按照泰勒规则调整利率 i_t 以稳定产出 $Y_{H,t}$ 和通胀 Π_t，其反馈形式为

$$(1+i_t)=(1+i_{t-1})^{\rho_i}[(\frac{\Pi_t}{\overline{\Pi}})^{i_\pi}(\frac{Y_{H,t}}{\overline{Y}_{H,t}})^{i_y}]^{1-\rho_R}e^{\psi_{i,t}} \tag{7-22}$$

其中，$\overline{\Pi}$是稳态时的通胀；$\overline{Y_{H,t}}$是稳态时的产出；ρ_i表示利率的平滑系数；i_π和i_y为利率规则对通胀和产出偏离稳态时的反应系数；$e^{\psi_{i,t}}$为利率冲击。

五、贸易条件、贸易余额与利率平价

定义贸易条件为本国产品与进口产品之间的相对价格：$S_t=\frac{P_{F,t}}{P_{H,t}}$，以本国产品计价的贸易余额为

$$NX_t=Y_{H,t}-(\frac{P_t}{P_{H,t}})C_t \tag{7-23}$$

假定实际汇率$\zeta_t=\Gamma_t\frac{P_t^*}{P_t}$，其中，$\Gamma_t$为名义汇率，国际金融市场完全有效，则非抛补利率平价（UIP）条件成立

$$E_t\{(\frac{X_{t+1}^*}{X_t^*})^{\frac{1}{\varepsilon}-\sigma}(\frac{C_{t+1}^*}{C_t^*})^{-\frac{1}{\varepsilon}}\frac{1}{\Pi_{t+1}^*}[(1+i_t^*)-(1+i_t)\frac{\Gamma_t}{\Gamma_{t+1}}]\}=0 \tag{7-24}$$

第二节　参数确定和脉冲响应分析

一、参数校准和估计

对相关参数进行校准、赋值主要借鉴相关研究文献及结合我国实际情况给出，参照 Monacelli（2009）、Calza （2013） 折现率β设定为 0.98，β^*设定为 0.99；σ、υ、η、δ、α的取值参考 Obstfeld 和 Rogoff（2007 ）、张卫平（2012）、刘晓星和姚登宝（2016）的文献 ；v、b_w、k_y、k_π的取值参考黄志刚（2011）、徐妍等（2015）等人的结果 。具体参数校准结果如表 7-1 所示。

表 7-1 参数校准结果

参数	描述	取值	参数	描述	取值
β	本国效应贴现因子	0.98	φ_p	国内产品之间的替代弹性参数	11
β^*	外国效应贴现因子	0.99	b_w	工资不调整的概率	0.75
σ	消费跨期替代弹性的倒数	2	b_p	商品价格不调整的概率	0.75
ν	劳动供给弹性的倒数	2	k_π	货币政策对通胀的反应系数	1.5
δ	本国消费品的比重	0.7	k_y	货币政策对产出的反应系数	0.5
η	国内外产品之间的替代弹性	2	α	资本的产出弹性	0.35
ε	消费品与房产的替代弹性	1	Θ	信贷约束参数	0.7
χ	劳动对效用的参数	3.5	φ_w	劳动之间的替代弹性参数	11

为了使参数的设定更加符合我国经济运行的现实特点，我们采用贝叶斯方法对本书主要考虑的两种外生冲击进行估计。假设每种冲击都服从AR(1)过程，参考王国静和田国强（2014）的研究成果，可预先设定平滑参数 ρ 和标准差参数 σ 分别服从于均值为0.5、标准差为0.2的Beta分布和均值为0.01、标准差为2的Inv. Gamma分布，具体参数估计结果如表7-2所示。

表 7-2 参数贝叶斯估计结果

参数	冲击描述	先验分布			后验分布	
		分布类型	均值	标准差	均值	90% 置信区间
ρ_{ltv}	抵押率冲击平滑系数	Beta	0.5	0.2	0.89	[0.7801，0.9634]
ρ_A	技术冲击平滑系数	Beta	0.5	0.2	0.92	[0.8564，0.9341]
ρ_i	利率冲击平滑系数	Beta	0.5	0.2	0.94	[0.4832，0.9765]
σ_{ltv}	抵押率冲击的标准差	Inv. Gamma	0.01	2	0.0062	[0.0048，0.0092]
σ_A	技术冲击的标准差	Inv. Gamma	0.01	2	0.0412	[0.0281，0.0524]
σ_i	利率冲击的标准差	Inv. Gamma	0.01	2	0.0079	[0.0056，0.0083]

二、脉冲响应分析

基于前文对参数的校准和估计，我们考察一单位正向的技术冲击和抵押率冲击及一单位负向的利率冲击对产出（y）、通胀（π）、消费（c）、房产价格（q）、投资（inv）和实际汇率（ζ）6 个主要宏观经济变量波动的动态影响，下文给出了上述变量对 1 个标准差单位的正向冲击在 0 ~ 40 期的脉冲响应。

如图 7–1 所示，一方面，1 个标准差单位的正向抵押率冲击使家庭利用担保物可以在抵押市场获得更多的贷款，家庭部门消费需求增加，正向抵押率冲击也使企业家获得更多资金用于生产，社会投资增加，最终推高了社会总产出水平。另一方面，正向抵押率冲击刺激了家庭对商品和房产的消费，拉高了房产和商品的价格水平，进而，社会物价水平上升（通胀上升）；与此同时，实际汇率短暂贬值之后持续升值至新的稳态水平。从图 7–1 中可以看出，抵押率冲击使产出、消费、房价和投资到达新的稳态水平，而通胀和实际汇率则在 40 期左右回归初始状态。

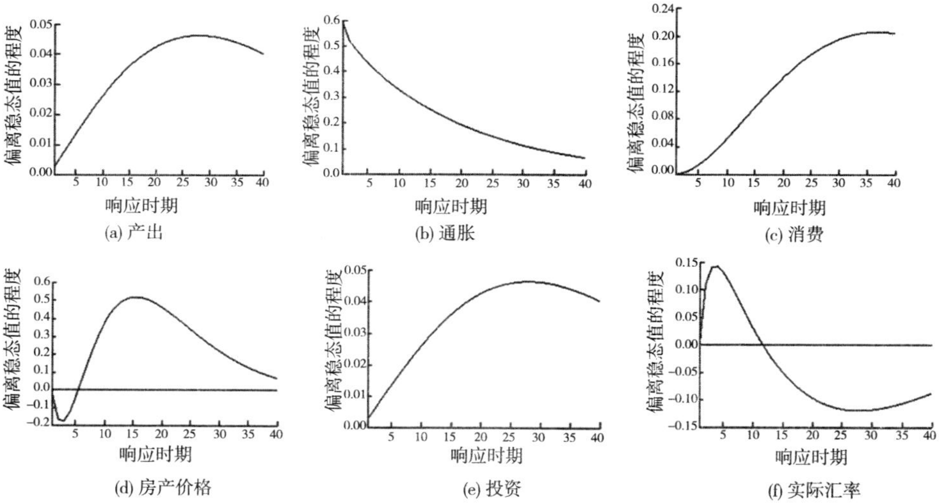

图 7–1　抵押率冲击的脉冲响应

如图 7–2 所示，1 个标准差单位的正向技术冲击提高了全社会的总产出、总消费和总投资，这是由于技术进步提高了生产率，增加了企业的利润空间，进而企业增加投资，产出增加；家庭由于技术进步收入水平得以提高，由此增加了消费。与此同时，正向的技术冲击还使房产价格和通胀水平下降，而实际汇率持续升值，说明我国存在“巴拉萨 – 萨米尔森（Balassa–Samuelson effect）效应”。

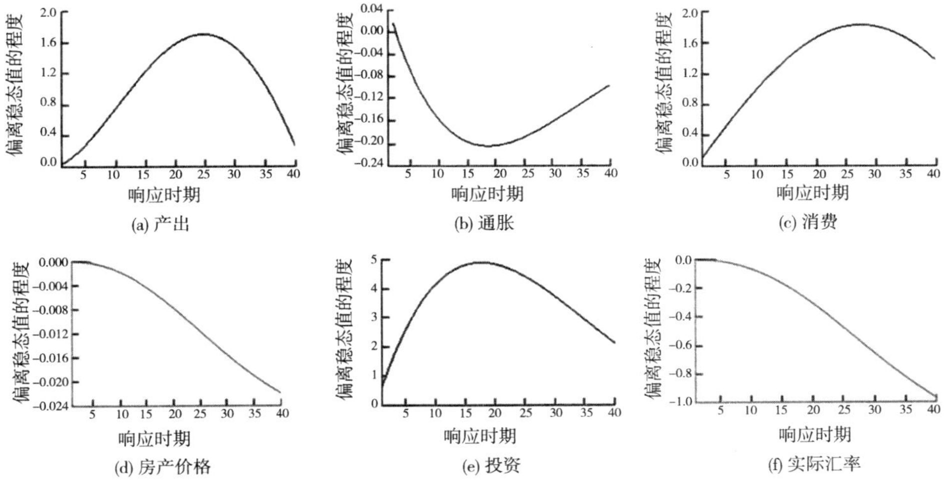

图 7-2 技术冲击的脉冲响应

如图 7-3 所示，1 个标准差单位的负向利率冲击（宽松货币政策冲击）使产出、通胀、房产价格和投资当期迅速上升，但随后又快速下降，直至回归到初始的稳态水平。利率冲击使消费增加，其对消费的影响在 25 期左右达到最高水平；消费减少，直至回归到初始水平；实际汇率则持续贬值，直至 40 期都没达到稳态水平，仍存在贬值趋势。

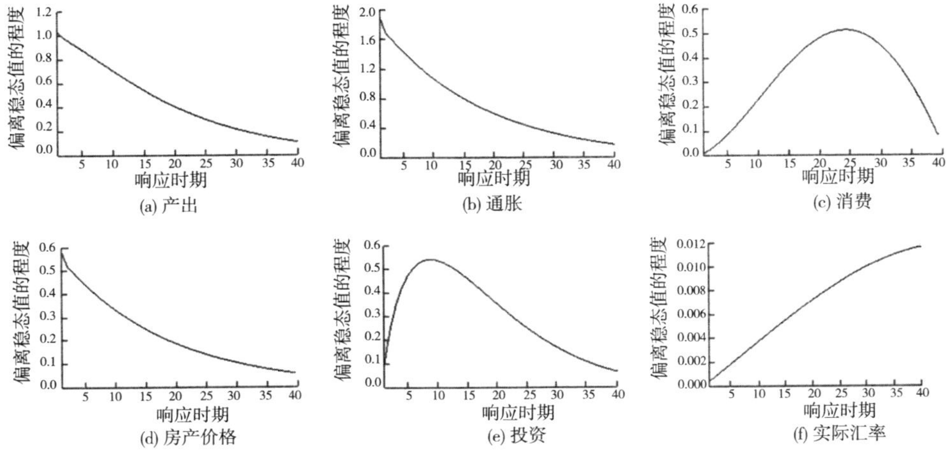

图 7-3 利率冲击的脉冲响应

第三节 实证分析

一、模型说明、变量选取和数据来源

房价和汇率波动之间存在非线性特征，所以线性模型可能无法准确刻画利率、房价和汇率之间的相关关系，因此，本节选用马尔可夫区制转换模型来研究利率、房价和实际汇率之间的动态关系，该模型的核心思想是不可观测的区制变量 s_t 决定可观测时间序列向量 y_t 的回归参数，s_t 表示经济处于不同状态，而不同状态下的变量存在不同的动态关系。考虑到汇率改革的影响和相关文献，本书选取 2005 年第三季度至 2016 年第四季度的数据进行实证分析，利用国家统计局官方网站公布的商品房销售额与商品房销售面积计算出商品房价格，利用商品房价格同比增长率（*HP*）作为房价的代理变量；美元兑人民币平均汇率同比增长率（*EX*）作为汇率的代理变量；银行同业拆借市场 7 天加权平均利率（*R*）同比增长率作为利率的代理变量，取以上 3 个变量的实际值。

二、实证过程与结果分析

首先，本书采用 ADF 单位根检验法对以上各变量进行平稳性检验，发现 RHP、REX 和 RR 都是零阶单整的平稳序列。根据 AIC、SC、HQ 等信息准则，确定对 RHP、REX 和 RR 的 VAR 模型最优滞后阶数为 2，由于房价存在上涨和下跌两种状态，利率存在上升和下降两种状态，汇率也存在升值和贬值两种状态，因此，本节构建的 MS-VAR 模型的区制个数为 2。

利用 OX-MSVAR 软件包在 GiveWin 软件平台对模型参数进行计量分析，运用 EM 算法进行估计，经过 25 次迭代估计模型收敛稳定。模型估计结果表明，在区制 1 中，利率、房价和汇率的波动相对平缓；在区制 2 中，利率、房价和汇率的波动相对比较剧烈。

图 7-4 为两区制的概率分布图，可以发现大部分样本处于区制 1，即

利率、房价和汇率波动相对平缓的区间，区制 2 是三者波动比较剧烈的区间，主要包括 2008—2009 年“次贷危机”爆发的时间段，以及 2014 年下半年至 2016 年。

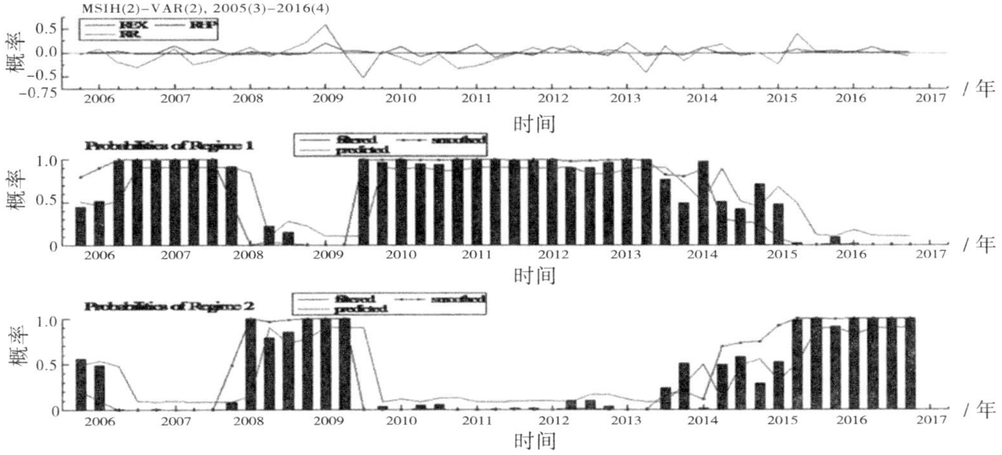

图 7-4　两区制的概率分布图

如图 7-5 所示，无论是在波动平缓区间还是在剧烈区间，一单位负向实际利率冲击均使实际房价上升，实际汇率贬值，且实际房价的上升幅度高于实际汇率的贬值幅度，在波动剧烈区间下，实际房价和实际汇率的响应幅度明显大于波动平缓区间。

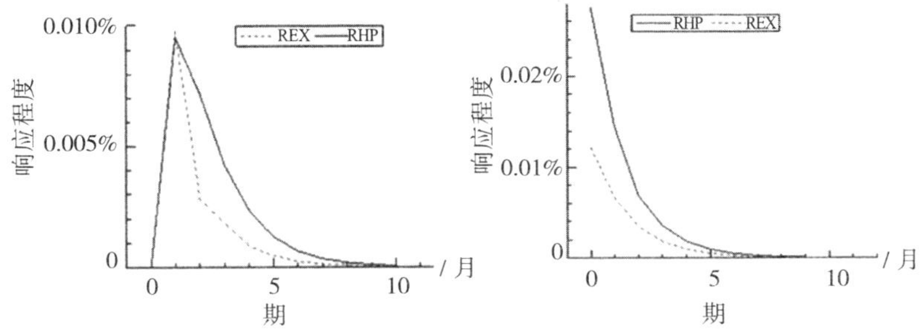

图 7-5　两区制下 RHP 和 REX 对 RR 的冲击响应

图 7-6 描述了变量 REX、RHP 和 RR 的实际值、拟合值与一步预测值之间的关系，图 7-7 显示变量预测误差、平滑误差与标准误差之间的比较。该结果表明，实证模型对文中的 REX、RHP 和 RR 变量有较好的拟

合效果，运用此模型分析利率、房价和汇率之间关系的实证结果具有稳健性。

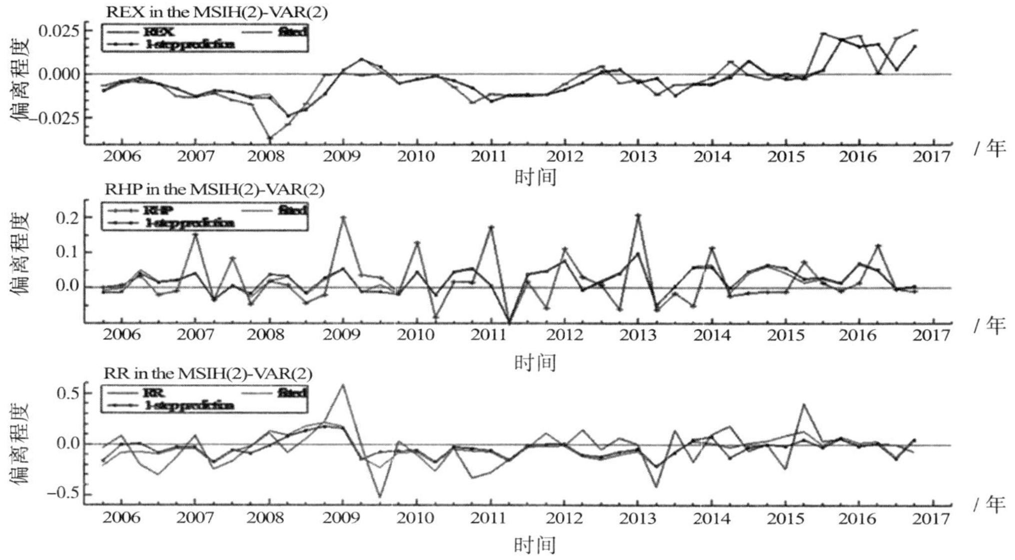

图 7-6　变量的实际值、拟合值与一步预测值的关系

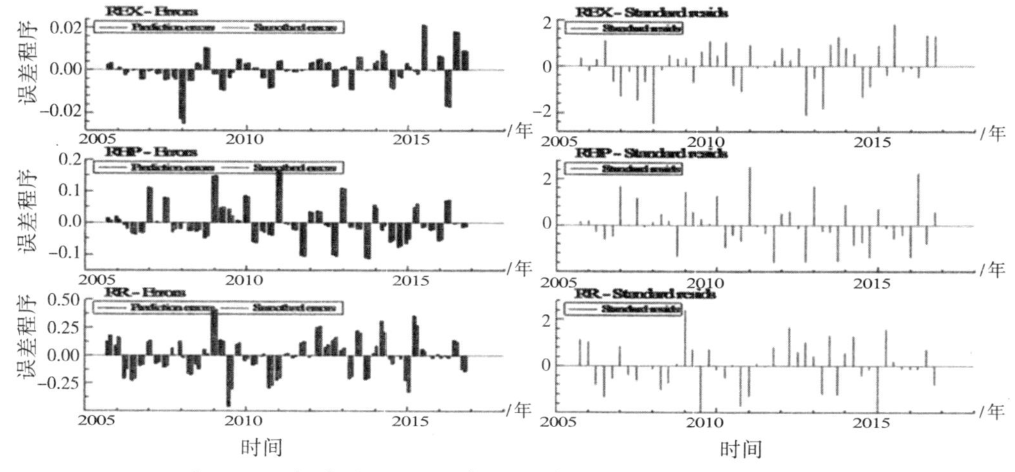

图 7-7　变量的预测误差、平滑误差与标准误差的关系

本章小结

本章首先构建了一个涵盖家庭、企业家、零售商、货币当局和国际金融市场等多部门的经济系统模型，同时在考虑信贷约束、价格黏性等因素的基础上运用校准和贝叶斯估计对该模型的静态参数和结构参数进行设定，然后将抵押率冲击、技术冲击和利率冲击引入 NOEM-DSGE 模型中，脉冲响应分析发现，正向的抵押率冲击会带来除实际汇率之外的产出、通胀、消费、房价和投资等宏观经济变量的正向响应，且对各宏观经济变量的影响持续时间较长。正向的技术冲击使产出、消费和投资增加，房价和通胀水平下降，实际汇率升值。负向的利率冲击类似于正向的抵押率冲击，会引起产出、通胀、消费、房价和投资的正向响应，而实际汇率则持续贬值至新的稳态。与抵押率冲击不同的是，利率冲击效应下大多数宏观变量在 40 期左右重新回归到初始稳态。进一步的 MS-VAR 回归结果表明，利率的扭曲确实引致了房价上涨和实际汇率贬值，这在一定程度上契合了我国当期房价持续上涨而人民币汇率持续贬值的现实状况。

针对上述研究结果，提出以下几点建议：①房产调控需要长期策略。房产在我国经济中具有重要地位，抵押率冲击表明其对大多数宏观经济变量的影响是持久的，房产市场的长期稳定对整个经济的长期健康发展有益，因此，对房产市场的调控不仅需要短期的效果，更需要注重长期的稳定。②需要慎重使用宽松货币政策，加快货币政策创新。近年来，宽松货币政策的边际效用逐步递减，而其负面效应逐渐显现，过量宽松的货币政策会带来市场扭曲，进而势必会影响我国经济内外均衡的实现。货币当局不仅要审慎合理运用货币政策，加强对金融机构的监管，还应加强政策创新能力。③要积极推进利率市场化改革进程。利率市场化不仅有助于改善当前金融抑制的状况，也有助于理顺资本市场存在的扭曲，有益于改变当前我国经济失衡的现实状况。与此同时，改革进程中要充分考虑到资产价格波动可能带来的对宏观经济的冲击，进而更好地维护金融市场的稳定，以促进经济长期均衡健康发展。

第八章　金融杠杆、房产价格与消费支出的动态关联性研究

本章进一步分析金融杠杆、房产价格与消费支出的动态关联性。经过40多年的快速发展，我国经济一方面取得了举世瞩目的成就，另一方面也积累了越来越多亟须解决的问题，如贫富差距扩大、劳动力成本上升、土地资源紧张及投资收益递减等。以上问题对我国粗放型经济模式形成日益明显的掣肘，使得学术界和实务界越来越清晰地认识到仅仅依靠投资和外贸驱动的高速经济增长愈发难以为继。此外，由于逆全球化思潮蔓延，贸易保护主义抬头、中美贸易争端及新型冠状感染疫情的影响均加剧了外贸环境的恶化，因此必须改变我国现有的经济增长方式——从粗放型经济向集约型经济转变，从以投资、贸易推动向以消费驱动转变。众所周知，消费是从根本上扩大生产规模的必然要求，只有消费需求旺盛，才能从根本上扩大生产规模，为经济可持续增长提供动力。此外，消费不仅紧密关系居民生活水平的切实提高，还关系产业结构的转型升级，因此如何有效地激发居民的消费需求，日益成为转变经济增长方式、增强经济可持续增长动力的关键。

近年来，我国金融杠杆和房产价格迅速攀升，以及消费增速大幅下滑的现象尤为突出。为避免全球金融危机导致经济“硬着陆”，中国人民银

行在2008年之后多次下调利率和存款准备金率，为市场注入大量流动性，由此，地方政府、企业乃至居民部门的杠杆率日益攀升，而经济的不景气进一步使社会总资产水平相对恶化，以致整个社会金融杠杆率不断上升。目前，我国的金融杠杆率（私人部门信贷/国内生产总值）已远超新兴经济体及G20集团等世界主要经济体（集团）的平均水平，仅次于美国和日本。然而，随着时间的推移，金融杠杆的边际效用逐渐下降，尤其在现阶段的经济转型期，实体经济领域收益普遍较低，而大量信贷资金在金融机构、金融系统及资本市场内部之间进行空转套利，容易导致金融风险的快速积累，引发金融系统稳定性的大幅下降，在2015年及2016年股市、债市爆发的巨幅震荡就是最为明显的信号[1]。我国政府也注意到了这一问题的严重性，因此在2015年实施“去杠杆”策略，2017年又进一步明确提出“健全货币政策和宏观审慎政策双支柱调控框架”“管住货币供给总阀门”，以求严格控制货币供给数量。此后，信贷增速逐步下降、金融杠杆增速放缓。与此同时，在当前经济增速放缓、企业效益下降的现实背景下，房产价格则居高不下。自1998年实行住房制度改革以来，房产价格在绝大多数年份里大幅快速上涨，至2019年已累计上涨超过360%[2]。在房价普遍快速上涨的情况下，房产市场的预期收益明显高于其他资产或投资的收益，致使信贷投放的很大一部分通过各种渠道汇入房产市场。此外，大量高风险、高收益债券也与房产市场、房产价格之间息息相关。目前，房产市场与金融系统、宏观经济之间联系紧密，房产价格的大幅波动无疑会给金融系统和宏观经济的稳定性带来巨大冲击。已有部分研究表明，房产价格的快速上涨、宏观经济的大幅波动均与金融杠杆密切相关，而金融杠杆的迅速攀升则是潜在风险的早期预警，常常会导致资产价格暴涨、外部失衡加剧和经济运行过热，进而危及整个金融系统和宏观经济的健康运行（Lamont & Stein，1999；Aizenman & Jinjarak，2014）。与金

[1] 2015年6月15日至7月9日，我国A股市场一度由5178点暴跌至3373点。2016年以螺纹钢、铁矿石、焦煤等为代表的“黑色系期货”价格剧烈波动。

[2] 数据来源于国家统计局官方网站，此处房价为全国均价。

融杠杆及房产价格持续攀升形成鲜明对比的则是消费支出的萎靡不振，国家统计局的数据显示，2000—2010 年我国居民消费率从 46.7% 持续下滑至 35.6%，此后止跌回升，但现阶段我国的消费率不仅明显低于欧美主要经济体水平，也低于东亚的日本和韩国（根据世界银行资料，2016—2019 年，中国消费率均值为 53.6%，不仅低于美国、英国、德国的 82.4%、84.0%、72.2%，也低于日本、韩国的 75.4%、64.0%）。此外，更加令人不安的是近年来消费支出的增长动力明显减弱，从 2016—2019 年最终消费支出对国内生产总值增长的贡献率从 66.5% 下滑至 57.8%，2016 年社会消费品零售总额增速仅为 10.4%，而 2019 年该增速进一步下滑至 8.0% 的低位。

那么，我们不禁要问，金融杠杆、房产价格和消费支出之间存在怎样的联系？作用机制是什么？三者之间存在怎样的关联程度？对以上问题的回答不仅对实现“稳杠杆”“稳房价”及“促消费”的目标具有参考价值，而且对探求实现我国经济长期可持续增长的路径具有重要意义。

目前，关于金融杠杆、房产价格与消费支出之间关系的研究大体可分为以下几个方面：金融杠杆对房产价格的影响研究、金融杠杆对消费支出的影响研究以及房产价格对消费支出的影响研究。

金融杠杆对房产价格的影响研究。目前，学术界有部分研究认为金融杠杆是推动房产价格上涨的重要驱动力。Edelstein 和 Paul 认为信贷成本过低、国际资本涌入等因素造成的过度金融支持是引致日本房产泡沫形成的主要原因，金融体系高杠杆极易滋生资产价格泡沫。Geanakoplos 和 Zame（2014）指出在推动股票价格、房产价格等资产价格非理性上涨的众多因素中，金融体系杠杆率（私营部门信贷 / 国内生产总值）增速往往扮演着非常重要的角色。Gete 和 Reher（2016）利用 DSGE 模型的研究指出在金融市场相对发达的国家，房产价格对金融变量的敏感性更强，而且房产价格的变化通过家户之间借贷行为的“金融加速器”机制会显著放大宏观经济的波动。谭政勋和陈铭（2012）表明人均国内生产总值是推动房价上涨最重要的因素，人口其次，银行贷款最小，但银行贷款是短期房价上涨最主要的推动力且最为容易增加金融危机发生的概率。张李登等（2019）通过 DSGE 模型的模拟分析得出以下结论：我国住房信贷波动主要由利率冲击和房价波动冲击引致，因此，采取盯住住房信贷扩张速度的监管方式在短期内控制金融风险更加有效。

但并不是所有的研究都认为金融杠杆可以显著影响房产价格，有学者指出在不同时间段或不同区域，金融杠杆对房产价格的影响存在明显的差异性。Park 等（2010）利用韩国 1988—2006 年的数据实证研究发现，通过压低某区域的金融杠杆并不能够显著抑制本区域的房价上涨，却可以对其他区域的房价上涨产生抑制作用。Glaeser 等（2012）分析了美国房产市场周期的现实特征并指出，金融杠杆对房产价格的影响程度在房产市场衰退期和繁荣期并不一致。具体而言，在衰退期，金融杠杆每下降 1 个百分点可以导致房产价格下降 0.3% ~ 0.6%；而与此形成鲜明对比的是，在房产市场繁荣期，金融杠杆并不能够显著推动房产价格上涨。魏玮和陈杰（2017）利用最优跨期消费理论模型推导出提高房贷杠杆率会导致房产价格出现负向、免疫和正向三种反应态势。而随后的实证分析则表明：房贷杠杆率对房价的影响存在双重门槛效应，东部地区的双重门槛效应相较于中部、西部地区出现得更早，且东部地区的房价对房贷杠杆变动的反应也更为剧烈。

金融杠杆对消费支出的影响研究。部分学者认为金融杠杆与消费支出之间存在正相关关系，加杠杆会直接带动消费支出增加。Bacchetta 等（2004）表明消费信贷、按揭贷款与消费支出之间存在正相关关系且这种关系在耐用品消费上尤为明显。此外，有研究指出金融杠杆总体而言会促进消费支出，但对消费支出的影响呈现非线性特征（Burnside et al.，2016）。王勇（2012）认为有效拉动消费需求的重要举措之一就是为消费提供更多金融支持，大力发展消费金融有助于放松居民的流动性约束，降低消费需求对即期收入的敏感度，增加对未来收入的敏感度。一些基于家庭微观数据的实证研究表明，高杠杆家庭拥有更高的财富边际消费倾向——杠杆率的小幅上涨会带动高杠杆家庭消费支出的大幅增加（Mian et al.，

2013；Yao et al.，2015）。中国家庭追踪调查（chinese family panel studies, CFPS）微观面板数据和省级面板数据的研究结果表明，短期内提高金融杠杆有助于刺激家庭消费支出。

部分学者认为，金融杠杆不但不会促进消费支出增加，反而会导致消费支出收缩。Mishkin（1997）的研究结果表明，居民部分的消费支出与其可获得的银行信贷之间呈现出鲜明的负相关关系。Dynan（2012）利用美国家庭收入动态追踪调查（panel study of income dynamics, PSID）发现，在金融危机爆发后高金融杠杆家庭被迫压缩消费，从而抑制了总需求，迟滞了宏观经济的恢复速度。原因在于高金融杠杆家庭在金融危机爆发后面对高悬的债务不得不进行去杠杆，家庭财富的减少抑制了消费支出，而金融杠杆在其中起了“加速器”的作用。Mian 等（2017）利用跨国非平衡面板数据的实证分析表明，若居民杠杆率具有连续上升的趋势，那么相应的消费、产出将会显著下降。也有学者证明金融杠杆会大幅加剧收入不平等，放大社会整体信贷约束，进而导致消费支出收缩（刘晓光 等，2019）。刘哲希和李子昂（2018）、韩海燕（2020）认为，居民过高的债务率是导致消费率偏低的一个主要因素。提升我国居民的消费能力，首先要化解我国居民存在的债务风险，使居民敢于消费。

房产价格对消费支出的影响研究。已有部分研究认为房产价格上涨会增加居民财富，进而刺激消费支出。Carroll 等（2011）结合消费增长惰性（sluggishness of consumption growth, SCG）模型的研究发现，无论在短期还是长期均存在住房财富效应，房价上涨会促进消费支出增加。Midrigan 和 Philippon（2016）利用生命周期模型的研究结果认为房产价格与金融杠杆率密切相关，二者之间也存在显著的自增强循环效应（self-reinforcing effect，SRE），这种自增强循环效应会放大对消费、投资等主要宏观经济变量的影响。对于那些持有较大住房面积、较高住房质量及多套房产的家庭而言，房价上涨对消费的促进作用更强（何兴强和杨锐锋，2019）。此外，房产价格上涨会增强房产在金融机构的抵押担保价值，进而有利于促进消费支出增加（Defusco，2018）。Mian 和 Sufi（2009）指出房产价格上涨使家庭借贷增加，但增加的信贷借款大多并没有用于偿还贷款，而是用于日常消费支出和装修。Cristini 和 Sevilla（2014）通过设定纳入多重影响机制特征的单一模型，对房价上涨的财富效应进行了重新估计，研究结果发现，房产价格可以通过财富效应和共同的因果关系影响居民消费。

有学者则认为房价上涨迫使居民不得不进行更多的储蓄，因此会导致消费支出的急剧萎缩。Chanmon 和 Prasad（2010）利用中国的数据实证研究结果显示，房产价格的上涨会导致部分居民不得不为了买房进行储蓄，提高了居民储蓄率，降低了居民消费水平。此后，一些学者的研究结果明确指出，现阶段我国的“房奴效应”尤为明显——在房价快速上涨的现实背景下，居民往往会选择节衣缩食、减少消费，为了买房进行储蓄（陈斌开和杨汝岱，2013；李江一，2018；王燕武和李文溥，2020）。马理和范伟（2021）分析了房价泡沫对宏观经济的影响，研究发现，房价泡沫压缩了居民消费，并且对实体经济增长有挤出效应，将造成宏观经济杠杆率上升并累积较大的金融风险。Mendoza 等（2009）发现包含信贷约束的代表性居民部门的杠杆率会在经济扩张时期迅速上升，而当杠杆率足够高时会触发约束效应，进而通过通货减缩机制降低信贷数量、资产价格及抵押品质量，最终影响消费支出。Iacoviello 等（2013）运用非线性一般均衡模型的研究结果表明，由于非耐心家庭债务杠杆的存在，杠杆率、房价波动对消费的影响是不对称的，具体而言，杠杆率和房产价格下降引致的消费支出萎缩远大于其上升带来的扩张效应。

综上所述，现有文献集中于探讨金融杠杆对房产价格的影响研究、金融杠杆对消费支出的影响研究，以及房产价格对消费支出的影响研究，且并未得到一致的结论。除此之外，大多数已有研究并没有在统一框架下分析金融杠杆、房产价格与消费支出的动态关联性。鉴于此，本书主要在以下两方面进行补充与拓展：①考虑到大多数现有研究缺乏对时变特征的考量，而随着时间的推移，经济结构等因素不断变化，这势必会使研究结论的准确度大打折扣。因此，本章选用动态计量模型进行实证分析。②考虑到现有研究多为三者之间两两关系的单向分析，忽略了金融杠杆、房产价格及消费支出之间的相互影响，本章则将三者放入同一框架下探究变量之间的动态关联程度和溢出效应，然后提出相应的建议。

第一节　模型说明

一、时变参数向量自回归模型

首先，定义结构向量自回归（SVAR）模型：

$$\boldsymbol{A}\boldsymbol{y}_t=\boldsymbol{F}_1\boldsymbol{y}_{t-1}+\cdots+\boldsymbol{F}_s\boldsymbol{y}_{t-s}+\mu_t,\ t=s+1+\cdots+n \tag{8-1}$$

y_t 是待观测变量的 $K\times1$ 维向量；$\boldsymbol{A},\boldsymbol{F}_1,\cdots,\boldsymbol{F}_S$ 是 $k\times k$ 维系数矩阵；扰动项 μ_t 是 $k\times1$ 维结构性冲击，且 $\mu_t\sim N(0,\sum\sum)$，其中，$\sum=\begin{pmatrix}\sigma_1 & 0 & \cdots & 0\\ 0 & \ddots & \ddots & \vdots\\ \vdots & \ddots & \ddots & 0\\ 0 & \cdots & 0 & \sigma_k\end{pmatrix}$，同时假定 $\boldsymbol{A}$ 为下三角矩阵：$\boldsymbol{A}=\begin{pmatrix}1 & 0 & \cdots & 0\\ a_{21} & \ddots & \ddots & \vdots\\ \vdots & \ddots & \ddots & 0\\ a_{k1} & \cdots & a_{k,k-1} & 1\end{pmatrix}$，则式（8-1）可改写为

$$\boldsymbol{y}_t=B_1\boldsymbol{y}_{t-1}+\cdots+B_s\boldsymbol{y}_{t-s}+A^{-1}\Sigma\varepsilon_t,\ \varepsilon_t\sim N(0,\ I_k) \tag{8-2}$$

其中，$B_i=\boldsymbol{A}^{-1}\boldsymbol{F}_i$，$i=1,2,\cdots,s$，将 B_i 中的元素堆叠成 $k^2\times1$ 维的列向量 β，并且定义 $X_t=I_k\otimes(y'_{t-1},\cdots,y'_{t-k})$，$\otimes$表示克罗内克积，则

$$\boldsymbol{y}_t=X_t\boldsymbol{\beta}+\boldsymbol{A}^{-1}\Sigma\varepsilon_t,\ t=s+1+\cdots+n \tag{8-3}$$

在式（8-3）中，所有的参数都是非时变参数，若将参数转变为时变参数，则将该模型拓展为 TVP-SV-VAR 模型，即带有随机波动的 TVP-VAR 模型（Primiceri，2005）。考虑式（8-4）：

$$y_t = X_t \beta_t + A^{-1} \Sigma_t \varepsilon_t,\ t = s+1+\cdots+n \tag{8-4}$$

其中，β_t, A_t, Σ_t 均为时变参数。令 $a_t=(a_{21}, a_{31}, a_{32}, a_{41}, \cdots, a_{k,k-1})'$，是下三角矩阵的堆叠向量，其中 $h_{jt}=\log(\sigma_{jt}^2)$，$j=1,\cdots,k, t=s+1+\cdots+n$。假定式（8-4）的参数服从随机游走：

$$\beta_{t+1}=\beta_t+\mu_{\beta t},\ \alpha_{t+1}=\alpha_t+\mu_{\alpha t},\ h_{t+1}=h_t+\mu_{ht} \tag{8-5}$$

$$\begin{pmatrix} \varepsilon_t \\ \mu_{\beta t} \\ \mu_{\alpha t} \\ \mu_{ht} \end{pmatrix} \sim N\left(0,\ \begin{pmatrix} I & 0 & 0 & 0 \\ 0 & \Sigma_\beta & 0 & 0 \\ 0 & 0 & \Sigma_\alpha & 0 \\ 0 & 0 & 0 & \Sigma_h \end{pmatrix}\right),\ t=s+1+\cdots+n \tag{8-6}$$

其中，$\beta_{s+1} \sim N(\mu_{\beta_0}, \Sigma_{\beta_0})$，$\alpha_{s+1} \sim N(\mu_{\alpha_0}, \Sigma_{\alpha_0})$，$h_{s+1} \sim N(\mu_{h_0}, \Sigma_{h_0})$。

二、贝叶斯 DCC-GARCH 模型

对变量之间的动态相关系数进行测度，需考虑金融时间序列数据非对称性，利用 Fioruci 等（2014）给出的非对称分布误差 DCC-GARCH 模型，对变量之间的条件方差、协方差及相关系数进行估计。

考虑多元时间序列 $y_t=(y_{1t}, y_{2t}, \cdots, y_{kt})'$ 的 GARCH 模型

$$y_t = H_t^{1/2} \epsilon_t \tag{8-7}$$

其中，$H_t^{1/2}$ 为 $k \times k$ 任意正定矩阵；H_t 是 y_t 的条件方差且取决于有限参数向量θ。误差向量服从 $k \times 1$ 阶独立同分布，且 $E(\epsilon_t)=0$，$E(\epsilon_t \epsilon_t')=I_k$，$I_k$ 为 K 阶单位矩阵。

定义 CCC 模型

$$H_t = D_t R D_t \tag{8-8}$$

其中，$D_t=\mathrm{diag}(h_{11,t}^{1/2}, \ldots, h_{kk,t}^{1/2})$；$R$ 为正定对称矩阵，其中的元素为固定条件相关系数 ρ_{ij}，i，$j=1,2,\cdots,k$，当 $i=j$ 时，$\rho_{ij}=1$。每一个条件方差均由 $h_{ij,t}=\rho_{ij}\sqrt{h_{ii,t}h_{jj,t}}$，每一个在 D_t 里面的条件方差都被设定为一个单变量 GARCH 模型，设定 GARCH(1,1) 模型：

$$h_{i,t}=\omega_i+\alpha_i \varepsilon_{i,t-1}^2+\beta_i h_{i,t-1},\ i=1,2,\cdots,k \tag{8-9}$$

其中，$\omega_i>0$，$\alpha_i \geqslant 0$，$\beta_i \geqslant 0$，$\alpha_i+\beta_i<1$，$i=1,2,\cdots,k$。该模型包含 $k(k+5)/2$ 个参数，当且仅当 $h_{i,t}>0$，$i=1,2,\cdots,k$，且 R 为正定对称矩阵时，H_t 为正定对称矩阵。

通过允许条件相关系数矩阵随时间变化而变化，Engle（2002）提出了更加一般化的CCC模型，即DCC模型，借鉴Engle（2002），在 $\boldsymbol{H}_t\!=\!\boldsymbol{D}_t\,\boldsymbol{R}\boldsymbol{D}_t$ 中

$$\boldsymbol{R}_t=\mathrm{diag}(\boldsymbol{Q}_t)^{1/2}\boldsymbol{Q}_t\mathrm{diag}(\boldsymbol{Q}_t)^{1/2} \quad (8\text{-}10)$$

其中，$\boldsymbol{Q}_t$ 为 $k\times k$ 对称正定矩阵，则

$$\boldsymbol{Q}_t=(1-\alpha-\beta)\,\boldsymbol{R}+\alpha\mu_{t-1}\mu'_{t-1}+\beta\boldsymbol{Q}_{t-1} \quad (8\text{-}11)$$

其中，$\boldsymbol{R}$ 是 μ_t 的非条件协方差矩阵，同样，$\alpha_i\geqslant 0$，$\beta_i\geqslant 0$，$\alpha_i+\beta_i<1$，$i=1,2,\cdots,k$。同时，$h_{ij,t}=q_{ij,t}\sqrt{h_{ii,t}h_{jj,t}}/\sqrt{q_{ii,t}q_{jj,t}}$。

条件似然函数为

$$\ell(\theta)=\prod_{t=1}^{n}|\boldsymbol{H}_t|^{-1/2}p_\epsilon\left(\boldsymbol{H}_t^{-1/2}\boldsymbol{y}_t\right)=\prod_{t=1}^{n}\left[\prod_{i=1}^{k}h_{ii,t}^{-1/2}\right]|\boldsymbol{R}_t|^{-1/2}p_\epsilon(\boldsymbol{D}_t\boldsymbol{R}_t\boldsymbol{D}_t)^{-1/2} \quad (8\text{-}12)$$

其中，β_ε 是 ε_t 的联合密度函数，模型参数集

$$\theta=(\omega_1,\alpha_1,\beta_1,\cdots,\omega_k,\alpha_k,\beta_k,\rho_{12},\cdots,\rho_{k-1,k}) \quad (8\text{-}13)$$

三、溢出指数测算模型

参考Diebold和Yilmaz（2012）、McMillan和Speight（2010）构建溢出指数测算模型分析变量间的溢出效应，具体步骤如下。

构建一个 N 维Var（p）模型：

$$\boldsymbol{Y}_t=\boldsymbol{\phi}_1\,Y_{t\text{-}1}+\cdots+\boldsymbol{\phi}_p\,Y_{t\text{-}p}+\varepsilon_t \quad (8\text{-}14)$$

其中，ε 为白噪声；$\boldsymbol{\phi}$ 为系数矩阵，给定这一过程具有因果性和可逆性，则将其转化为多元MA(∞)形式：

$$\boldsymbol{Y}_t=\varepsilon_t+A_1\varepsilon_{t-1}+A_2\varepsilon_{t-2}+\cdots+A_h \quad (8\text{-}15)$$

$\boldsymbol{Y}_t$ 为 $N\times N$ 矩阵。

Diebold和Yilmaz（2009）考虑了 t 时间的 H 步向前预测 $P(Y_{y+H}|Y_t,Y_{t-1}\cdots)$ 以及相应的预测误差。

$$Y_{y+H}-P(Y_{y+H}|Y_t,Y_{t-1}\cdots)=\varepsilon_{t+H}+A_1\varepsilon_{t+H-1}+A_2\varepsilon_{t+H-2}+\cdots+A_{H-1}\varepsilon_{t+1} \quad (8\text{-}16)$$

其中，$A_0=I_N$，预测误差协方差矩阵为 $\Sigma_{e,H}=\sum_{h=0}^{H-1}A_h\Sigma_\varepsilon A_h'$，$\Sigma_\varepsilon$ 为 ε 的协方差矩阵。为了对预测误差方差分解，即 $\Sigma_{e,H}$ 的对角元素，Diebold 和 Yilmaz（2009）使用了 Σ_ε 的下三角 Cholesky 因子 $\boldsymbol{L}$，即下三角矩阵 L 有 $LL'=\Sigma_\varepsilon$，从而，$A_h\Sigma_\varepsilon A_h'$ 可以被重写为 $(A_hL)(A_hL)'$，则对于每一个变量 i 的预测误差方差有 $(A_h\Sigma_\varepsilon A_h')_{ii}=\sum_{j=1}^{N}(A_hL)_{ij}^2$，因此 $\sum_{h=0}^{H-1}(A_hL)_{ij}^2$ 则可以被认为是变量 j 对变量 i 的预测误差方差的冲击贡献，份额形式表示为 $\frac{\sum_{h=0,i\neq j}^{H-1}(A_hL)_{ij}^2}{\sum_{h=0}^{H-1}(A_h\Sigma_\varepsilon A_h')_{ii}}$。除了各个变量对自身的溢出效应之外，Diebold 和 Yilmaz（2009）还给出了总的溢出效应指数计算公式：

$$\mathrm{SOI}=100\times\frac{1}{N}\sum_{i=1}^{N}\frac{\sum_{h=0,\ i\neq j}^{H-1}(A_hL)_{ij}^2}{\sum_{h=0}^{H-1}(A\ \Sigma_\varepsilon A_h')_{ii}}=100\times(1-\frac{1}{N}\sum_{i=1}^{N}\frac{\sum_{h=0}^{H-1}(A_hL)_{ii}^2}{\sum_{h=0}^{H-1}(A\ \Sigma_\varepsilon A_h')_{ii}})\tag{8-17}$$

为克服 Cholesky 分解所带来的变量次序的依赖，我们对所有变量进行全排列，然后进行 N！次运算后取平均值，即

$$\frac{1}{N!}\sum_{n=1}^{N!}\frac{\sum_{h=0,\ i\neq j}^{H-1}(A_hL)_{ijn}^2}{\sum_{h=0}^{H-1}(A_h\Sigma_\varepsilon A_h')_{iin}}\tag{8-18}$$

以此，得到不依赖次序的平均效应。

第二节　实证分析

一、TVP-SV-VAR 模型的实证分析

将模型的变量顺序设定为金融杠杆（FL）、房产价格（HP）和消费支出（CE）[1]。利用 Oxmetrics 6.2 对 TVP-SV-VAR 模型进行处理，

[1] 本章选取 2000 年 1 月至 2019 年 12 月的相关数据进行实证分析，金融杠杆和消费支出的原始数据来源于 Wind 宏观经济数据库；利用国家统计局官方网站公布的商品房销售额与商品房销售面积计算商品房价格。

MCMC 抽样为 20000，模型滞后期设为 2。

（一）参数回归结果分析

表 8-1 中的模型参数估计结果表明，在 5% 的显著性水平下无法拒绝 Geweke 检验的原假设，无效影响因子最大值为 149.21。由此可见，本章运用 MCMC 算法对模型参数的估计是有效的。

表 8-1　TVP-SV-VAR 模型的估计结果

参数	均值	标准差	95% 置信区间	Geweke	无效影响因子
sb1	0.0229	0.0026	[0.0184，0.0287]	0.050	13.01
sb2	0.0208	0.0021	[0.0171，0.0253]	0.810	9.99
sa1	0.0903	0.0435	[0.0428，0.2086]	0.405	149.21
sa2	0.0743	0.0249	[0.0412，0.1314]	0.816	81.91
sh1	0.5188	0.0620	[0.4130，0.6568]	0.001	57.02
sh2	0.5949	0.1496	[0.3393，0.9272]	0.272	71.59

图 8-1 包含了样本的自相关系数、模拟路径及验后分布。由图 8-1 可以看出，剔除预烧期的样本之后，$\sum_\beta$、$\sum_\alpha$、$\sum_h$ 自相关系数均收敛，这表明样本取值方法能有效产生不相关的样本，模拟较为有效。

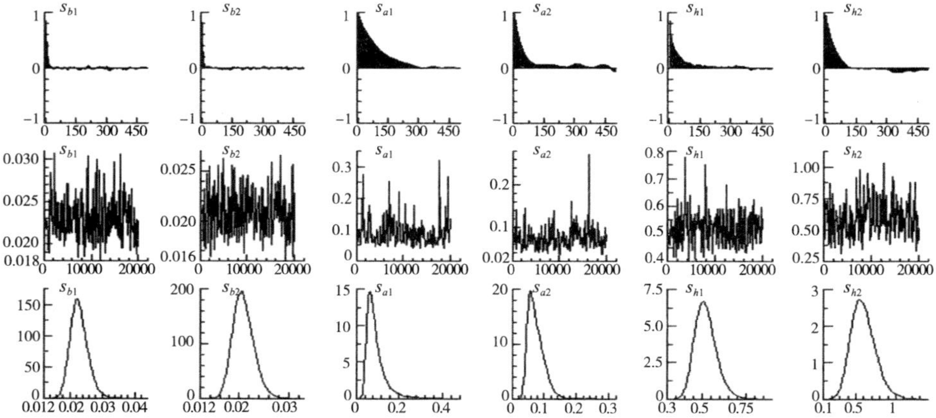

图 8-1　TVP-SV-VAR 模型参数的估计结果

（二）时变脉冲响应分析

由 TVP-VAR 模型可以得出两种不同的脉冲响应图，一种是时点型的脉冲响应，另一种是时段型的脉冲响应图。图 8-2 和图 8-3 分别反映了这两类不同的脉冲响应，其中图 8-2 是在不同时点上形成的脉冲响应，选取时点分别是 2004 年 12 月、2009 年 12 月与 2014 年 12 月，图 8-3 是不同提前期的一单位标准正向冲击形成的脉冲响应，提前期分别设置为 1 期、3 期和 5 期。

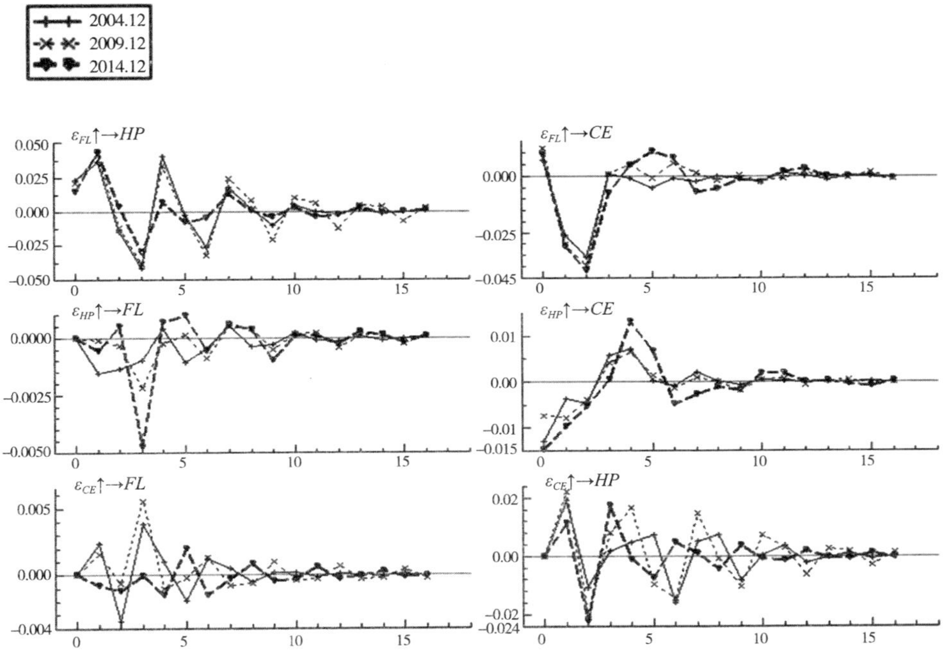

图 8-2　不同时点冲击的脉冲响应

1. 不同时点的脉冲响应时变特征分析

虽然在三个不同时点上施加了 3 次冲击，但脉冲响应函数变化趋势是相似的。具体而言，房产价格对金融杠杆冲击当期就做出反应并在第 1 期达到最大值，紧接着迅速下降并在第 3 期达到最小值，随后波动逐渐收缩，至第 9 期接近于 0。同样，消费支出对金融杠杆冲击当期就做出响应，迅速下降并在第 3 期达到最小值，随后逐渐变大并在第 6 期接近于 0。金融杠杆对房产价格冲击当期就做出反应，逐渐下降，在第 3 期达到最小值，随后逐渐变大并在第 6 期接近于 0。消费支出对房产价格冲击当期就做出反应并达到最小值，随后逐渐变大且在第 4 期达到最大值，之后在第 9 期接近于 0。房产价格对消费支出冲击在三个不同时点上的脉冲响应函数变化趋势是相似的。房产价格的脉冲响应值在正负区间变换，直至第 12 期接近于 0。

金融杠杆对消费支出冲击在三个不同时点上的脉冲响应并不一致。具体而言，2014 年 12 月金融杠杆对消费支出冲击的脉冲响应结果与 2004 年 12 月及 2009 年 12 月的脉冲响应结果大为不同。对于 2004 年 12 月和 2009 年 12 月的消费支出冲击，金融杠杆的脉冲响应逐渐下降并在第 3 期达到最小值，而后迅速回升且在第 4 期变为正值，随后逐渐接近于 0；而对于 2014 年 12 月的消费支出冲击，金融杠杆当期即做出反应，逐渐下降并在第 4 期达到最小值，而后逐渐上升并在第 10 期接近于 0。

2. 不同提前期的脉冲响应时变特征分析

图 8-3 是提前 1 期、3 期与 5 期的一单位标准正向冲击形成的脉冲响应。观察图 8-3 可以发现，虽然三个不同提前期冲击的脉冲响应总体相似，但不同提前期冲击形成的脉冲响应在方向上存在差异。

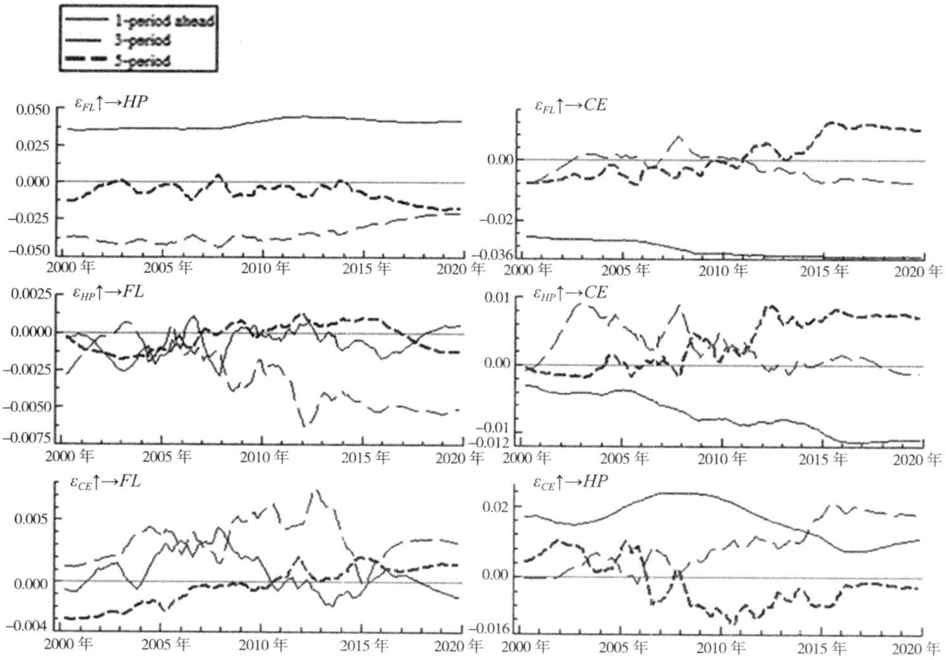

图 8-3　不同提前期冲击的脉冲响应

如图 8-3 所示，房产价格对金融杠杆提前 1 期冲击形成的脉冲响应为正值，且非常稳定。这意味着经验数据表明，在我国，金融杠杆的攀升会显著刺激房产价格的上涨。从提前 1 期的脉冲响应看，消费支出对金融杠杆冲击的响应值始终为负，且在 2006 年后趋势进一步扩大。无论是提前 1 期、3 期还是 5 期，金融杠杆对房产价格冲击的脉冲响应趋势十分相似，在绝大多数时间表现为负值。消费支出对房产价格提前 1 期冲击形成的脉冲响应为负值，且非常稳定。从提前 1 期的脉冲响应看，这种负值的扩大趋势在 2005 年、2010 年及 2015 年逐渐扩大，这表明随着时间的推移房产价格对消费支出的抑制作用愈发明显。此外，从提前 1 期脉冲响应来看，金融杠杆对消费支出冲击的响应值在绝大多数时间为正值，房产价格对消费支出冲击的响应值始终为正值。

至此，本书考虑到我国正处于经济结构、政策偏好等发生重大改变的现实背景下，选用 TVP-SV-VAR 模型对金融杠杆、房产价格与消费支出的内在联系和传导机制进行了较为详细的分析；其次，为了进一步分析三者之间的动态相关关系，我们选用贝叶斯 DCC-GARCH 模型对金融杠杆、房产价格与消费支出的动态关联系数进行测度。

二、贝叶斯 DCC-GARCH 模型的实证分析

（一）模型估计结果

采用贝叶斯 DCC-GARCH 模型分析金融杠杆、房产价格和消费支出三者之间的动态关联性，表 8-2 给出了贝叶斯 DCC-GARCH 模型蒙特卡洛估计结果。

表 8-2 贝叶斯 DCC-GARCH 模型蒙特卡洛估计结果

变量	参数	均值	分位数				
			2.50%	25.00%	50.00%	75.00%	97.50%
FL	γ	0.5629	0.5048	0.5314	0.5479	0.5688	0.9255
	ω	0.0021	0.0002	0.0003	0.0004	0.0005	0.0434
	α	0.2651	0.0651	0.1818	0.2520	0.3392	0.5110
	β	0.3172	0.0331	0.1718	0.2520	0.3392	0.5110
HP	γ	1.0096	0.9807	0.9976	1.0067	1.0213	1.0445
	ω	0.0042	0.0018	0.0028	0.0036	0.0046	0.0117
	α	0.3696	0.0606	0.2405	0.3639	0.4839	0.7355
	β	0.3464	0.1168	0.2326	0.3164	0.4305	0.8066
CE	γ	0.9407	0.8622	0.9060	0.9347	0.9696	1.0370
	ω	0.0048	0.0023	0.0034	0.0040	0.0047	0.0270
	α	0.0639	0.0054	0.0262	0.0534	0.0898	0.1858
	β	0.2098	0.0161	0.0855	0.1796	0.2916	0.6885
	υ	0.7859	0.2554	0.7562	0.7959	0.8456	0.9332
	a	0.0093	0.0006	0.0031	0.0065	0.0112	0.0387
	b	0.4110	0.0094	0.1222	0.3175	0.6870	0.9726

其中，参数 γ 测度的是金融杠杆、房产价格和消费支出的偏度，$\gamma>1$ 表示为右偏态，否则为左偏态；ω 为模型方差方程的常数项，α、β 分别为方差方程的 ARCH 项和 GARCH 项系数，二者之和越接近于 1，表明波动的衰减速度越慢。此外，υ 衡量拖尾分布是否适用于误差项；a、b 及二者之和用以检测是否应选用 DCC 模型，若 $a+b=0$，则表明宜采用 CCC 模型；若 $a+b\neq0$，则说明采用 DCC 模型更为合理。

从模型估计结果可以看出，金融杠杆、房产价格和消费支出的波动具有非对称性，其中，金融杠杆和消费支出呈现明显的左偏态，而房产价格则呈现出右偏态。左偏态代表序列波动落在均值右侧的概率更高，而右偏态则说明落于均值左侧的概率更高。假定波动幅度为风险，则左偏态表示市场风险更大——从波动的非对称性可知，金融杠杆和消费支出的波动风险相对较大，房产价格波动的风险相对较小。此外，三序列（$\alpha+\beta$）均值之和在 0.27 以上，随着分位数的不断增大，（$\alpha+\beta$）值也不断增加。由此可见，金融杠杆、房产价格及消费支出序列的波动逐渐加剧且波动的衰减速度逐渐放缓，这意味着三变量的波动具有很强的惯性。

（二）动态关联系数分析

图 8-4 至图 8-6 分别为运用贝叶斯 DCC-GARCH 模型测算出的金融杠杆和房产价格、金融杠杆和消费支出、房产价格和消费支出的动态关联系数图。

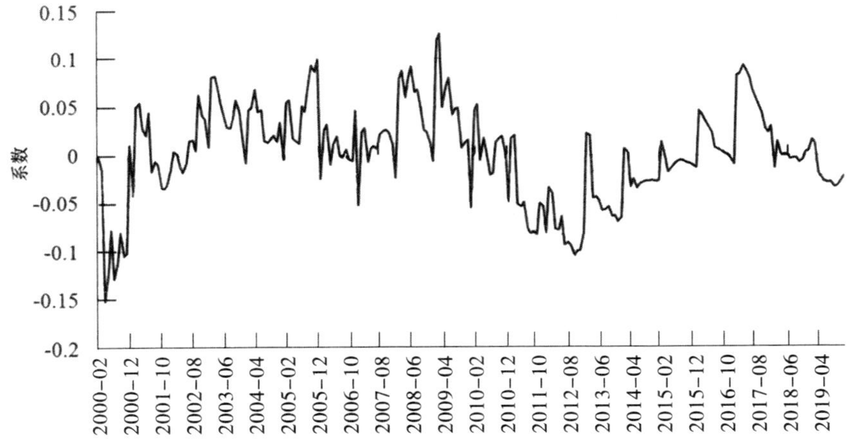

图 8-4　金融杠杆和房产价格的动态关联系数图

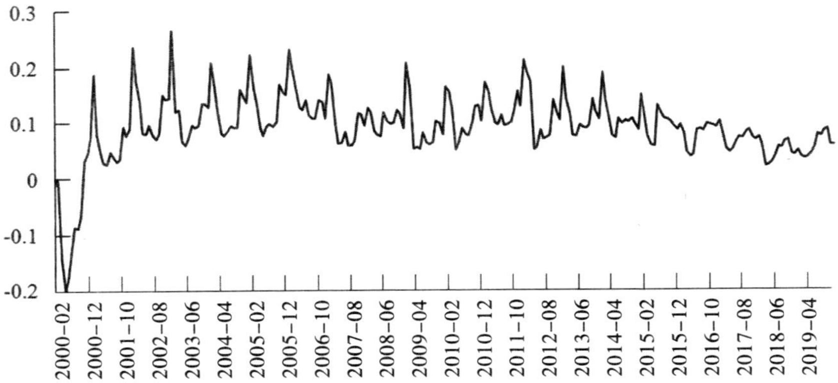

图 8-5　金融杠杆和消费支出的动态关联系数图

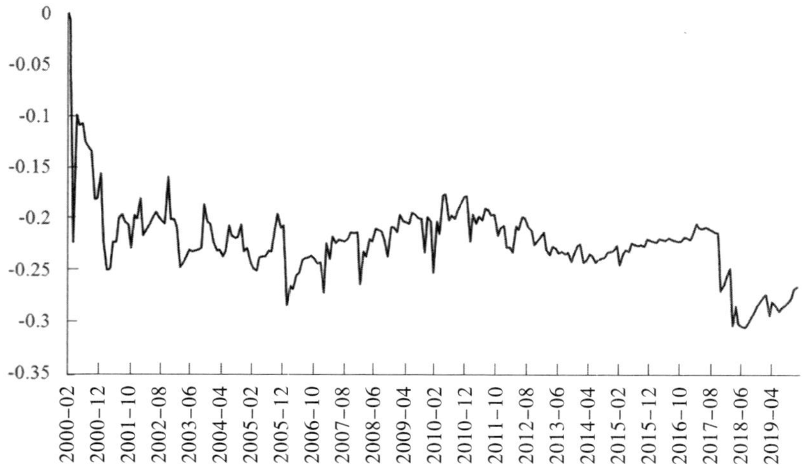

图 8-6　房产价格和消费支出的动态关联系数图

观察图 8-4 至图 8-6，可以得出以下几点结论：

（1）金融杠杆与房产价格之间的动态关联系数在 2000 年及 2011—2015 年为负值，其余时间段为正值，其数值大小在 -0.1514 ~ 0.1199 之间变化。从时间趋势上来看，2000—2005 年金融杠杆与房产价格之间的关联系数呈上升趋势，而在 2007—2008 年二者之间的关联系数呈下降趋势。自 2008 年伊始，金融杠杆与房产价格的关联系数急速回升并在 2009 年达到顶峰，此后，金融杠杆与房产价格之间的动态相关系数再次快速下降并在 2012 年达到最小值，随后再次回升并在 2017 年上半年达到最大值。此后，二者之间的关联系数走势趋于平缓，从 2017 年下半年开始呈现下降趋势，这表明"金融去杠杆"使杠杆与房产价格的关联性逐渐降低。

（2）在样本初始期至 2000 年 9 月，金融杠杆与消费支出的动态关联系数为负值；但在 2000 年 10 月之后，金融杠杆与消费支出的动态关联系数变为正值且在 0.0594 ~ 0.2699 之间变化。总体而言，金融杠杆与消费支出之间呈正相关。观察图 8-5 可以发现，在 2015 年后，金融杠杆与消费支出的动态关系系数明显下降，这表明随着时间的推移，金融杠杆对消费支出的正向促进作用逐步减小；此外，金融杠杆与消费支出的动态关联系数呈现出明显的周期性波动，这种波动带有明显的季节性，大多数周期顶点出现在每年的 1 月（即中国农历新年，春节前后），这表明中国传统农历新年因素对金融杠杆与消费支出相关关系的影响不容忽视。

（3）房产价格与消费支出之间的动态关联系数恒为负值，在 -0.3035 ~ -0.0992 之间变化。由此可见，房产价格与消费支出之间呈现负向相关关系，这表明房产价格的上涨会抑制消费支出的增加。从时间趋势上来看，2000—2019 年房产价格与消费支出的关联系数大体上呈下降趋势，尤其是在 2017—2018 年，下降趋势十分明显；这可能是因为在 2015 年实施的“棚改三年计划”及货币化安置手段迅速刺激了我国广大三四线城市的房价，进而拉动全国房产均价的再次上涨，造成消费支出的迅速萎缩。可以发现，随着中国房产市场的蓬勃发展，房产价格的快速上涨，其在一定程度上会削弱消费支出的增加，这种抑制作用随着时间的推移愈发明显。

观察图 8-4 至图 8-6 可以发现，在金融杠杆、房产价格和消费支出三者之间，房产价格与消费支出之间的关联程度最高，金融杠杆与消费支出之间的关联程度次之，而金融杠杆与房产价格之间的关联程度最低。此外，三者之间的动态相关关系分别为金融杠杆与消费支出之间呈现正向相关关系，房产价格与消费支出之间呈现出负向相关关系，而金融杠杆与房产价格之间的相关关系则呈现出不确定性，这说明在现阶段金融杠杆的攀升有利于刺激消费支出增加，而房产价格的持续上涨则会使消费支出逐渐减少。

三、溢出效应分析

利用溢出指数模型分析金融杠杆、房产价格与消费支出之间的溢出效应，观察表 8-3 可以发现：

表 8-3　溢出效应指数表

变量	FL	HP	CE	来自其他变量的总溢出效应
FL	99.5208%	0.0332%	0.4460%	0.4792%
HP	10.5694%	78.4954%	10.9352%	21.5046%
CE	7.6201%	3.8556%	88.5244%	11.4757%
对其他变量的溢出效应	18.1895%	3.8888%	11.3812%	33.4595%
包含自身的总溢出效应	117.7103%	82.3842%	99.9055%	11.1532%

第一，变量间的总溢出性较低。金融杠杆、房产价格与消费支出之间的平均总溢出效应为 11.1532%，各变量自身对自身的冲击贡献较大，分别为 99.5208%、78.4954% 和 88.5244%。

第二，各变量的对外溢出效应和受其他变量外部溢出效应影响的程度各不相同。金融杠杆对其他变量的总溢出贡献为 18.1895%，受其他变量的外部溢出效应仅为 0.4792%，其净溢出效应为 –17.7103%（0.4792%–18.1895%）；房产价格对其他变量的溢出效应为 3.8888%，受其他变量的外部溢出效应为 21.5046%，其净溢出效应为 –17.6158%（3.8888%–21.5046%）；消费支出的对外溢出效应和受其他变量外部溢出效应影响的程度分别为 11.3812% 和 11.4757%，其净溢出效应为 –0.0945%（11.3812%–11.4757%）。不难发现，金融杠杆的对外溢出效应要强于其他变量对金融杠杆的溢出效应，而房产价格的对外溢出效应要弱于其他变量对房产价格的溢出效应，而消费支出的对外溢出效应和其他变量对消费支出的溢出效应大体相当。

综上所述，三变量中金融杠杆最为“强势”，对其他变量的影响程度最大，而房产价格最为“弱势”，最容易受到其他两个变量的影响。不难发现，金融杠杆对其他变量的强势影响与金融市场开放程度、金融深化程度及货币政策的选择密切相关。但不容忽视的是，在金融发展过程中，金融风险往往也会相应地增加。因此，在深化金融市场改革、制定货币政策及宏观调控中应审慎对待金融杠杆，以期切实有效地维护金融体系和经济运行稳定。

本章小结

本章分别利用 TVP–SV–VAR 模型、DCC–GARCH 模型和溢出指数模型分析了金融杠杆、房产价格与消费支出之间的动态关联程度和溢出效应。

研究结果表明，金融杠杆的增加可以显著推高房产价格，减少消费支出；房产价格的上涨会抑制金融杠杆，削弱消费支出；消费支出的增加则会提高金融杠杆水平，刺激房产价格上涨。三者之间房产价格与消费支出之间呈现负向相关关系且关联程度最大，金融杠杆与消费支出之间表现为正向相关关系且关联程度次之，而金融杠杆与房产价格之间存在不确定性且关联程度最小。不难发现，相关系数图显示金融杠杆和消费支出呈正向相关关系，说明在当期金融杠杆刺激了消费支出，但从脉冲响应图中可以看出金融杠杆对一至两年后的消费支出产生抑制作用，这是因为加杠杆的个人或家庭往往需要通过减少消费来偿还债务。此外，金融杠杆对其他变量的溢出效应要强于其他变量对其自身的溢出效应，而房产价格则截然相反，消费支出的对外溢出效应和其他变量对其自身溢出效应的程度则大体相当。

当前我国正处于经济转型升级的关键阶段，金融杠杆和房产价格的攀升及消费支出增速的放缓不仅会导致居民负债压力增大、生活水平下降，还会在一定程度上致使信贷状况恶化，进而提高引发系统性金融风险的可能性。而本章的研究结果表明金融杠杆、房产价格与消费支出之间存在密切的联系。鉴于此，本章认为为了确保宏观经济均衡稳定，实现长期可持续发展，应采取以下措施：

（1）积极落实稳定金融杠杆的操作策略。就短期而言，需要综合利用货币政策、财政政策及宏观审慎政策控制金融杠杆增速，防止债务风险扩散，加强金融监管；就长期而言，需要进一步严控增量，优化存量，尤其是要着重修复居民资产负债表，缩小收入差距，努力提高居民收入水平。

（2）多重举措促进消费支出。可以有针对性地对低收入群体和中等收入群体发放现金补贴或消费券，也可以通过直接购买商品为居民发放实物补贴；着力推动商业、服务业进行数字化转型，大力支持数字生活平台建设，通过数字经济发展来拉动消费支出。

第九章　广义前瞻性货币政策反应函数再研究

自 20 世纪 80 年代以来，随着信息技术革命和金融创新的发展，金融资本得以脱离实体经济独立运转。与此同时，全球资本市场开始频繁出现资产价格的大幅波动，这一现象日益加剧和凸显，给世界各国的货币当局带来了巨大的困扰。资产价格尤其是房产价格的大幅波动给实体经济的稳定带来了巨大的危害。例如，日本房产价格泡沫的破灭和美国"次级债务危机"的爆发都与房产价格剧烈波动紧密相关。近年来，我国的房产价格出现了比较大幅度的波动，这种波动会传递到实体经济中，对实体经济的稳定造成影响。我国对外贸易的扩大发展，一方面造成了我国存在巨额经常账户贸易顺差的同时，也使欧洲、美国等主要贸易伙伴的经常账户长期保持巨额逆差的局面；另一方面在一定程度上冲击了大量进口我国商品的西方国家的市场和经济。因此，我国常常遭遇来自 WTO 成员的反倾销调查。另外，尽管我国已经加入 WTO 多年，但近年来日本、欧美等国家和地区相继发表声明称不承认我国的市场经济地位，也为对外贸易增添了一大障碍。当前我国的国际收支依然喜忧参半——虽然对外贸易的发展得到了很大提升，但由于经常账户长期保持顺差，所以贸易摩擦难以消除，进而影响经济结构的转型升级。

本章我们构建纳入房产价格和经常账户余额因素的货币政策反应函数

模型，并基于此进行实证分析，以检验纳入房产价格和经常账户余额因素的货币政策反应函数模型相较于传统的货币政策反应函数模型是否对于我国的实际经济运行状况拟合程度更高。此外，考虑到我国的货币政策面临“多目标，多工具”的现实情况，因此，应该构建广义的货币政策反应函数进行实证分析。那么，如何构建引入房产价格和经常账户因素的货币政策反应函数模型？货币政策反应函数中引入房产价格和经常账户因素有何意义？在实际操作中，我国的货币政策工具有什么特点？对于以上相关问题的研究对货币政策的制定和执行无疑具有十分重要的参考意义。

货币政策反应函数（货币政策规则）是指货币当局所采用的系统性的、有规律的、依据某些特定经济变量的变动做出反应的货币政策。目前，影响最大的主流货币政策规则就是泰勒规则。该规则认为货币当局仅需对通货膨胀和产出缺口波动做出反应（即调整利率），其他因素则不必考虑。此后，众多经济学家在泰勒规则的基础上进行了拓展和改进，其主要成果集中体现在以下两方面：第一，利率平滑机制的引入。Clarida 等（1998）指出利率平滑现象在多个国家存在。King（2000）进一步指出，即便引入利率滞后变量的泰勒规则也存在显著的平滑性。第二，前瞻性机制的引入。Clarida 等（1998，2000） 在分析美联储的利率政策时建立了具有前瞻性特征的货币政策反应函数模型。Fourcans 和 Vranceanu（2004）、Sauer 和 Sturm（2007）在分析欧洲中央银行的货币政策时也突出强调了前瞻性的重要作用。此外，越来越多的学者开始关注资产价格波动对货币政策的影响。Bernake 和 Gertler（1989）认为利率规则不应对资产价格的波动做出积极响应，货币政策对资产价格波动做出响应不利于经济稳定运行，而 Cecehetti 的模拟结果则与之截然相反。Castro 实证分析了美国和欧元区的货币政策，研究结果表明，美联储在制定货币政策时并没有考虑资产价格波动等因素，而欧元区在制定货币政策时考虑了资产价格波动等因素。因此，Castro 认为这在一定程度上解释了为什么“次贷危机”给美国带来的危害比欧元区更加严重。国内学者，张屹山和张代强（2008）通过构造一个全新的包含前瞻性的货币政策反应函数模型对我国具体的货币政策实践进行实证研究。实证结果表明，该模型不仅可以较为准确地描述我国利率水平的走势，还可以正确地测算我国货币政策的松紧程度。唐齐鸣和熊洁敏（2009）利用我国相关数据考察了资产价格波动对实体经济的影响，选取房价和股价作为代表性的资产价格，进而指出，如果中央银行依据没有考虑资产价格因素的货币政策反应函数模型制定货币政策，将会产生更大的损失，因此建议货币当局应充分考虑资产价格因素对货币政策的影响。万晓莉（2011）基于我国的具体特点，构建出适用于我国具体情况的货币政策反应函数模型，以考察我国货币政策对经济稳定的影响。实证结果表明其可作为衡量我国货币政策实施效果的重要尺度，但是利率对通胀的反应是不足的。该文在验证我国的货币政策时仅仅考察了利率规则，并没有对我国实际使用的其他货币政策工具做出说明。郭红兵和陈平（2012）在一个广义的前瞻性货币政策反应函数模型基础上，利用相关数据比较分析了我国常用的货币政策工具。实证结果表明，现阶段单一的货币政策规则并不适用于我国。王胜和田涛（2013）利用股票价格和房产价格作为代表性的资产价格代理变量并结合 IS-Philips 模型推导出货币政策反应函数模型，然后在此基础上模拟分析资产价格波动对我国经济的影响。该文的研究结果表明，考虑资产价格的货币政策更加有利于经济稳定。

考虑到我国货币体系的复杂性和特殊性，构建引入房产价格和经常账户因素的货币政策反应函数模型，综合比较分析包含和剔除房产价格、经常账户因素的货币政策反应函数，以此提出中国人民银行在制定货币政策时是否应该考虑房产价格和经常账户因素，并且分析我国货币政策在实际操作中的特征。

第一节　模型构建

泰勒规则利用简单明了的反应函数形式开创性地将货币政策规则表达出来，其具体表达式如下：

$$i_t = \Delta p_t^{\,a} + 0.5(\Delta p_t^{\,a} - \pi^*) + 0.5y_t + \bar{r} \quad (9\text{-}1)$$

其中，i_t 是短期名义利率；$\Delta p_t^{\,a}$ 是过去四季度的平均通货膨胀率；π^* 是货币当局制定的目标通胀率；y_t 表示真实产出缺口；$\bar{r}$表示平均真实利率。该政策表明：只有当实际利率水平等于均衡利率水平且产出缺口为零时经济才会趋于稳定增长。在通货膨胀率超过目标通胀率或实际产出水平高于潜在产出水平的情况下，货币当局会才上调利率；反之，货币当局应该下调利率。

此后，泰勒规则逐步引入了前向预期和利率平滑机制，Clarida 等（1998，2000）在引入前向预期和利率平滑机制的基础上提出了新的反应函数模型，即 CGG 规则：

$$i_t^* = \bar{r} + \pi^* + \beta(E[\pi_{t,k}|\Omega_t] - \pi^*) + \gamma(E[y_{t,p}|\Omega_t] - {y^*}_{t,p}) \qquad (9\text{–}2)$$

其中，$E[\pi_{t,k}|\Omega_t]$表示在 t 时刻基于所有可获信息对通胀的 k 期向前预测；$E[y_{t,p}|\Omega_t - {y^*}_{t,p}]$表示基于 t 时刻对于实际产出缺口的 p 期向前预测。其余符号含义同式（9–1）。

假设利率平滑倾向的动态变化可以描述为

$$i_t = (1-\rho)i_t^* + \rho i_{t-1} + m_t \qquad (9\text{–}3)$$

其中，$\rho \in [0,\ 1]$ 为利率平滑程度，它表示中央银行依据目标利率对当期利率所进行的部分调整，每次调整利率的幅度为（$1-\rho$）[1]，为随机扰动项。利率平滑机制具有两大主要优点：①可以避免对市场的过度干扰；②可以减少大幅度调整货币政策给货币当局或中央银行的信誉带来损害。

Cuche（2000）在 CGG 规则的基础上拓展出一个更具包容性的货币政策反应函数模型：

$$x_t^* = \bar{x} + \beta(E[\pi_{t,k}|\Omega_t] - {\pi^*}_{t,k}) + \gamma(E[y_{t,p}|\Omega_t] - {y^*}_{t,p}) + \delta(E[z_{t,n}|\Omega_t] - {z^*}_{t,n}) \qquad (9\text{–}4)$$

$$x_t = (1-\rho)x_t^* + \rho x_{t-1} + m_t \qquad (9\text{–}5)$$

其中，x_t^* 为货币政策工具在 t 时期的目标值；$\bar{x}$为常数项，表示货币政策工具的长期稳定值；$\delta(E[z_{t,n}|\Omega_t]-{z^*}_{t,n})$ 表示除通胀和产出缺口之外的影响货币政策工具的其他变量（如汇率等）。式（9–5）中，$\rho \in [0,1]$ 为货币

[1] 这说明中央银行在调整利率时要考虑到政策的平滑性。

政策工具调整的平滑程度；m_t 为随机扰动项。

此扩展模型使我们可以根据各国具体情况取舍式（9–4）中的解释变量 $z_{t,n}$，它可以表示为货币供给量、真实有效汇率等。x_t^* 可以表示为不同的货币政策工具，如短期名义利率、信贷额度等。基于 Cuche（2000）并结合本书研究目的，构建出以下反应函数模型：

$$x_t^* = \bar{x} + \beta(E[\pi_{t,k} | \Omega_t] - \pi^*_{t,k}) + \gamma(E[yr_{t,p} | \Omega_t] - yr^*_{t,p}) + \delta(E[e_{t,n} | \Omega_t] - e^*_{t,n}) + \lambda(E[ca_{t,i} | \Omega_t] - ca^*_{t,i}) + \eta(E[h_{t,s} | \Omega_t] - h^*_{t,s}) \quad (9\text{–}6)$$

$$x_t = (1-\rho)x_t^* + \rho x_{t-1} + m_t \quad (9\text{–}7)$$

其中，式（9–6）为本书构建的货币政策反应函数模型，它表示各货币政策工具变量对通货膨胀率（π）、产出增长率（yr）、汇率（e）、经常账户余额（ca）和房产价格（h）的实际值与目标值之间所存在的偏差进行反馈。将式（9–6）代入式（9–7）可得

$$x_t = (1-\rho)[\bar{x} + \beta(\pi_{t,k} - \pi^*_{t,k}) + \gamma(yr_{t,p} - yr^*_{t,p}) + \delta(e_{t,n} - e^*_{t,n}) + \lambda(ca_{t,i} - ca^*_{t,i}) + \eta(h_{t,s} - h^*_{t,s})] + \rho x_{t-1} + \vartheta_t \quad (9\text{–}8)$$

其中，$\vartheta_t \equiv -(1-\rho)\{\beta(\pi_{t,k} - E[\pi_{t,k} | \Omega_t]) + \gamma(yr_{t,p} - E[yr_{t,p} | \Omega_t]) + \delta(e_{t,n} - E[e_{t,n} | \Omega_t]) + \lambda((ca_{t,i} - E[ca_{t,i} | \Omega_t]) + \eta(h_{t,s} - E[h_{t,s} | \Omega_t]) + m_t\}$。此外，令 $c=\bar{x}-\beta\pi^*_{t,k}$，假设通胀目标 $\pi^*_{t,k}=\pi^*$，则

$$\pi^* = (\bar{x} - c)/\beta \quad (9\text{–}9)$$

因此，可以利用式（9–9）计算出 π^* 的值。[1] 我们将式（9–8）中的房产价格因素剔除，得到

$$x_t^* = \bar{x} + \beta(E[\pi_{t,k}|\Omega_t] - \pi^*_{t,k}) + \gamma(E[yr_{t,p}|\Omega_t] - yr^*_{t,p}) + \delta(E[e_{t,n}|\Omega_t] - e^*_{t,n}) \quad (9\text{–}10)$$

式（9–10）为剔除房产价格和经常账户余额因素的货币政策反应函数模型。

假设 $\boldsymbol{\mu}_t$ 表示为中央银行在拥有全部信息集前提下的工具向量，则在最优决策时必有 $\boldsymbol{\mu}_t$ 和 ϑ_t 正交，即

[1] 关于 $\bar{x}$ 的取值问题，参考 Cuche(2000) 用货币政策工具变量 (x) 的均值（mean）来表示 $\bar{x}$。

$$E[\{x_t-(1-\rho)[\bar{x}+\beta(\pi_{t,k}-\pi^*{}_{t,k})+\gamma(yr_{t,p}-yr^*{}_{t,p})+\delta(e_{t,n}-e^*{}_{t,n})+\lambda(ca_{t,i}-ca^*{}_{t,i})+\eta(h_{t,s}-h^*{}_{t,s})]-\rho x_{t-1}\}|\vartheta_t]=0 \quad (9\text{-}11)$$

式（9-11）提供了 GMM 方法估计参数向量（$\beta,\gamma,\delta,\lambda,\eta,\rho$）的基础。

我们选取市场利率、基础货币和贷款规模三个不同的货币政策工具对我国的货币政策规则进行模拟估计，拟达到以下几个目的：①判别我国的货币政策在实际操作中主要遵循何种货币政策规则；②构建货币政策反应函数模型时引入房产价格和经常账户余额因素有何意义；③我国的货币政策工具在实际操作中有何特点。

第二节 数据和变量说明

本书选取 1998 年 1 月至 2017 年 9 月的月度数据，各变量及数据具体说明如下：①管制利率（dr）。我国的一年期存款名义利率的变动被公认可以反映管制利率变动的风向，所以本节选取一年期存款名义利率作为管制利率的代理变量，数据来源于中国经济网数据库[1]。②市场利率（mak）。我国的同业拆借市场能够迅速有效地反映市场资金的供需状况，因此同业拆借利率可以作为我国市场利率的代理变量。由于 SHIBOR 的样本期较短，所以本节参照张屹山和张代强（2008）、郑挺国和王霞等大多数学者的研究，选取 7 天同业拆借利率作为市场利率的代理变量。数据来源于中经网数据库。③基础货币（mc）。我们选用“货币当局资产负债表”中的“储备货币（月末）”数据作为基础货币的代理变量，数据来自中国人民银行官方网站，本节中实际使用的基础货币同比增长率由作者计算得出。④信贷规模（l）。信贷规模又称“贷款规模”，本节中所指的贷款规模是在一定时期内新增投放贷款的最高限额。数据来自中国经济网经济数据库，

[1] 2015 年中央银行宣布放开存款利率上限，标志着利率市场化进程基本完成，但不应忽视长期以来管制利率在货币政策的制定和执行中扮演的重要角色。

实际运用的贷款规模同比增长率经计算获得。⑤通货膨胀率（π）。本节采用CPI的同比变化率来表示通货膨胀率。本书并没有预先设定目标通胀率（π^*），而是参考Clarida、Gali和Gertler（1998）利用反应函数的常数项反推出目标通胀率。数据来自国家统计局数据库。⑥产出缺口（ygap）。首先将名义季度GDP经Eviews变频生成月度数据，其次将月度名义GDP数据除以CPI得到真实的月度GDP，然后利用CensusX12对其进行调整消除季节波动，得到真实的月度GDP，然后利用HP滤波的方法得出潜在真实GDP，最后分别取对数值。本书中利用真实GDP和潜在真实GDP的对数值之差作为产出缺口的代理变量，得到产出缺口。⑦汇率缺口（egap）。考虑到美元在国际货币体系中的主导地位及人民币汇率长期以来都是盯住美元[1]，因此本节选取人民币对美元的名义汇率作为汇率的代理变量。汇率目标值由HP滤波法获得，二者差值定义为汇率缺口。数据来自国家外汇储备局官方网站。⑧房价缺口（hgap）。我们利用国家统计局公布的商品房销售额与商品房销售面积计算出商品房价格作为房产价格（HP）的代理变量，由于每年第一个月的商品房销售额和销售面积缺失，因此，我们采用插值法进行处理，相关原始数据来源于国家统计局官方网站和中国统计年鉴。利用HP滤波获得其潜在的房价，然后分别取其对数值，两者之差作为房价缺口的代理变量。⑨我们选取贸易差额作为经常账户余额（CA）的代理变量，由于我国的贸易差额当月值以美元计价，因此，我们还需选用人民币兑美元名义汇率的月度平均数据计算出贸易差额以人民币计价的实际量，相关原始数据来源于Wind经济数据库和中国人民银行官方网站，然后利用HP滤波方法得出潜在真实的经常账户余额，取二者之差作为经常账户余额缺口的代理变量。

[1] 中国人民银行在2005年7月21日将人民币一次性升值10%，并且允许人民币对美元可以有更大幅度的波动。由于我国的资本账户是受管制的，所以我国的汇率体制现在仍然具有固定汇率制的特征。

第三节 实证结果分析

一、GMM 回归结果分析

由于解释变量中多为通胀、产出等表现一时期经济指标的变量，它们之间往往存在内生性问题，运用 OLS 方法可能会导致有偏和非一致性，因此我们采用 GMM 方法。进行 GMM 多元回归分析要求序列变量平稳，所以需要对本部分所涉及的变量进行 ADF 平稳性检验。检验结果表明除 dr、mak 和 l 序列服从一阶单整外，其余各变量均显著平稳[1]。现代观点认为，只要回归残差是平稳序列即可进行协整回归，并不一定要求各个变量为同阶单整序列。ADF 检验结果表明所有的回归残差都是平稳的，因此可以进行 GMM 回归分析。表 9-1、表 9-2 是纳入房产价格和经常账户余额因素与剔除房产价格和经常账户余额因素的反应函数模型回归结果。

表 9-1 纳入房产价格和经常账户余额因素的货币政策规则 GMM 回归结果

政策工具	dr	mak	mc	l
β	-0.00123（0.466）	0.25**（0.022）	0.302（0.200）	-0.216***（0.002）
γ	0.00189*（0.062）	-0.00664（0.707）	0.178**（0.033）	-0.00773（0.879）
δ	0.000164（0.627）	0.0119***（0.001）	-0.0239*（0.059）	0.00280***（0.003）
λ	0.000932（0.843）	0.00665（0.891）	0.332（0.680）	0.234*（0.099）
η	0.00102（0.424）	0.0406**（0.020）	-0.233（0.416）	0.0990（0.184）
ρ	0.971***（0.000）	0.964***（0.000）	0.946***（0.000）	0.872***（0.000）
统计检验	R^2=0.970 S.E=0.000991	R^2=0.992 S.E=0.00859	R^2=0.843 S.E=0.1896	R^2=0.931 S.E=0.0206

注 ①表中各系数或者统计量后括号内数据为其 P 值。

②***、** 和 * 分别表示在 1%、5% 和 10% 的置信概率水平下显著。

[1] 由于篇幅所限，ADF 检验结果未在文中列出，数据备索。

表 9-1 显示：①ρ 值在各规则下都比较大且均在 1% 的统计水平上显著，表明我国货币管理部门在调整货币政策工具时具有显著的平滑特征。同时，ρ 值的大小在一定程度上也可以反映出中国人民银行的主动性，较大的 ρ 值表明中国人民银行能够主动对各货币政策工具进行调整（张屹山和张代强，2008）。②规则 1 的通胀系数 β 符号与预期相反，这可能是由我国需要保持实体经济的快速发展造成管制利率的被动下降所致。规则 2 的 β 值符号与预期相一致且在 5% 的统计水平上显著，但其值小于 1。这表明我国市场利率规则在抑制通胀目标上调整的程度并不够，名义利率的提高不足以弥补通胀率上涨的程度，导致实际利率下降。另外，规则 4 的通胀系数在 1% 的统计水平上是显著的，表明信贷规模规则是关注通胀变动的。规则 3 的通胀系数符号与预期相反，这可能是由于我国的外汇占款过度增多，导致了基础货币的被动增加。③在四个规则中，规则 1 和规则 4 的产出缺口系数符号与预期一致，且规则 1 在 10% 的统计水平上是显著的，这表明管制利率对产出波动做出了明显的反应。④在四个规则中仅有规则 2 的房价缺口系数 η 是符合预期且在 1% 的统计水平上显著，这可能是由中国人民银行制定货币政策时没有充分考虑到房产价格和经常账户余额因素造成的。⑤表 9-1 各变量的符号表明，中国人民银行试图通过多种货币工具的综合使用达到多种调控目标。

表 9-2 剔除房产价格和经常账户余额因素的货币政策规则 GMM 回归结果

规则	规则 1	规则 2	规则 3	规则 4
政策工具	dr	mak	mc	l
β	−0.094（0.537）	0.142**（0.031）	0.265（0.168）	−0.179***（0.003）
γ	0.00193*（0.058）	−0.00581（0.732）	0.168*（0.064）	−0.00821（0.863）
δ	0.000115（0.725）	0.0142***（0.0002）	−0.0124*（0.075）	0.0217***（0.002）
ρ	0.971***（0.000）	0.953***（0.000）	0.907***（0.000）	0.847***（0.000）
统计检验	R^2=0.970 S.E=0.000999	R^2=0.990 S.E=0.00864	R^2=0.834 S.E=0.189	R^2=0.930 S.E=0.0208

注 ①表中各系数或者统计量后面括号内数据为其 P 值。

②***、** 和 * 分别表示在 1%、5% 和 10% 的置信概率水平下显著。

表 9-2 显示：①即使在剔除房产价格和经常账户余额因素的情况下，ρ 值仍比较大且在 1%统计水平上是显著的，表明我国货币当局在调整这四种货币政策工具时具有平滑性。②规则 2 和规则 4 的通胀系数 β 符号为正且都是显著的，说明中央银行在制定和执行货币政策时是致力于反通胀的。③产出缺口系数 γ 符号在规则 1 和规则 4 下与预期一致，表明即使剔除房产价格和经常账户余额因素，产出缺口依然是我国货币政策规则关注的重点。

对比表 9-1 和表 9-2 的回归结果可以发现：① ρ 值均比较大且在 1% 的统计水平上显著，表明我国货币当局非常注重政策的平滑性。②无论是否包含房产价格和经常账户余额因素，我国的利率政策在反通胀目标上仅是“适应性”的，使通胀存在自我实现的可能。但是引入房产价格和经常账户余额因素的规则 2 和规则 4 相比于剔除房产价格和经常账户余额因素的规则 2 和规则 4 对通胀的反应程度更加强烈 [0.25***（0.022）> 0.142***（0.031），-0.216***（0.002）> -0.179***（0.003）]。这说明房产价格因素包含着对通胀预期有价值的信息，因此纳入房产价格因素的货币反应函数模型能够对通胀做出更加充分有效的反应。③无论是否包含房产价格和经常账户余额因素，货币政策反应函数模型中的规则 1 和规则 4 的产出缺口系数符号与预期一致。这表明我国货币政策规则十分注重对产出波动的调控。④在以上两个货币政策反应函数模型回归结果中，规则 3 的汇率缺口系数符号均与预期一致，这表明基础货币规则代表着货币政策对汇率缺口的反应。⑤统计检验结果表明纳入房产价格和经常账户余额因素的货币政策反应函数模型比剔除房产价格和经常账户余额因素的模型拟合程度更高（表 9-1 中规则 2、规则 3 和规则 4 的 R^2 值大于表 9-2 中规则 2、规则 3 和规则 4 的 R^2 值）。

二、稳健性检验

由于 GMM 回归对工具变量的选取特别敏感，采用不同工具变量回归结果往往会产生巨大的差异，这并不符合统计学中对于模型稳健性的要求。

为了检验模型的稳健程度，从以下两个角度对 GMM 回归结果进行稳健性检验：①使用 2009 年 1 月至 2017 年 9 月的子样本区间替代 1998 年 1 月至 2017 年 9 月的总样本。②使用 OLS 方法取代 GMM 方法。

（一）利用子样本替代总样本

需要说明的是，本小节之所以选取 2009 年 1 月至 2017 年 9 月的子样本区间，是因为 2009 年我国为了应对“次贷危机”的影响在市场上注入了大量的流动性。回归结果如表 9-3、表 9-4 所示。

表 9-3 纳入房产价格和经常账户余额因素的货币政策规则 GMM 回归结果

规则	规则 1	规则 2	规则 3	规则 4
政策工具	dr	mak	mc	l
β	-0.00134（0.586）	0.0236*（0.062）	0.142（0.76）	-0.0965**（0.03）
γ	0.00204*（0.056）	-0.00186（0.899）	0.229*（0.074）	-0.0185（0.684）
δ	-0.00110（0.391）	0.00215（0.659）	-0.00151*(0.085）	-0.0294*（0.085）
λ	-0.00278（0.496）	0.000367（0.991）	0.723（0.430）	0.174*（0.052）
η	0.00223（0.349）	0.0262（0.083）	-1.177（0.122）	0.0227（0.669）
ρ	0.982***（0.000）	0.943***（0.000）	0.912***（0.000）	0.920***（0.000）
统计检验	R^2=0.965 S.E=0.001029	R^2=0.936 S.E=0.00586	R^2=0.844 S.E=0.205	R^2=0.955 S.E=0.0124

注 ①表中各系数或者统计量后面括号内数据为其 P 值。

②***、** 和 * 分别表示在 1%、5% 和 10% 的置信概率水平下显著。

表 9-4　剔除房产价格和经常账户余额因素的货币政策规则 GMM 回归结果

规则	规则 1	规则 2	规则 3	规则 4
政策工具	dr	mak	mc	l
β	−0.000109（0.96）	0.0102*（0.069）	0.483（0.38）	−0.0848*（0.082）
γ	0.00198*（0.067）	−0.00260（0.859）	0.253*（0.092）	−0.0181（0.690）
δ	−0.00102（0.407）	0.00152（0.749）	−0.0355**（0.014）	−0.0286*（0.086）
ρ	0.983***（0.000）	0.947***（0.000）	0.917***（0.000）	0.918***（0.000）
统计检验	R^2=0.968 S.E=0.001032	R^2=0.935 S.E=0.00587	R^2=0.843 S.E=0.205	R^2=0.953 S.E=0.0127

注　① 表中各系数或者统计量后括号内数据为其 P 值。

② ***、** 和 * 分别表示在 1%、5% 和 10% 的置信概率水平下显著。

（二）使用 OLS 方法取代 GMM 方法

Xiao 等（2008）指出，GMM 估计方法是一种对回归选取工具变量十分敏感的估计方法，这就违反了计量学中对于模型稳健性的原则要求。因此，在本小节中利用 OLS 方法对 GMM 估计进行稳健性检验，OLS 回归结果见表 9-5、表 9-6 所示。

表 9-5　纳入房产价格和经常账户余额因素的货币政策规则 OLS 回归结果

规则	规则 1	规则 2	规则 3	规则 4
政策工具	dr	mak	mc	l
β	−0.00144（0.360）	0.1055***（0.000）	0.186*（0.06）	−0.116***(0.001）
γ	0.00208*（0.078）	−0.0004（0.986）	0.0152*（0.073）	−0.0472（0.345）
δ	0.0002（0.370）	−0.00151（0.458）	−0.00272*(0.094）	0.00311（0.525）
λ	−0.000701（0.803）	0.0665***（0.0009）	0.0946（0.863）	0.162**（0.016）
η	0.00106（0.626）	0.0475**（0.016）	−0.193（0.644）	0.0389（0.429）
ρ	0.982***（0.000）	0.987***（0.000）	0.915***（0.00）	0.917***（0.000）
统计检验	R^2=0.973 S.E=0.000966	R^2=0.993 S.E=0.00872	R^2=0.843 S.E=0.185	R^2=0.927 S.E=0.0209

注　①表中各系数或者统计量后括号内数据为其 P 值。

② ***、** 和 * 分别表示在 1%、5% 和 10% 的置信概率水平下显著。

表 9-6 剔除房产价格和经常账户余额因素的货币政策规则 OLS 回归结果

规则	规则 1	规则 2	规则 3	规则 4
政策工具	dr	mak	mc	l
β	-0.00129（0.402）	0.0989***（0.000）	0.158（0.591）	-0.109***(0.0015）
γ	0.00204*（0.085）	-0.00117 （0.958）	0.160*（0.072）	-0.0445（0.376）
δ	0.000165（0.434）	-0.00085（0.978）	-0.00918*（0.082）	0.00172 （0.702）
ρ	0.983***（0.000）	0.988**（0.011）	0.916***（0.000）	0.922***（0.000）
统计检验	R^2=0.973 S.E=0.000968	R^2=0.992 S.E=0.00881	R^2=0.843 S.E=0.185	R^2=0.926 S.E=0.0209

注 ①表中各系数或者统计量后括号内数据为其 P 值。

②***、** 和 * 分别表示在 1%、5% 和 10% 的置信概率水平下显著。

表 9-3 至表 9-6 的回归结果表明，表 9-1、表 9-2 的估计结果总体上是稳健的，主要体现在以下几方面：①规则 2 在子区间上的通胀缺口系数 β 仍然为正，且纳入房产价格和经常账户余额因素的货币政策反应函数模型相比于剔除房产价格和经常账户余额因素的反应函数模型 β 仍较大。②规则 1 和规则 4 的产出缺口系数 γ 符号仍然与预期一致，且规则 1 中的产出缺口系数 γ 在 10%的统计水平上显著。③规则 3 的汇率缺口系数 δ 仍与预期一致。④子区间中各变量的系数及其符号在此表明每个货币政策规则在面对多个调控目标时都往往会面临彼此矛盾的困境。

综合表 9-1 至表 9-6 的结果可以发现：①在具体实践中国人民银行不同的货币政策规则时似乎拥有不同的调控目标，其中“管制利率(dr)”和“贷款规模（l）”侧重对产出缺口的反应，“市场利率（mak）”侧重对通胀缺口的反应，“基础货币（mc）”和“贷款规模（l）”倾向调控汇率缺口和经常账户余额缺口。②纳入房产价格和经常账户余额的货币政策反应函数模型可以更加准确地描述我国货币政策工具变量的意图，并且该模型对我国实际情况拟合程度更高。在考察的各规则中仅有市场利率规则对于房价的波动做出了显著的反应。

本章小结

本章基于1998年1月至2017年9月的相关月度数据，综合利用HP滤波、GMM回归和OLS估计等计量方法，将房价因素纳入广义前瞻性货币政策反应函数模型中，利用该模型对我国常用的四个货币政策工具进行实证分析并与剔除房价因素的反应函数模型相对比，可以得到如下结论：

（1）通过对比可以发现，引入房产价格和经常账户余额因素的货币反应函数模型中通胀缺口系数β为0.25，这表明每当通胀上升1%，市场利率应上调0.25%。而在剔除房产价格和经常账户余额因素的模型中，通胀缺口系数β为0.142。显然包含房产价格和经常账户余额因素的货币政策反应函数模型在对通胀的反应程度上相比于没有纳入房产价格和经常账户余额因素的模型更加积极且拟合程度更高。此外，通过实证结果发现，管制利率规则和信贷规模规则的产出缺口系数γ符号始终与预期一致，这表明我国的货币政策规则在很大程度上是注重产出缺口波动的。而且，在四个货币政策规则中仅有市场利率规则的房产缺口系数η显著，其他货币政策规则没有对房产价格因素做出显著的反应。

（2）在考察的所有工具变量中，市场利率规则表现最为全面。市场利率侧重对通货膨胀的控制，虽然该规则对通胀的反应仅是“适应性的”，但这种反应在引入房产价格和经常账户余额因素的货币政策反应函数模型中更加明显。

（3）四个货币政策工具的综合使用，表明了中国人民银行试图运用不同的货币政策以完成对不同目标的调控。总体来说，市场利率规则变量主要关注通胀目标，管制利率规则和信贷规模规则致力于名义收入目标，基础货币规则变量侧重汇率目标。

基于以上分析结果，我们认为纳入房产价格和经常账户余额因素的货币政策反应函数模型不但能够更好地模拟我国的实际情况，而且对于通胀的反应更加积极。此外，目前我国存在多种货币政策工具和多种调控目标并存的局面，因此，货币当局不仅需要多种货币政策工具相互配合使用，还需要其他宏观调控政策的协调配合，由此才可以为经济平稳协调发展提供支持。

第十章 结论建议与研究展望

近些年来，虽然外在环境与内在条件不断变化，但我国金融深化改革进程的整体趋势是稳步推进的，金融发展程度在逐步提高，我国的金融市场一直处于不断的变革之中，而金融市场的演变和发展无疑会对资产价格和经济发展的内外部均衡产生重要影响。与此同时，我国房产价格高企和经常账户失衡的问题受到越来越多的关注。自实行住房制度改革以来，房产价格大幅上涨，经常账户余额出现大幅波动，经常账户余额增速近期甚至一度出现了负增长。那么，我们不禁要问，在我国，金融发展、房产价格和经常账户余额三者之间存在着怎样的关系，金融发展对房产价格和经常账户余额有何影响，以上问题的研究对处于金融深化改革进程中的中国经济无疑具有重要的现实意义。此外，中国人民银行运用货币政策调控宏观经济以减轻经济波动，促进国民经济稳定健康发展，然而考虑到我国货币政策存在“多工具、多目标”的现实状况，本书在更适用于我国经济情况的理论框架下，考虑房产价格与经常账户余额等因素的影响，对货币政策反应函数进行一系列的理论和实证分析，并据此构建广义修正的中国货币政策前瞻性反应函数，进而提出一系列针对性的政策建议，为中国人民银行操作提供一定的依据，提高货币政策反应函数模型对现实经济的契合程度，从而提高货币政策的透明度与可信度，降低政策与实践的不一致性。

第一节　主要结论

本书通过构建一个开放经济动态随机一般均衡模型并结合 MS-VAR 模型、TVP-SV-VAR 模型和贝叶斯 DCC-GARCH 模型，分别从理论模型和实证计量角度系统、全面地分析了金融深化、房产价格与经常账户余额的动态相关性，然后在此基础上通过构建广义前瞻性的货币政策反应函数模型并结合 GMM 回归模型以检验我国的货币政策是否需要对房产价格和经常账户余额的波动做出反应。我们将从以下几个角度概括全文的结论。

一、金融深化对房产价格、经常账户余额动态影响的理论模型分析

本书首先构建了开放经济动态随机一般均衡模型，采用校准和贝叶斯估计方法确定模型的相关参数，然后通过脉冲响应分析、方差分解分析、乘数效应分析和社会福利损失分析等方法系统考察了金融深化对房产价格和经常账户余额的动态影响，研究结果表明：

第一，脉冲响应和乘数效应分析表明，由金融深化引致的直接投资冲击、风险溢价冲击、抵押率冲击和金融杠杆冲击一方面推高了房产价格，另一方面则恶化了经常账户余额，充分解释了目前我国房产价格高企和经常账户余额增速大幅放缓并存的现象；方差分解分析进一步发现金融深化引致的冲击可以解释房产价格和经常账户余额 20% 以上的波动，是影响我国房产价格和经常账户余额的重要因素；最后，社会福利损失分析表明在由金融深化引致的四项冲击中，直接投资冲击引致的社会福利损失最小，而金融杠杆冲击引致的社会福利损失最大。

第二，基于本书的研究结论，我们认为，随着我国金融深化水平的不断提高，房产市场的金融投资属性日益凸显，金融渠道对经常账户失衡的重要调整作用受到越来越多的重视，金融深化、房产价格和经常账户余额三者之间的关系会日趋紧密，金融深化对房产价格、经常账户余额和社会福利的影响会日益加深，而过度、过快的金融深化势必会迅速推高房产价

格、恶化经常账户盈余，进而加剧宏观经济运行的不稳定性，增加社会福利损失。

二、不同经济状态下金融深化、房产价格和经常账户余额之间的动态关系分析

本书在理论模型分析的基础上进而构建了包含金融深化（FD1、FD2）、房产价格和经常账户余额在内的MS-VAR模型，实证分析在不同经济状态下变量之间的动态关系，得到以下结论：

（1）在区制1或区制2下，选取金融深化指标FD1：总贷款余额/国内生产总值或FD2：（广义货币总量+股票市值）/国内生产总值的研究结果表明，金融深化程度的加深会显著促使房产价格上涨，抑制经常账户余额的积累，进而有利于缓解经常账户失衡的现实状况。金融深化对房产价格和经常账户余额的这种影响非常稳定，不会因金融深化指标不同而改变，也不会因处于不同时间不同区制条件而改变。

（2）前期经常账户顺差增加会引起国内房产价格的上涨，而国内房产价格的持续快速上涨既可以引起经常账户余额的增长，也可以抑制经常账户余额的积累。这是因为近十年来国内资产价格走高，特别是房价过快上涨，一方面使房产的“财富效应”凸显，拥房消费者消费增加，在其他条件不变的前提下消费进口商品增多，进而减少了净出口。同时由于投资回报较高，诱使大量短期国际资本流入，造成经常账户余额减少。另一方面房价的突飞猛进也使“房奴”效应日益凸显，更多消费者为买房而储蓄，不得不减少对进口商品的消费而进行储蓄，造成我国经常账户盈余的进一步扩大。此外，后期资产价格上涨已经超过一定幅度，国际资本预期国内资本市场泡沫积聚过大可能存在风险，因此，导致短期国际资本的流出，经常账户余额增加。

（3）第三，在不同的经济状态下，变量间的动态关系并不相同。区制1（表示该经济系统金融深化相对滞缓的状态）下，房产价格上升（HP>0）会抑制金融深化程度的进一步加深，而在区制2（该经济系统金融深化加

速的状态）下，会促进金融深化程度的进一步加深；两区制下，经常账户盈余的增加，会导致房产价格的持续上涨（HP>0）。这主要是由于经常账户顺差增大，使国民收入增加，整体上支撑国内房产价格上涨。

三、金融深化、房产价格和经常账户余额之间的时变特征分析

考虑到我国金融深化相关政策的制定与实施除了要应对经济环境的周期性变化，还需要面临制度、技术、政治因素等外部条件不断变化的挑战，因此，本书构建 TVP-SV-VAR，利用 MCMC 方法连续抽样模拟，检验金融深化、房产价格和经常账户余额三者之间的时变效应，着重分析金融深化对房产价格、经常账户余额的动态影响及传导机制，主要得到以下几点结论：

第一，选取总贷款余额 / 国内生产总值和（广义货币总量 + 股票市值）/ 国内生产总值作为金融深化的代理变量，金融深化、房产价格和经常账户余额三者之间均呈现出较强的时变特征，即三者之间的联动关系随时间变化而变化，这充分表明金融深化、房产价格和经常账户余额之间的互动关系是时变而复杂的。

第二，选取 FD1（总贷款余额 / 国内生产总值）还是 FD2[（广义货币总量 + 股票市值）/GDP] 作为金融深化的代理变量，其对房产价格和经常账户余额的影响是显著且稳定的，即金融深化可以显著推动房产价格的上涨，这种影响在当期就达到最大值，随后随时间的推移而逐渐缩小；金融深化会抑制经常账户顺差的积累，有利于缓解现阶段我国经常账户余额失衡的状况。由于现阶段我国的金融深化进程在不断推进，如利率市场化、放松资本账户管制、扩大汇率弹性空间等，这些有利于金融深化程度进一步发展的措施无疑是影响我国房价快速上涨、抑制外部失衡加剧的重要因素。

第三，在不同时点、不同滞后（提前）期下，房产价格对金融深化、经常账户余额的影响，以及经常账户对金融深化、房产价格的动态影响是不确定的。也就是说，房产价格（经常账户余额）冲击既可能有利于推进

金融深化，也可能抑制金融深化；既可能扩大经常账户顺差积累（推高房产价格），也可能减少经常账户顺差（抑制房产价格上涨）。

四、金融深化、房产价格和经常账户余额之间的动态相关性分析

本书进一步利用贝叶斯 DCC-GARCH 模型，定量分析了金融深化、房产价格、经常账户余额三个序列的波动特征及其相关性，具体可得到以下结论：

第一，回归结果表明采用 DCC 模型进行分析金融深化、房产价格和经常账户余额之间动态相关性是合理的。根据模型参数估计结果可以看出，金融深化（FD1 或 FD2）、房产价格和经常账户余额的波动具有非对称性。

第二，金融深化、经常账户余额的波动风险相对较小，而房产价格的波动风险相对较大。金融深化与房产价格、金融深化与经常账户余额，以及房产价格与经常账户余额的关联系数图说明，金融深化、房产价格和经常账户余额三者之间具有较强的相关性，但其相关程度并不是单一稳定的，而是随时间变化而变化的。

第三，在金融深化与房产价格、金融深化与经常账户余额和房产价格与经常账户余额的关联程度中，金融深化与房产价格之间的关联程度最高，金融深化与经常账户余额的关联程度次之，而房产价格与经常账户余额关联程度最低。此外，金融深化与房产价格之间除了“次贷危机”期间呈现负向相关关系外，其余大多呈现正向相关关系，而金融深化与经常账户余额之间大多呈现出负向相关关系，房产价格与经常账户余额之间则呈现出微弱的正向相关关系，这说明现阶段金融深化进程的推进一方面有利于推高房产价格，另一方面则会抑制经常账户余额的积累。

五、纳入房产价格和经常账户余额的货币政策反应函数分析

第一，通过对比可以发现，显然包含房产价格和经常账户余额因素的

货币政策反应函数模型在对通胀的反应程度上相比没有纳入房产价格和经常账户余额因素的模型更加积极且拟合程度更高。此外，通过实证结果我们发现管制利率规则和信贷规模规则的产出缺口系数符号始终与预期一致，这表明我国的货币政策规则在很大程度上是注重产出缺口波动的。而且，在四个货币政策规则中仅有市场利率规则的房产缺口系数显著，其他货币政策规则没有对房产价格因素做出显著反应。

第二，在考察的所有工具变量中，市场利率规则表现最为全面。市场利率侧重对通货膨胀的控制，虽然该规则对通胀的反应仅是“适应性的”，但这种反应在引入房产价格因素的货币政策反应函数模型中更加明显。四个货币政策工具的综合使用，表明了中国人民银行试图运用不同的货币政策以完成对不同目标的调控。总体来说，市场利率规则变量主要关注通胀目标，管制利率规则和信贷规模规则致力于名义收入目标，基础货币规则变量侧重汇率目标。

第三，我们认为纳入房产价格和经常账户余额因素的货币政策反应函数模型不但能够更好地模拟我国的实际情况，而且对于通胀的反应更加积极。此外，目前我国存在多种货币政策工具和多种调控目标并存的局面，因此，货币当局不仅需要多种货币政策工具相互配合使用，还需要其他宏观调控政策的协调配合，由此才可以为经济平稳协调发展提供有力支持。

第二节　政策建议

本书研究的主要目标是系统梳理和分析金融深化、房产价格和经常账户余额三者之间的相关关系，此外，另一个目的是为货币政策决策部门制定相关政策提供借鉴和参考。根据本书的主要结论，结合我国货币政策执行的实际情况，所提主要政策建议如下：

第一，基于本书的研究结论，我们认为，在当前我国复杂的经济运行环境下，应逐步稳妥地推进金融结构的发展和深化。随着我国金融发展水平的不断提高，房产市场的金融投资属性日益凸显，金融渠道对经常账户余额失衡的重要调整作用受到越来越多的重视，金融深化、房产价格和经常账户余额三者之间的关系会日趋紧密，金融深化对房产价格、经常账户余额和社会福利的影响会日益加深，而过度、过快的金融发展势必会迅速推高房产价格、恶化经常账户盈余，进而加剧宏观经济运行的不稳定性，增加社会福利损失。因此，需要审慎对待相关金融深化进程的推进。

第二，准确把握金融深化、房产价格和经常账户余额三者之间的状态转制时点，区别对待不同区制条件下三者之间的相关关系。将状态转制时点纳入对金融深化、房产价格和经常账户余额三者之间动态关系的考虑范畴，及时调整政策方向有助于避免政策在转制期时偏离预期目标和加剧经济波动；在区制转换过程中相应地增强或减弱政策的操作力度，有助于政策预期的实现和促进经济周期的平稳过渡。

第三，关注宏观审慎管理。金融去（加）杠杆、稳定汇率、贷款投放节奏、通胀压力、西方主要发达国家货币政策、经济前景变化等可能会不同程度地充当中国人民银行调整货币政策的动机，不过更应当强调的是关注整个金融系统的稳定，警惕货币宽松中金融脆弱性的积聚，加强对通货膨胀及预期变化的监控，防范由金融体系顺周期波动和跨部门传染导致的系统性风险，形成可操作的政策框架，以实现向宏观审慎视角的转变过程。

第四，更加注重预期管理。充分利用货币政策预期调控经济，在货币政策执行过程中考虑后顾的同时关注前瞻，及时与市场和主要金融机构沟通中国人民银行政策意向，促进政府与市场的货币政策预期透明，合理引导市场预期，避免市场误读和扰动，降低资金环境和监管态度变化给机构流动性管理带来的成本。

第三节 研究展望

由于经济现象本身的复杂性和当期理论及计量分析的局限性，加之我国经济环境与制度建设的不断革新变化，对金融深化、房产价格和经常账户余额的动态相关性，以及货币政策反应函数的研究极具复杂性。在未来的研究中仍有一些问题需要进一步探讨和完善：

第一，由于当前宏观经济的运行特点，实证层面针对长期变化趋势的探讨存在不足。同时期内影响金融深化的因素错综复杂，包括政策体制、金融创新、技术变迁等方面的冲击，由于缺乏有效量化的手段，本书在实证分析中没有对这些影响因素进行进一步的细分和讨论，而是利用金融深化这一概念进行整体概括，因此，针对长期变化趋势的探讨是今后研究的一个重要方向。

第二，本书虽然构建了开放经济的研究模型，但并没有侧重分析外部冲击或金融深化对我国房产价格与经常账户余额波动的动态影响。随着我国与全球各国和地区贸易合作等经济往来日趋密切，外部经济体发生的一些冲击对我国的影响会越来越大，与之相关的研究课题也会愈发重要，如美国、欧盟与日本等国家和地区退出“量化宽松”等货币政策变动对我国房产价格与经常账户余额的动态效应研究；国际贸易联盟关系对我国汇率、房产价格与经常账户余额的动态影响效应研究；西方主要发达经济体经济波动对我国房产价格与经常账户余额的冲击研究；国际汇率体系格局变动对我国房产价格与经常账户余额的影响。对内而言，尽管本书对金融深化对房产价格与经常账户余额的影响作了较为系统、全面的分析，但结合现阶段金融深化的特征，可以进一步研究的课题有金融科技发展对我国房产价格与经常账户余额的动态影响研究；监管政策变化对我国房产价格与经常账户余额的动态影响研究；金融脱媒化对我国房产价格与经常账户余额的动态影响研究等。

第三，受实证方法及数据获得的限制，数据样本选取存在不足。由于数据可得性限制，实证分析使用的数据以 1998 年作为样本起始点，无法说明在此之前金融深化、房产价格与经常账户余额之间的关系，这使描述我国金融深化的过程并不完全，因此，补充相关数据推进此研究是一个重要的研究方向。此外，描述金融深化的指标多种多样，并没有一个全面的、最具说服力的代理变量，这可能会对最终结果的科学性产生一定的负面影响，对金融深化指标的系统准确定义也有益于我们的研究。此外，本书仅从宏观视角对我国货币政策是否应对房产价格和经常账户余额的波动做出反应，但微观经济主体对货币政策的反应及敏感程度的变化也是一个值得深入研究的课题，如货币政策对家庭（企业）投资倾向影响机制的动态效应研究；货币政策传导渠道动态效应对金融机构流动性管理的影响研究；投资者资产配置与货币政策传导渠道动态效应的关系研究；不同行业（区域）间对货币政策传导渠道动态效应的反应差异研究等。

参考文献

[1] 卞志村，杨源源 . 结构性财政调控与新常态下财政工具选择 [J]. 经济研究，2016（3）：66-80.

[2] 蔡德容，马南南，万建永，等 . 我国储蓄投资失衡对经常项目失衡的影响：基于两缺口模型的实证研究 [J]. 南京农业大学学报（社会科学版），2008，8（4）：39-45.

[3] 曹强，虞文美 . 金融结构与经常账户失衡研究：基于跨国面板数据的研究 [J]. 国际贸易问题，2016（3）：139-150.

[4] 陈斌开，金箫，欧阳涤非 . 住房价格、资源错配与中国工业企业生产率 [J]. 世界经济，2015（4）：77-98.

[5] 陈斌开，陆铭 . 迈向平衡的增长：利率管制，多重失衡与改革战略 [J]. 世界经济，2016（5）：29-53.

[6] 陈昆亭，周炎，黄晶 . 利率冲击的周期与增长效应分析 [J]. 经济研究，2015（6）：59-73.

[7] 陈利锋 . 金融冲击、货币政策与宏观审慎政策：基于动态随机一般均衡模型的分析 [J]. 科学决策，2016（4）：1-23.

[8] 陈诗一，王祥 . 融资成本、房地产价格波动与货币政策传导 [J]. 金融研究，2016（3）：1-14.

[9] 陈小亮 . 房地产对经济增长的短期与长期影响 [J]. 中国高校社会科学，2017（6）：52-60.

[10] 陈彦斌，刘哲希 . 推动资产价格上涨能够“稳增长”吗：基于含有市

场预期内生变化的 DSGE 模型 [J]. 经济研究，2017（7）：49–64.

[11] 崔光灿 . 房地产价格与宏观经济互动关系实证研究：基于我国 31 个省份面板数据分析 [J]. 经济理论与经济管理，2009（1）：57–62.

[12] 戴国强，张建华 . 货币政策的房地产价格传导机制研究 [J]. 财贸经济，2009（12）：31–37.

[13] 邓永亮 . “热钱”对我国资产价格影响的实证研究 [J]. 当代经济科学，2010，32（4）：20–28.

[14] 董凯，许承明 . 利率扭曲、房产价格与汇率波动 [J]. 世界经济研究，2017（10）：111–122.

[15] 丰雷，朱勇，谢经荣 . 中国地产泡沫实证研究 [J]. 管理世界，2002（10）：57–64.

[16] 付争 . 金融市场差异与全球经济失衡 [J]. 世界经济研究，2012（7）：10–15.

[17] 傅广敏 . 美联储加息、人民币汇率与价格波动 [J]. 国际贸易问题，2017（3）：131–142.

[18] 高东胜，岳岐峰，杨迪，等 . 居民杠杆率对消费的影响效应：促进还是抑制 [J]. 经济学家，2020（8）：100–109.

[19] 顾国达，麻晔 . 财政支出偏向、金融约束与中国外贸失衡 [J]. 国际贸易问题，2015（11）：156–164.

[20] 郭红兵，陈平 . 中国货币政策的工具规则和目标规则：“多工具，多目标”背景下的一个比较实证研究 [J]. 金融研究，2012（8）：29–43.

[21] 韩海燕 . 国内大循环视角下居民消费能力提升分析：兼论居民债务风险问题及其化解 [J]. 中国特色社会主义研究，2020（4）：40–46.

[22] 何东，王红林 . 利率双轨制与中国货币政策执行 [J]. 金融研究，2011（12）：1–18.

[23] 何国华，李洁 . 跨境资本流动、金融波动与货币政策选择 [J]. 国际金融研究，2017（9）：3–13.

[24] 何青，钱宗鑫，郭俊杰 . 房地产驱动了中国经济周期吗 ?[J]. 经济研究，2015（12）：41–53.
[25] 何兴强，杨锐锋 . 房价收入比与家庭消费：基于房产财富效应的视角 [J]. 经济研究，2019（12）：102–117.
[26] 何怡瑶 . 实体经济低迷与房地产繁荣之“困”[J]. 经济理论与经济管理，2017（9）：19–27.
[27] 洪涛，西宝，高波 . 房地产价格区域间联动与泡沫的空间扩散 [J]. 统计研究，2007（8）：64–67.
[28] 黄宪，黄彤彤 . 论中国的“金融超发展”[J]. 金融研究，2017（2）：26–41.
[29] 黄志刚，郭桂霞 . 资本账户开放与利率市场化次序对宏观经济稳定性的影响 [J]. 世界经济，2016（9）：3–27.
[30] 黄志刚，许伟 . 住房市场波动与宏观经济政策的有效性 [J]. 经济研究，2017（5）：103–116.
[31] 孔煜 . 房价波动、银行信贷与经济增长 [J]. 财经理论与实践，2009，30（5）：12–16.
[32] 雷达，赵勇 . 中美经济失衡的性质及调整：基于金融发展的视角 [J]. 世界经济，2009（1）：62–71.
[33] 李成，王彬，马文涛 . 资产价格、汇率波动与最优利率规则 [J]. 经济研究，2010（3）：91–103.
[34] 李江一 .“房奴效应”导致居民消费低迷了吗 ?[J]. 经济学（季刊），2018（1）：405–430.
[35] 李青原，李江冰，江春，等 . 金融发展与地区实体经济资本配置效率：来自省级工业行业数据的证据 [J]. 经济学季刊，2013（1）：527–548.
[36] 李青原，赵奇伟，李江冰，等 . 外商直接投资、金融发展与地区资本配置效率：来自省级工业行业数据的证据 [J]. 金融研究，2010（3）：

80–97.

[37] 李扬，余维彬，曾刚．经济全球化背景下的中国外汇储备管理体制改革 [J]. 国际金融研究，2007（4）：4–12.

[38] 李颖，胡日东．中国房地产价格与宏观经济波动：基于 PVAR 模型的研究 [J]. 宏观经济研究，2011（2）：26–30.

[39] 李勇刚，李祥．房价波动与金融支持的关联效应研究 [J]. 统计与决策，2012（7）：129–132.

[40] 梁云芳，高铁梅．中国房地产价格波动区域差异的实证分析 [J]. 经济研究，2007（8）：133–142.

[41] 刘斌．稳健的最优简单货币政策规则在我国的应用 [J]. 金融研究，2006（4）：41–64.

[42] 刘莉亚．境外"热钱"是否推动了股市、房市的上涨：来自中国市场的证据 [J]. 金融研究，2008（10）：48–70.

[43] 刘威，黄晓琪，陈继勇．金融发展、估值效应与外部失衡调节：基于两类金融渠道的比较研究 [J]. 国际贸易问题，2018（1）：164–174

[44] 刘威，黄晓琪，郭小波．金融异质性、金融调整渠道与中国外部失衡短期波动: 基于G20国家数据的门限效应分析 [J]. 金融研究，2017（7）：29–44.

[45] 刘晓光，刘元春，申广军．杠杆率的收入分配效应 [J]. 中国工业经济，2019（2）：42–60.

[46] 刘晓欣，雷霖．金融杠杆、房地产价格与金融稳定性：基于 SVAR 模型的实证研究 [J]. 经济学家，2017（8）：63–72.

[47] 刘晓星，姚登宝．金融脱媒、资产价格与经济波动：基于 DNK–DSGE 模型分析 [J]. 世界经济，2016（6）：29–53.

[48] 刘哲希，李子昂．结构性去杠杆进程中居民部门可以加杠杆吗 [J]. 中国工业经济，2018（10）：42–60.

[49] 柳苏芸，韩一军，包利民．价格支持政策改革背景下国内外大豆市场

动态关联分析：基于贝叶斯 DCC-GARCH 模型 [J]. 农业技术经济，2016（8）：72–84.

[50] 龙少波，陈璋，胡国良 . 货币政策、房价波动对居民消费影响的路径研究 [J]. 金融研究，2016（6）：52–66.

[51] 陆军，钟丹 . 泰勒规则在中国的协整检验 [J]. 经济研究，2003（8）：76–85.

[52] 罗知，张川川 . 信贷扩张、房地产投资与制造业部门的资源配置效率 [J]. 金融研究，2015（7）：60–75.

[53] 吕江林，陈惠，邱小安 . 信贷约束、房价与经济增长 [J]. 金融论坛，2015（1）：41–46.

[54] 马理，范伟 . 促进“房住不炒”的货币政策与宏观审慎“双支柱”调控研究 [J]. 中国工业经济，2021（3）：5–23.

[55] 马永坤，杨继瑞 . 资产价格波动与中国金融稳定发展 [J]. 学术月刊，2011（3）：81–88.

[56] 马勇 . 中国货币政策透明度的经验研究 [J]. 世界经济，2015（9）：3–28.

[57] 毛健 . 投资限制、金融摩擦与外部失衡 [J]. 国际金融研究，2015（9）：45–54.

[58] 茅锐，徐建炜，姚洋 . 经常账户失衡的根源：基于比较优势的国际分工 [J]. 金融研究，2012（12）：23–37.

[59] 梅冬州，赵晓军 . 资产互持与经济周期跨国传递 [J]. 经济研究，2015（4）：62–76.

[60] 孟宪春，张屹山，李天宇 . 有效调控房地产市场的最优宏观审慎政策与经济“脱虚向实”[J]. 中国工业经济，2018（6）：81–97.

[61] 邵宜航，刘仕保，张朝阳 . 创新差异下的金融发展模式与经济增长：理论与实证 [J]. 管理世界，2015（11）：29–39.

[62] 盛松成，张次兰 . 货币供应量的增加能引起价格水平的上涨吗：基于资产价格波动的财富效应分析 [J]. 金融评论，2010（3）：1–16.

[63] 石柱鲜，邓创，刘俊生，等 . 中国的自然利率与经济增长、通货膨胀的关系 [J]. 世界经济，2006（4）：12–16.
[64] 石自忠，王明利，胡向东 . 我国农产品价格与 CPI 动态关联性分析 [J]. 中国农业大学学报，2016（10）：155–164.
[65] 孙俊 . 金融结构演化与经济增长质量研究 [D]. 南京：南京大学，2014.
[66] 谭政勋，陈铭 . 房价波动与金融危机的国际经验证据：抵押效应还是偏离效应 [J]. 世界经济，2012（3）：146–159.
[67] 谭之博，赵岳 . 银行集中度、企业储蓄与经常账户失衡 [J]. 经济研究，2012（12）：55–68.
[68] 唐齐鸣，熊洁敏 . 中国的资产价格与货币政策反应函数模拟 [J]. 数量经济技术经济研究，2009（11）：104–113.
[69] 涂晓兵 . 中国货币政策中介目标的有效性分析及未来趋势 [J]. 江西财经大学学报，2008（2）：24–30.
[70] 万晓莉 . 我国货币政策能减小宏观经济的波动吗：基于货币政策反应函数的分析 [J]. 经济学季刊，2011（2）：435–456.
[71] 王博，刘澜飚 . 金融渠道对中国外部失衡调整的影响研究 [J]. 经济学动态，2013（11）：82–87.
[72] 王国静，田国强 . 金融冲击和中国经济波动 [J]. 经济研究，2014（3）：20–34.
[73] 王晋斌 . 金融控制政策下的金融发展与经济增长 [J]. 经济研究，2007（10）：95–104.
[74] 王君斌，郭新强 . 经常账户失衡、人民币汇率波动与货币政策冲击 [J]. 世界经济，2014（8）：42–69.
[75] 王拉娣，安勇，王佳 . 房价波动与银行信贷风险的动态相关关系研究 [J]. 经济问题，2014（12）：42–47.
[76] 王申，陶士贵 . 人民币汇率、短期国际资本流动与资产价格 [J]. 金融论坛，2015（7）：59–70.

[77] 王胜，田涛．中国货币政策对资产价格波动反应的模拟分析 [J]. 技术经济，2013（3）：105–109.

[78] 王文春，荣昭．房价上涨对工业企业创新的抑制影响研究 [J]. 经济学季刊，2014（1）：465–490.

[79] 王晓杰，赵俊燕．危机背景下中国经济内外部失衡统计分析 [J]. 亚太经济，2009（5）：91–96.

[80] 王叙果．金融约束：经常项目失衡分析的新思路 [J]. 财贸经济，2006（9）：86–89.

[81] 王燕武，李文溥．居民负债压力下的财政政策效应 [J]. 中国工业经济，2020（12）：28–46.

[82] 王勇．通过发展消费金融扩大居民消费需求 [J]. 经济学动态，2012（8）：75–78.

[83] 魏巍贤，原鹏飞．住房价格上涨的金融支持及检验：基于 VEC 模型的实证分析 [J]. 财贸研究，2009（2）：83–89.

[84] 魏玮，陈杰．加杠杆是否一定会成为房价上涨的助推器：来自省际面板门槛模型的证据 [J]. 金融研究，2017（12）：48–63.

[85] 吴海民．资产价格波动、通货膨胀与产业“空心化”：基于我国沿海地区民营工业面板数据的实证研究 [J]. 中国工业经济，2012（1）：46–56.

[86] 吴晓瑜，王敏，李力行．中国的高房价是否阻碍了创业？[J]. 经济研究，2014（9）：121–134.

[87] 肖本华．我国的信贷扩张与房地产价格 [J]. 山西财经大学学报，2008（1）：27–31.

[88] 谢平，罗雄．泰勒规则及其在中国货币政策中的检验 [J]. 经济研究，2002（3）：3–12.

[89] 邢有为．金融发展对房价上涨的门槛效应研究 [J]. 价格月刊，2015（6）：13–16.

[90] 徐朝阳．供给抑制政策下的中国经济 [J]. 经济研究，2014（7）：81–93.

[91] 徐建炜，姚洋．国际分工新形态、金融市场发展与全球失衡 [J]. 世界经济，2010（1）：3–30.

[92] 徐晶．房价上涨与经济增长的退耦分析 [J]. 管理世界，2013（9）：172–173.

[93] 徐雅婷，刘一楠．房地产抵押、汇率冲击与资本账户开放：一个开放经济条件下的 DSGE 分析框架 [J]. 国际贸易问题，2019（5）：144–161.

[94] 许桂华，彭俊华，戴伟．房价波动、挤出效应与金融支持实体经济效率：基于省际空间面板的分析 [J]. 财经科学，2017（8）：23–37.

[95] 闫先东，朱迪星．房地产价格上升能拉动经济增长吗：基于中国的实证研究 [J]. 金融监管研究，2016（5）：1–30.

[96] 严金海．论房价对中国产出和通货膨胀率的影响 [J]. 中国土地，2009，23（10）：14–19.

[97] 杨冬，张月红．人民币实际汇率、短期国际资本与资产价格：基于时变参数向量自回归模型 [J]. 国际贸易问题，2014（7）：155–165.

[98] 杨雪锋，陈惠雄．房地产真的能救经济吗：信贷扩张、楼市虚热与增长抑制 [J]. 学术月刊，2010（11）：62–70.

[99] 杨源源，于津平．新常态下中国最优货币调控范式选择：基于财政货币政策互动视角 [J]. 世界经济文汇，2017（2）：72–86.

[100] 杨源源，于津平，高洁超．国际技术竞争与利率“L 型”演化之谜 [J]. 中国工业经济，2020（3）：44–62.

[101] 杨珍增，陆建明．金融发展、国际分工与全球失衡 [J]. 世界经济研究，2011（3）：21–27.

[102] 杨子晖，陈创练．金融深化条件下的跨境资本流动效应研究 [J]. 金融研究，2015（5）：34–49.

[103] 余静文，谭静，蔡晓慧．高房价对行业全要素生产率的影响：来自中国工业企业数据库的微观证据 [J]. 经济评论，2017（6）：22-37.

[104] 余泳泽，张少辉．城市房价、限购政策与技术创新 [J]. 中国工业经济，2017（6）：98-116.

[105] 余壮雄，林建浩．谁推高了房价？开发商、置业者还是地方政府 [J]. 经济学家，2010（5）：30-38.

[106] 袁东，何秋谷，赵波．实际有效汇率、“热钱” 流动与房屋价格：理论与实证 [J]. 金融研究，2015（9）：17-33.

[107] 袁志刚，樊潇彦．房地产市场理性泡沫分析 [J]. 经济研究，2003（3）：34-43.

[108] 原鹏飞，冯蕾．经济增长、收入分配与贫富分化：基于 DCGE 模型的房地产价格上涨效应研究 [J]. 经济研究，2014（9）：77-90.

[109] 原鹏飞，魏巍贤．房地产价格波动的宏观经济及部门经济影响 [J]. 数量经济技术经济研究，2010（5）：88-103.

[110] 翟晓英，刘维奇．中国经常账户失衡问题研究 [J]. 国际金融研究，2012（8）：38-49.

[111] 张成思．金融化的逻辑与反思 [J]. 经济研究，2019（11）：4-20.

[112] 张李登，唐齐鸣，张誉航．房价波动、住房信贷与宏观审慎政策 [J]. 中国管理科学，2019（6）：1-9.

[113] 张甜迪．金融发展水平差异对中国经济外部失衡的影响 [J]. 统计与决策，2013（8）：139-142.

[114] 张屹山，张代强．包含货币因素的利率规则及其在我国的实证检验 [J]. 经济研究，2008（12）：65-74.

[115] 赵进文，高辉．资产价格波动对中国货币政策的影响：基于 1994—2006 年季度数据的实证分析 [J]. 中国社会科学，2009（2）：106-114.

[116] 赵胜民，罗琦．金融摩擦视角下的房产税、信贷政策与住房价格 [J].

财经研究，2013（12）：72-84.
[117] 赵文胜，张屹山，赵杨．短期国际资本流动对中国市场变化的反应分析 [J]. 数量经济技术经济研究，2011（3）：104-117.
[118] 赵杨，张屹山，赵文胜．房地产市场与居民消费、经济增长之间的关系研究：基于 1994—2011 年房地产市场财富效应的实证分析 [J]. 经济科学，2011（6）：30-41.
[119] 郑忠华，邸俊鹏．房地产借贷、金融加速器和经济波动：一个贝叶斯估计的 DSGE 模拟研究 [J]. 经济评论，2012（6）：25-35.
[120] 钟腾．房地产抵押品价值变动的实体经济效应 [J]. 财经研究，2017（10）：55-66.
[121] 钟正生，张璐．中国金融改革：经验、困境与未来 [J]. 国际经济评论，2017（5）：57-79.
[122] 周端明，艾非，胡小文．我国房地产业对实体经济的掠夺效应：基于多部门动态随机一般均衡模型的模拟分析 [J]. 当代经济研究，2016（11）：62-72.
[123] 周晖，王擎．货币政策与资产价格波动：理论模型与中国的经验分析 [J]. 经济研究，2009（10）：61-74.
[124] 周京奎．房地产泡沫生成与演化 [J]. 财贸经济，2006（5）：3-10.
[125] 祝丹涛．金融体系效率的国别差异和全球经济失衡 [J]. 金融研究，2008（8）：29-38.
[126] 庄子罐，贾红静，刘鼎铭．货币政策的宏观经济效应研究：预期与未预期冲击视角 [J]. 中国工业经济，2018（7）：80-97.
[127] AGHION P, BACCHETTA P, BANERJEE A. A corporate balance-sheet approach to currency crises[J]. Journal of economic theory, 2004,119(1): 6-30.
[128] AIZENMAN J, JINJARAK Y. Real estate valuation, current account and credit growth patterns before and after the 2008-9 crisis [J].

Journal of international money and finance, 2014, 48(13): 249-270.

[129] ALCHIAN A, KLEIN B. On a correct measure of inflation[J]. Journal of money, credit and banking, 1973, 5(1): 173-191.

[130] ALLEN F, GALE D. Optimal financial crises[J]. The journal of finance, 1998, 53(4): 1245-1284.

[131] ALLEN F, GALE D. Bubbles and crises[J]. The economic journal, 2000, 110(460): 236-255.

[132] ALLEN F, GALE D. Comparing financial systems[M]. Cambridge: The MIT press, 2002.

[133] AMBROSE B W, DENG Y H, WU J. Understanding the risk of China's local government debts and its linkage with property markets[EB/OL]. (2015-01-28)[2020-08-25]. https://ssrn. com /abstract=2557031.

[134] ARCAND L, BERKES E, PANIZZA U. Too much finance?[J]. Journal of economic growth, 2015, 20(2): 105-148.

[135] ARDIA D. Bayesian estimation of the GARCH(1,1) model with normal innovations[M]// Financial risk management with bayesian estimation of GARCH models. Heidelberg: Springer, 2008:41-47.

[136] BAILLIU N. Private capital flows, financial development and economic growth in developing countries[M]. Ottawa: bank of Canada, 2000.

[137] BANERJEE V, DUFLO E. Inequality and growth: what can the data say?[J]. Journal of economic growth, 2003, 8(3): 267-299.

[138] BAUWENS L, LAURENT S. A new class of multivariate skew densities, with application to generalized autoregressive conditional heteroscedasticity models[J]. Journal of business & economic statistics, 2005, 23(3): 346-354.

[139] BECK T, DEMIRGUEC-KUNT A, MAKSIMOVIC V. Financial and legal constraints to growth: does firm size matter?[J]. Journal of

finance, 2005, 60(1): 137-177.

[140] BECK T, LEVINE R, LOAYZA N. Finance and the sources of growth [J]. Journal of financial economics, 2000, 58(1): 261-300.

[141] BERKES E, PANIZZA U, ARCAND L. Too much finance?[J]. Journal of Economic Growth, 2012,20(2):105-148.

[142] BERNANKE S. The global saving glut and the U.S. current account deficit [C]. Board of governors of the federal reserve system, 2005: 665-671.

[143] BERNANKE S. Global imbalances: recent developments and prospects[J]. Bundesbank lecture speech, 2007, 4: 18.

[144] BERNANKE S, GERTLER M. Agency costs, net worth and business fluctuations[J]. The American economic review, 1989, 79(1): 14-31.

[145] BERNANKE S, GERTLER M, GILCHRIST S. The financial accelerator and the flight to quality[J]. The review of economics and statistics, 1996, 78(1): 1-15.

[146] BERNANKE S, GERTLER M, GILCHRIST S. The financial accelerator in a quantitative business cycle framework[J]. Handbook of macroeconomics, 1999, 1: 1341-1393.

[147] BERTRAND V J. Play house for use with construction toy blocks:U. S. Patent 5,435,769[P].1995-7-25.

[148] BOLLERSLEV T.Modelling the coherence in short-run nominal exchange rates:a multivariate generalized arch model[J].Review of economics & statistics,1990,72(3):498-505.

[149] BOLLERSLEV T, ENGLE F, WOOLDRIDGE A. Capital asset pricing model with time-varying covariances[J]. Journal of political economy, 1988, 96(1): 116-131.

[150] BOYREAU-DEBRAY G, CULL R, DOLLAR D. Financial intermediation

and growth: Chinese style[J]. Policy research working paper, 2003, 30(2): 1-46.

[151] BREI M, BUZAUSHINA A. International financial shocks in emerging markets[J]. Journal of international money & finance, 2015, 58(2): 51-74.

[152] BRZOZA-BRZEZINA M, KOLASA M, KRZYSZTOF M. Macroprudential policy and imbalances in the euro area[J]. Journal of international money and finance, 2015, 51(3): 137-154.

[153] BURNSIDE C, EICHENBAUM M, REBELO S. Understanding booms and busts in housing markets[J]. Journal of political economy, 2016, 124(4): 1088-1147.

[154] CABALLERO J, FARHI E, GOURINCHAS O. An equilibrium model of "global imbalances" and low interest rates[J]. The American economic review, 2008, 98(1): 358-393.

[155] CALVO A. Staggered prices in a utility-maximizing framework [J]. Journal of monetary economics, 1983,12(3): 383-398.

[156] CALZA A, MONACELLI T, STRACCA L. Housing finance and monetary policy [J]. Journal of the European economic association, 2013, 11(S1): 101-122.

[157] CARROLL D, OTSUKA M, SLACALEK J. How large is the housing wealth effect? A new approach[J]. Journal of money, credit and banking, 2011, 43(1): 55-79.

[158] CASTELNUOVO E, NISTICO S. Stock market conditions and monetary policy in a DSGE model for the US[J]. Journal of economic dynamics and control, 2010, 34(9): 1700-1731.

[159] CECCHETTI S G, FLORES-LAGUNES A, KRAUSE S. Assessing the sources of changes in the volatility of real growth[M].New York:

National Bureau of Economic Research, 2006.

[160] CECCHETTI S G, KHARROUBI E. Reassessing the impact of finance on growth[J]. BIS working papers, 2012(381):1-17.

[161] CHANEY T, SRAER D, THESMAR D. The collateral channel: how real estate shocks affect corporate investment [J]. American economic review, 2012, 102(6): 2381-2409.

[162] CHANG R, VELASCO A. Financial crises in emerging markets[M]. New York: National Bureau of Economic Research, 1998.

[163] CHINN D, ITO H. Current account balances, financial development and institutions: assaying the world "saving glut"[J]. Journal of international money and finance, 2007, 26(4): 546-569.

[164] CHIRINKO R S, DE HAANL, STERKEN E. Asset price shocks, real expenditures and financial structure: a multi-country analysis[M]. Groningen: University of Groningen, 2004.

[165] CHRISTIANO J, EICHENBAUM M. Current real-business-cycle theories and aggregate labor-market fluctuations[J]. American economic review, 1992, 82(3): 430-450.

[166] CHRISTODOULAKIS A, SATCHELL E. Correlated ARCH: modelling the time-varying conditional correlation between financial asset returns[J]. European journal of operational research, 2002, 139(2): 351-370.

[167] CLARIDA J, GALI J, GERTLER M. Monetary policy rules and macroeconomic stability: evidence and some theory[J]. Quarterly journal of economics, 2000, 115(1): 147-180.

[168] CLARIDA R, GALí J, GERTLER M. A simple framework for international monetary policy analysis [J]. Journal of monetary economics, 2002, 49(5): 879-904.

[169] CLARIDA R, GALí J, GERTLER M. Monetary policy rules in practice:

some international evidence[J]. European economic review, 1998, 42(6): 1033-1067.

[170] CLEMENTS P, KROLZIG H. A comparison of the forecast performance of markov-switching and threshold autoregressive models of US GNP[J]. The econometrics journal, 1998, 1(1): 47-75.

[171] COGLEY T, SARGENT J, SIMS A. Evolving post-world war Ⅱ U.S. inflation dynamics[J] NBER Macroeconomics Annual, 2001,16:331-337.

[172] CORSETTI G, PESENTI P, ROUBINI N. What caused the Asian currency and financial crisis? part I: a macroeconomic overview[M]. New York: National Bureau of Economic Research,1998.

[173] CRISTINI A, SEVILLA A. Do house prices affect consumption? A re-assessment of the wealth hypothesis[J]. Economica, 2014, 81(324): 601-625.

[174] DEFUSCO A. Homeowner borrowing and housing collateral: new evidence from expiring price controls [J]. Journal of finance, 2018, 73(2): 523-573.

[175] DE JONG N, INGRAM F, WHITEMAN H. A bayesian approach to dynamic macroeconomics[J]. Journal of econometrics, 2000, 98(2): 203-223.

[176] DEMIRGÜ-KUNT A, LEVINE R. Financial structure and economic growth: a cross-country comparison of banks, markets, and development[M]. Cambridge: The MIT press, 2004.

[177] DENG L, SHEN Q, WANG L. The emerging housing policy framework in China[J]. Journal of planning literature, 2011, 26(2): 168-183.

[178] DIAMOND A. National debt in a neoclassical growth model [J]. American economic review, 1965, 55(5): 1126-1150.

[179] DOOLEY P, FOLKERTS D, GARBER P. The revived bretton woods system: the effects of periphery intervention and reserve management on interest rates & exchange rates in center countries[M]. New York: National Bureau of Economic Research, 2004.

[180] DYNAN K. Is a household debt overhang holding back consumption? [with comments and discussion][J]. Brookings papers on economic activity, 2012, 12(1): 299-362.

[181] ENGLE F. Autoregressive conditional heteroscedasticity with estimates of the variance of United Kingdom inflation[J]. Econometrica, 1982, 50(4): 987-1007.

[182] ENGLE F. Dynamic conditional correlation: a simple class of multivariate generalized autoregressive conditional heteroskedasticity models[J]. Journal of business & economic statistics, 2002, 20(3): 339-350.

[183] ENGLE R F, KRONER K F. Multivariate simultaneous generalized arch[J]. Econometric theory, 1995, 11(1): 122-150.

[184] FELDSTEIN M. Inflation, tax rules and the stock market[J]. Journal of monetary economics, 1980, 6(3): 309-331.

[185] FERRERO A. House price booms current account deficits and low interest rates [J]. Journal of money, credit and banking, 2015, 47(S1): 261-293.

[186] FERRUCCI G, MIRALLES C. Saving behaviour and global imbalances: the role of emerging market economies [J]. Social science electronic publishing, 2007(842):1-14.

[187] FILIPA Á, WIELADEK T. Capital inflows and the U.S. housing boom[J]. Journal of money credit & banking, 2015, 47(S1):221-256.

[188] FIORUCI A, EHLERS S, FILHO A. Bayesian multivariate GARCH models with dynamic correlations and asymmetric error distributions[J]. Journal

of applied statistics, 2014, 41(2): 320-331.
[189] FISHER I. The purchasing power of money[J]. Publications of the Americal Statistican Association, 1911, 12(96): 818-829.
[190] FISHER I. Debt-deflation theory of great depressions[J]. Econometrica, 1933(1): 337-357.
[191] FISHER I.The debt-deflation theory of great depressions[J]. Journal of the econometric society, 1933(1): 337-357.
[192] FLOOD P, GARBER M. Collapsing exchange-rate regimes: some linear examples[J]. Journal of international economics, 1984, 17(1): 1-13.
[193] FOSTEL A, GEANAKOPLOS J. Leverage cycles and the anxious economy[J]. The American economic review, 2008, 98(4): 1211-1244.
[194] FRATZSCHER M, JUVENAL L, SARNO L. Asset prices exchange rates and the current account [J]. European economic review, 2010, 54(5): 643-658.
[195] FUNKE M, KIRKBY R, MIHAYLOVSKI P. House prices and macro-prudential policy in an estimated DSGE model of New Zealand[J]. Journal of Macroeconomics, 2018(3):164-170.
[196] FUNKE M, KIRKBY R, MIHAYLOVSKI P. House prices and macro-prudential policy in an estimated DSGE model of New Zealand[J]. Journal of macroeconomics, 2018, 56(3): 152-171.
[197] GALI J, MONACELLI T. Monetary policy and exchange rate volatility in a small open economy [J]. The review of economic studies, 2005, 72(3): 707-732.
[198] GEANAKOPLOS J, ZAME R. Collateral equilibrium, I: a basic framework[J]. Economic theory, 2014(3): 443-492.
[199] GERSCHENKRON A. EL atraso economico en la perspectiva historica[J]. Investigación Económica, 1968,28(111/112): 141-165.

[200] GERSCHENKRON A. Economic backwardness in historical perspective: a book of essays[M]. Cambridge, MA: Belknap press of Harvard University press, 1962.

[201] GERTLER M. Financial structure and aggregate economic activity: an overview[J]. , NBER Working Papers,1988,20(3): 589-593.

[202] GETE P, REHER M. Two extensive margins of credit and loan to value policies[J]. Journal of money, credit and banking, 2016(7): 1397-1438.

[203] GOLDSMITH R. Financial structure and development[M]. New Haven: Yale University press, 1969.

[204] GOODHART C, HOFMANN B. Asset prices, financial conditions and the transmission of monetary policy [C]// Conference on asset prices, exchange rates, and monetary policy, Stanford University, 2001: 2-3.

[205] GOODHART C, HOFMANN B. Default, credit growth and asset prices[M]. Washington: International Monetary Fund, 2006.

[206] GOURINCHAS O, REY H. International financial adjustment [J]. Journal of political economy, 2007, 115(4): 665-703

[207] GUARIGLIA A, PONCET S. Could financial distortions be no impediment to economic growth after all? Evidence from China[J]. Journal of comparative economics, 2008, 36(4): 633-657.

[208] HAMILTON D. A new approach to the economic analysis of nonstationary time series and the business cycle[J]. Econometrica, 1989, 57(2):357-384.

[209] HELLMAN J. Constitutions and economic reform in the post communist transitions[J]. E. Eur. Const. Rev., 1996, 5: 46.

[210] HELLMAN T, MURDOCK K, STIGLITZ J E. Liberalization, moral hazard in banking and prudential regulation: Are capital requirements

enough[J]. American Economic Review, 2000, 90(1): 147-165.

[211] HELLMANN T, MURDOCK K, STIGLITZ J. Financial restraint: toward a new paradigm[R]//AOKI M, KIM H, OKUNO-FUJIWARA M.The role of government in east Asian economic development comparative institutional analysis. Oxford: Clarendon press, 1997: 163-207.

[212] HICKS J. A theory of economic history[M]. Oxford: Oxford University press, 1969.

[213] HIRANO T, YANAGAWA N. Asset bubbles, endogenous growth and financial frictions[J]. The review of economic studies, 2017, 84(1): 406-443.

[214] HUANG Y, WANG X. Does financial repression inhibit or facilitate economic growth? A case study of Chinese reform experience[J]. Oxford bulletin of economics and statistics, 2011, 73(6): 833-855.

[215] IACOVIELLO M, PAVAN M. Housing and debt over the life cycle and over the business cycle[J]. Journal of monetary economics, 2013, 60(2): 221-238.

[216] IRELAND N. A method for taking models to the data[J]. Journal of economic dynamics & control, 2004, 28(6): 1205-1226.

[217] JEBABLI I, AROURI M. On the effects of world stock market and oil price shocks on food prices: an empirical investigation based on TVP-VAR models with stochastic volatility[J]. Energy economics, 2014, 45(4): 66-98.

[218] JERMANN U, QUADRINI V. Macroeconomic effects of financial shocks[J]. American economic review, 2012, 102(1): 238-271.

[219] JOHANSSON C, WANG X. Financial repression and external imbalances[J]. China economic research center working paper, 2012(20):1-14.

[220] KING G, LEVINE R. Finance and growth: schumpeter might be

right[J]. Quarterly journal of economics, 1993, 108(3): 717-737.

[221] KING G, LEVINE R. Finance, entrepreneurship and growth[J]. Journal of monetary economics, 1993, 32(3): 513-542.

[222] KRUGMAN P. A model of balance-of-payments crises[J]. Journal of money, credit and banking, 1979, 11(3): 311-325.

[223] KRUGMAN P. Balance sheets, the transfer problem and financial crises[M]. International finance and financial crises. Netherlands: Springer Netherlands, 1999: 31-55.

[224] KYDLAND E, PRESCOTT C. Time to build and aggregate fluctuations[J]. Econometrica, 1982,50(6): 1345-1370.

[225] LAMONT O, STEIN C. Leverage and house-price dynamics in US cities[J]. RAND journal of economics, 1999, 30(3): 498-514.

[226] LEEPER M, PLANTE M, TRAUM N. Dynamics of fiscal financing in the United States [J]. Journal of econometrics, 2010, 156(2): 304-321.

[227] LEVHARI D, SRINIVASAN N. Optimal savings under uncertainty[J]. The review of economic studies, 1969, 36(2): 153-163.

[228] LEVINE R, ZERVOS S. Stock markets, banks and economic growth[J]. American economic review, 1998, 88(3): 537-558.

[229] LUBIK A, SCHORFHEIDE F. Do central banks respond to exchange rate movements? A structural investigation [J]. Journal of monetary economics, 2007, 54(4): 1069-1087.

[230] MCKINNON R. Money and capital in economic development [M]. Washington: Brookings institution press, 1973.

[231] MENDOZA G, QUADRINI V, RIOS-RULL V. Financial integration financial development and global imbalances[J]. Journal of political economy, 2009, 117(3): 371-416.

[232] MIAN A, RAO K, SUFI A. Household balance sheets, consumption and the economic slump[J]. Quarterly journal of economics, 2013, 128(4): 1687-1726.

[233] MIAN A, SUFI A. The consequences of mortgage credit expansion: evidence from the U.S. mortgage default crisis[J]. Quarterly journal of economics, 2009, 124(4): 1449-1496.

[234] MIAN A, SUFI A. VERNER E. Household debt and business cycles worldwide [J].Quarterly journal of economics, 2017, 132(4): 1755-1817.

[235] MIAO J, WANG P. Sectoral bubbles, misallocation and endogenous growth [J]. Journal of mathematical economics, 2014, 53(8): 153-163.

[236] MIDRIGAN V, PHILIPPON D. Liquidity constraints in the U.S. housing market[J]. NBER working papers, 2017(23345):1-14.

[237] MILLS S. Has the United States overinvested in housing? [J]. Real estate economics, 1987, 15(1): 601-616.

[238] MINSKY P. Inflation, recession and economic policy[M]. Brighton, Sussex: Wheatsheaf books, 1982.

[239] MISHKIN S. The causes and propagation of financial instability: lessons for policymakers[J]. Maintaining financial stability in a global economy, 1997, 42(7): 55-96.

[240] MOLODTSOVA T, NIKOLSKO-RZHEVSKYY A, PAPELL H. Taylor rules with real-time data: a tale of two countries and one exchange rate[J]. Journal of monetary economics, 2008, 55(7): 63-79.

[241] MOREIRA B, Savov A. The macroeconomics of shadow banking [J]. Journal of finance, 2017, 72 (6): 2381-2432.

[242] NAKAJIMA J. Time-varying parameter VAR model with stochastic

volatility: an overview of methodology and empirical applications[J]. Tokyo: Institute for Monetary and Economic Studies, 2011(12): 107-142.

[243] OBSTFELD M. Evaluating risky consumption paths: the role of intertemporal substitutability[J]. European economic review, 1994, 38(7): 1471-1486.

[244] OBSTFELD M, ROGOFF K. The intertemporal approach to the current account[J]. Handbook of international economics, 1995, 12(3): 1731-1799.

[245] ORHANGAZI O. Financialisation and Capital Accumulation in the Non-financial Corporate Sector: A Theoretical and Empirical Investigation on the US Economy: 1973—2003[J]. Cambridge journal of economics, 2008, 32(6): 863-886.

[246] OTROK C. On measuring the welfare cost of business cycles[J]. Journal of monetary economics, 2001, 47(1): 61-92.

[247] PRIMICERI E. Time varying structural vector autoregressions and monetary policy[J]. The review of economic studies, 2005, 72(3): 821-852.

[248] PUNZI T. Housing market and current account imbalances in the international economy [J]. Review of international economics, 2013, 21(4): 601-613.

[249] SCHUMPETER J, BACKHAUS V. The theory of economic development[M]. Boston, MA: Springer, 2003:61-116.

[250] SCHUMPETER J A. The theory of economic development: an inquiry into profits, capital, credit, interest and the business cycle[M]. New Bruns-wick:Transaction publishers, 1983.

[251] SEMLALI S, COLLYNS C. Lending booms, real estate bubbles and

the Asian crisis[M]. Washington: International Monetary Fund, 2002.

[252] SHAW E. Financial deepening in economic development[M]. Oxford: Oxford University press, 1973.

[253] SHIRATSUKA S. Asset price fluctuation and price indices[R]. Chicago: Federal Reserve Bank of Chicago, 1999.

[254] SIMS A. Macroeconomics and reality[J]. Econometrica, 1980, 48(1):1-48.

[255] SMETS F, WOUTERS R. An estimated dynamic stochastic general equilibrium model of the euro area[J]. Journal of the European economic association, 2003, 1(5):1123-1175.

[256] SMETS F, WOUTERS R. Bayesian new neoclassical synthesis (Nns) models: modern tools for central banks[J]. Journal of the European economic association, 2005, 3(23):422-433.

[257] SMETS F, WOUTERS R. Shocks and frictions in US business cycles: a bayesian DSGE approach[J]. American economic review, 2007(3): 586-606.

[258] SMITH A. The wealth of nations, book I: chapter Ⅳ[M]. [S.l.]:The Library of economics & liberty, 1776.

[259] SONG Z, STORESLETTEN K, ZILIBOTTI F. Growing like China[J]. The American economic review, 2011, 101(1): 196-233.

[260] CAMERON R, CRISP O, PATRICK H T. Banking in the Early Stages of Industrialization: a study in Comparative economic history[J]. Business History Review, 1967, 41(2): 210-222.

[261] TIROLE J. Asset bubbles and overlapping generations [J]. Econometrica, 1985, 53(6): 1497.

[262] TOBIN J. A general equilibrium approach to monetary theory[J]. Journal of money, credit and banking, 1969, 1(1): 15-29.

[263] TSE K, TSUI C. A multivariate generalized autoregressive conditional heteroscedasticity model with time-varying correlations[J]. Journal of business & economic statistics, 2002, 20(3): 351-362.

[264] VERONA F, MARTINS F, DRUMOND I. Financial shocks, financial stability and optimal taylor rules [J]. Journal of macroeconomics, 2017, 54(2): 187-207.

[265] WILLEN P. Incomplete markets and trade[EB/OL]. (2004-12-01) [2020-12-13]. http:// www.bos. frb.org/economic/wp/index.htm.

[266] WOLFSON H. A post keynesian theory of credit rationing[J]. Journal of post keynesian economics, 1996, 18(3): 443-470.

[267] YAN L. Global imbalances and financial crisis: financial globalization as a common cause [J]. Journal of economic issues, 2012, 46(2): 353-362.

[268] YAO J, FAGERENG A, NATVIL G. Housing, debt and the marginal propensity to consume[J]. Norges bank research paper, 2015:1-38.